21世纪教师教育系列教材

教学课件设计与制作

吴军其 ◎ 著

DESIGN AND DEVELOPMENT
OF TEACHING
COURSEWARE

图书在版编目(CIP)数据

教学课件设计与制作 / 吴军其著. -- 北京：北京大学出版社，2025.1. -- （21世纪教师教育系列教材）. -- ISBN 978-7-301-35601-2

I. G632.421

中国国家版本馆CIP数据核字第2024BS2453号

书　　　名	教学课件设计与制作 JIAOXUE KEJIAN SHEJI YU ZHIZUO
著作责任者	吴军其　著
责 任 编 辑	周志刚
标 准 书 号	ISBN 978-7-301-35601-2
出 版 发 行	北京大学出版社
地　　　址	北京市海淀区成府路205号　100871
网　　　址	http://www.pup.cn　　新浪微博：@北京大学出版社
微信公众号	通识书苑（微信号：sartspku）　科学元典（微信号：kexueyuandian）
电 子 邮 箱	编辑部 jyzx@pup.cn　　总编室 zpup@pup.cn
电　　　话	邮购部 010-62752015　发行部 010-62750672 编辑部 010-62753056
印 刷 者	北京宏伟双华印刷有限公司
经 销 者	新华书店 787毫米×1092毫米　16开本　28印张　560千字 2025年1月第1版　2025年1月第1次印刷
定　　　价	98.00元

未经许可，不得以任何方式复制或抄袭本书之部分或全部内容。
版权所有，侵权必究
本书采用中国追溯防伪凭证，读者可通过扫描封底二维码验证产品正版信息。
举报电话：010-62752024　　电子邮箱：fd@pup.cn
图书如有印装质量问题，请与出版部联系，电话：010-62756370

前 言

教育数字化是数字中国的重要组成部分，教育数字化转型正成为当前我国教育发展的重要任务。强教必先强师，教育部先后发布了《教育部关于实施全国中小学教师信息技术应用能力提升工程2.0的意见》《新时代基础教育强师计划》《教师数字素养》等文件，持续推进教师队伍的数字化转型。课件是基于教学大纲的要求，在学习理论的指导下，依据教学目标，经过教学内容和任务分析、教学活动结构及界面设计等环节加以制作的课程软件。而多媒体课件是以多种媒体的表现方式和超文本结构制作的课件，它是目前课堂教学环境下应用最为广泛的数字化资源工具之一，在学习情境创设、教学内容呈现、动态演示过程等方面为教师教学提供帮助和支持。多媒体课件的设计与应用被认为是教师教学信息化的重要途径与方法。但随着数字化资源工具的发展变革和学习理论、教学理论的发展，教师在多媒体课件制作方面仍面临着设计思路不清晰、难以整合多种数字化教学资源、与实际教学需求不匹配等挑战。因此，教师有必要加强对多媒体课件的系统认识，重新审视多媒体课件在设计、开发以及应用过程中的可能问题。

课件概述一章作为全书的开篇，主要介绍了课件的定义、类型和基本构成。同时介绍了课件制作的必备技术、制作工具及制作流程，还提供了课件评价标准以供参考。通过学习本章，教师可以掌握课件的基本知识，明确课件制作所需要掌握的技术、工具、流程以及课件评价标准，为优质课件的制作奠定基础。

第一章介绍了 PowerPoint 的基本功能和界面布局。通过学习本章，教师可以快速熟悉 PowerPoint 软件，掌握基础的操作技能。

第二章介绍了文本编辑技巧，包括文本框的插入、字体和段落格式设置，以及如何通过项目符号和编号来组织文本等内容。此外，还介绍了文本查找和替换的技巧，以提高课件制作效率。通过学习本章，教师将掌握如何编辑和组织文本内容，使信息传达更清晰。

第三章详细介绍了图片和形状的插入与编辑，讲解了如何增添设计元素，以美化幻灯片。通过学习本章，教师可以知晓如何利用视觉元素提升课件的吸引力。

第四章讲解了表格、图表的插入与编辑，以及公式符号的使用，强化了数据和信息的可视化表达。通过学习本章，教师将掌握如何有效呈现数据，增强课件的信息表达效果。

第五章聚焦于多媒体元素的插入与编辑，包括音视频材料的嵌入，以丰富课件内容，增加课件的趣味性。通过学习本章，教师可以知晓如何整合多种媒体资源，提高学生的学习兴趣。

第六章详细介绍了幻灯片动画效果的设置，包括进入、强调、退出等动画类型，以及动画的持续时间、延迟和触发机制。通过学习本章，教师的课件设计将更加丰富，更具生动性。

第七章介绍了视图和模板的使用。通过学习本章，教师可以通过不同的视图来优化演示文稿的组织和管理，提高课件的制作效率。

第八章介绍了演示文稿的校对功能，包括拼写、语法检查、批注及修订功能。通过学习本章，教师可以使用批注和修订进行协作编辑，以提高课件制作效率，同时保证课件内容的准确性和专业性。

第九章介绍了幻灯片播放的设置，包括放映方式、顺序和排练计时，以及录制演示文稿的语音和动画功能。通过学习本章，教师可以进行幻灯片模拟演示，以提升课件讲解效果。

第十章介绍了如何设置演示文稿的保护功能，防止未经授权的编辑和访问，以及如何发布演示文稿到不同的平台，包括网页和移动设备。此外，还介绍了如何将演示文稿转换为PDF或其他格式，并讨论了教学PPT的打印技巧和注意事项。

第十一章通过案例展示了先前各章技巧的实际应用，帮助教师将理论知识转化为实践技能，提升课件制作的综合能力。

第十二章深入介绍了教学PPT中文本、图片、视频和动画等元素的设计。通过学习本章，教师能够提升教学演示文稿的吸引力和教学效果。

第十三章介绍了版面设计和色彩搭配的重要性，以及如何进行版面设计与色彩搭配。通过学习本章，教师可以掌握平衡视觉元素的技巧，选择合适的布局和颜色方案，以确保信息传达的清晰性，制作出既美观又实用的教学PPT。

第十四章介绍了分支式和菜单式等不同PPT结构的设计方法。通过学习本章，教师可以知晓如何根据教学内容的特点，设计合适的结构，使PPT演示文稿界面更加整洁、有条理。

第十五章介绍了PPT导航设计，包括全局导航和局部导航，以及超链接和动作按钮的使用。通过学习本章，教师将掌握如何设计易于导航的课件，提高学生的互动体验。

第十六章聚焦于PPT播放设计，包括切换动画和多种播放方式的设置。通过学习本章，教师可以掌握如何根据演示需要来选择合适的播放设计。

第十七章介绍了PPT交互设计，包括触发器、超链接和动作按钮等交互形式的设计。通过学习本章，教师将掌握互动元素的设计技能，促进师生互动，提升教学效果。

第十八章通过具体的教学PPT设计案例，展示了书中所介绍的各种设计技巧和方法的应用，从而能帮助教师更直观地理解设计理论如何应用于实际教学PPT制作，并提升设计技能。

第十九章介绍了iSlide、英豪、OK等插件在课件制作中的应用。通过学习本章，教师可以利用插件优化课件设计，提升课件制作效率。

第二十章介绍了VBA编程在课件设计中的应用，包括控件的绘制与属性修改，并通过实例展示了VBA在增强课件互动性方面的潜力。通过学习本章，教师将掌握编程基础，增强课件的功能性。

第二十一章介绍了布尔运算在图形设计中的应用，包括结合、相交、剪除等操作，并提供了相应的教学案例。通过学习本章，教师可以学会如何运用布尔运算进行高级图形设计，掌握图形编辑的高级技巧。

在本书的写作过程中，作者始终遵循理论与实践相结合的指导原则，精心设计了众多案例，并融入了实用的操作技巧，以期帮助教师精准掌握教学课件设计的关键技能和方法。在教学案例及资源的甄选上，作者力求实现前瞻性、科学性、实践性和可读性的完美融合。通过本书的学习，教师们将不仅能够掌握课件制作的基础知识，更能学会运用各类工具和技术，设计出既满足教学需求又充满创意的高质量课件，进而提升教学效果，优化学生的学习体验。

本书主要由华中师范大学吴军其教授策划、设计和撰写。此外，团队成员杨程云、孙伊辰、董美伶、田进梅、高星宇等也参与了相关工作。在撰写过程中，我们致力于将理论与实践相结合，既提供了深入浅出的理论阐述，也展示了详细具体的案例分析，旨在为广大教师打造一本实用的课件设计与制作教程，以帮助其提升教学水平，顺利达成教育教学目标。

本书特别适合师范生和大、中、小学教师学习使用。我们希望本书能够为广大教师提供有益的参考和指导，帮助他们在教育教学工作中持续成长，为我国教育事业贡献更多力量。由于作者学识和经验有限，书中难免存在疏漏和不足之处，敬请广大读者批评指正。

吴军其

2024年10月

目 录

第一章 课件概述 1
   第一节 什么是课件 2
   第二节 课件的类型 3
   第三节 课件基本构成 5
   第四节 课件必备技术 8
   第五节 课件制作工具 8
   第六节 课件制作流程 9
   第七节 课件评价标准 12

第二章 初识PowerPoint 13
   第一节 PowerPoint 概述 14
   第二节 演示文稿的基本操作 19
   第三节 幻灯片基本操作 26

第三章 文本的插入与编辑 36
   第一节 插入文本 37
   第二节 设置字体格式 43
   第三节 设置段落格式 50
   第四节 添加项目符号和编号 56
   第五节 查找和替换文本 61

第四章 图片与形状的插入与编辑 65
   第一节 插入图片 66
   第二节 调整图片大小 71
   第三节 设置图片位置 76

第四节　设置图片样式 81
　　第五节　图片素材的其他设置 85
　　第六节　插入与编辑形状 95

第五章　表格、图表与符号的插入与编辑 105
　　第一节　插入与编辑表格 106
　　第二节　插入与编辑图表 120
　　第三节　插入与编辑公式符号 127

第六章　多媒体元素的插入与编辑 132
　　第一节　插入与编辑音频 133
　　第二节　插入与编辑视频 138

第七章　教学PPT动画设计 143
　　第一节　设置对象动画 144
　　第二节　设置切换动画 158

第八章　教学PPT视图与模板 165
　　第一节　演示文稿视图类型 166
　　第二节　设置视图显示效果 169
　　第三节　母版版式类型 175
　　第四节　自定义母版版式 179
　　第五节　选用与设计模板 186

第九章　教学PPT的审阅 192
　　第一节　文本内容校对 193
　　第二节　语言翻译与转换 196
　　第三节　批注 198
　　第四节　修订 202

第十章　教学PPT的播放 206
　　第一节　放映幻灯片 207
　　第二节　设置幻灯片放映 210
　　第三节　排练计时与演示文稿的录制 213
　　第四节　播放中的基本操作 221

第十一章 教学PPT的保护与发布..................228
 第一节 保护演示文稿..................229
 第二节 发布演示文稿..................233
 第三节 教学PPT的打印..................237

第十二章 教学PPT制作基础案例..................242

第十三章 教学PPT元素设计..................258
 第一节 文本元素的设计..................258
 第二节 图片元素的设计..................266
 第三节 音视频元素的设计..................270
 第四节 动画元素的设计..................272
 第五节 教学PPT元素设计案例：《计算机硬件系统》..................274

第十四章 教学PPT版面设计..................279
 第一节 版面形式设计..................279
 第二节 色彩搭配设计..................286
 第三节 教学PPT版面设计案例：《鸦片战争》..................295

第十五章 教学PPT结构设计..................309
 第一节 直线式结构设计..................309
 第二节 分支式结构设计..................312
 第三节 菜单式结构设计..................316
 第四节 教学PPT结构设计案例：《人体的能量来源》..................319

第十六章 教学PPT导航设计..................324
 第一节 全局导航..................324
 第二节 局部导航..................327
 第三节 教学PPT导航设计案例：《24时计时法》..................333

第十七章 教学PPT播放设计..................338
 第一节 切换动画播放..................338
 第二节 隐藏播放..................342
 第三节 单击鼠标播放..................345
 第四节 演示者视图播放..................346
 第五节 翻页器播放和虚拟机播放..................349

第六节　教学PPT播放设计案例:《五代史伶官传序》..................352

第十八章　教学PPT交互设计..................358
　　第一节　触发器交互..................358
　　第二节　超链接交互..................362
　　第三节　动作按钮交互..................369
　　第四节　教学PPT交互设计案例:《多媒体课件界面及交互设计》..................372

第十九章　教学PPT设计与应用案例..................380

第二十章　插件的应用..................386
　　第一节　iSlide插件..................386
　　第二节　英豪插件..................391
　　第三节　OK插件..................396
　　第四节　插件应用案例:《曹刿论战》..................399

第二十一章　VBA的应用..................403
　　第一节　控件..................403
　　第二节　VBA制作选择题..................405
　　第三节　VBA应用案例:《光合作用》..................412

第二十二章　布尔运算的应用..................426
　　第一节　结合与组合..................427
　　第二节　相交与剪除..................430
　　第三节　拆分..................432
　　第四节　布尔运算应用案例:《商山早行》..................434

第一章 课件概述

本章彩图
扫码可看

学习目标

- 阐述课件的含义与作用；
- 举例说明课件的不同类型，描述其对应特征与应用现状；
- 列举制作课件的必备技术与常用工具；
- 结合具体教学内容，阐述设计课件的一般流程；
- 参考课件评价标准，客观地评价教学课件。

知识图谱

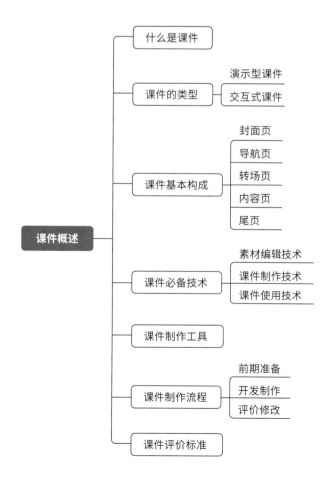

第一节　什么是课件

课件是基于教学大纲的要求，在学习理论的指导下，依据教学目标，经过教学内容和任务分析、教学活动结构及界面设计等环节而加以制作的课程软件。目前常用的是多媒体课件，它是以多种媒体的表现方式和超文本结构制作而成的。多媒体课件是辅助教学的多媒体教具，是现代教育技术发展的产物，也是教育现代化的标志之一。多媒体课件具有丰富的表现力、友好的交互性以及极大的共享性。

- 丰富的表现力。课件通过文本、图像、音视频、动画等多媒体手段，可以呈现丰富多彩的信息，使观看者通过视觉、听觉获取良好的体验；另外，课件还可以对微观事物进行模拟，对抽象事物进行生动直观的表现，对复杂过程进行简化和再现，将一些难以表述清楚的教学内容，如抽象定义、诗歌意境、实验原理等，生动形象地展示给学生，突出教学重点和难点。如图 1-1-1 生动直观地将英语单词与事物图片联系起来，有助于加深学习者的记忆。

图 1-1-1　教学课件的丰富表现力

- 友好的交互性。课件通过触发器、超链接、动作按钮等交互设置，可以实现使用者与课件之间的友好互动。借助交互的方式，课件可以将文本、图像、音频、动画、视频等多种元素信息，以单独或合成的形态表现出来，向使用者传达多层次的信息。使用者可以按照自己的需求控制课件内容的显示、课件的播放进度等，实现个性化的教学与学习。如图 1-1-2 所示为交互式物理课件，学习者可以通过点击按钮来观察不同的实验效果。
- 极大的共享性。随着互联网技术的快速发展，多媒体信息可以得到广泛传输。课件因其表现形式丰富、所占空间小、传输快等特点，可通过网络空间实现互惠共享，最大限度地发挥课件的使用价值，如图 1-1-3 所示为互联网中丰富的教学课件资源。

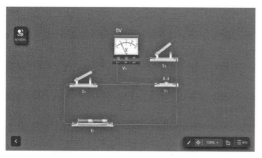

图 1-1-2 交互式物理教学课件

图 1-1-3 教学课件的共享性[1]

第二节　课件的类型

课件的类型具有不同的划分方式，常见的是按照制作工具分类，课件可以分为演示型课件和交互式课件。演示型课件是教学中常用的课件类型，能有效地呈现教学信息，辅助教学。但若是想追求更好的交互效果，则需要借助交互式课件。

一、演示型课件

演示型课件是基于教学目标和内容而设计的，重在展现教学内容，体现教学流程和教学策略，辅助教师进行讲授、示范、讨论、练习等活动的多媒体课件。其主要优势是能直观呈现教学信息，并将抽象的教学内容借助形象生动、丰富多彩的动画和视频形式表现出来，促进学生更好地理解与迁移知识。它不仅适用于教师的课堂教学，也适用于学生的课下自学。

演示型课件具备教学课件的常见特征，可以根据教学内容的特点和教学需求，通过文本、图像、视频、音频、动画等多媒体元素呈现丰富的表现形式，辅助教师高效地进行课堂教学。如图 1-2-1 所示为使用教学课件展示植物细胞有丝分裂的过程，不仅通过图片形象地展现有丝分裂的过程，使抽象的过程变得具象，还使用文字进行辅助说明，用色块凸显"膜、仁消失现两体"这一关键信息，使学生能快速理解分裂过程，掌握关键特点。如图 1-2-2 所示，英语课件中插入了文

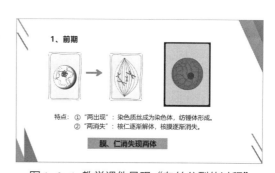

图 1-2-1 教学课件呈现"有丝分裂的过程"

图 1-2-2 教学课件辅助单词学习

---

[1] 21 世纪教育网. 课件 [EB/OL]. [2023-10-20]. https://www.21cnjy.com/kejian/.

字、图片、音频，从视觉、听觉多维度地展现单词信息，有助于学生高效地学习单词。

演示型课件也可以通过触发器、超链接、动作按钮实现简单的交互操作，满足页面的跳转、动画的启动、文档的链接等需求。如图1-2-3所示为添加了超链接的目录文字，单击"初读古诗"即可跳转到对应的幻灯片，不仅可以呈现课堂教学的流程，还能提高课堂教学的灵活性。

图1-2-3 添加超链接的教学课件

二、交互式课件

交互式课件是一种体现互动功能的多媒体课件，它不仅能通过文本、声音、图片、动画、视频等多媒体素材展现教学信息，还能通过科学合理的交互功能设计，实现使用者与课件之间的灵活互动，给予使用者极大的操作空间，从而调动其学习的积极性。交互式课件常用于学生的自学、实验模拟、学习检测等场景，如图1-2-4所示

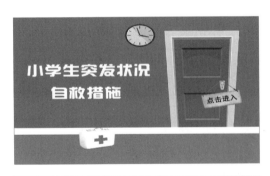 

图1-2-4 课前自主学习的交互式课件

为用于课前自主学习的交互式课件《地球的运动》,学生通过视频、文字内容完成知识点的学习,然后进行自我检测;交互式课件还可以丰富学习形式,如图1-2-5所示,采用游戏闯关的形式开展学习,通过交互操作增强沉浸感,提高学生学习的兴趣。

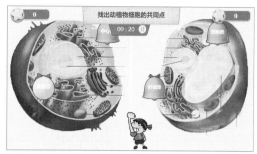

图1-2-5 游戏闯关型交互式课件

第三节　课件基本构成

一份完整的课件主要包含五部分,分别为封面页、导航页、转场页、内容页和尾页。

一、封面页

封面页是课件展示给学习者的第一个幻灯片页面,其主要功能是引起使用者的注意,并展示一些课件的基本信息,例如课程名称、课件标题、授课教师的信息以及其他必要的说明信息,如图1-3-1所示。

图1-3-1 封面页

二、导航页

导航页的作用主要是呈现课件的内容结构，使课件条理清晰。课件中最常见的导航页形式是目录形式，如图1-3-2所示，这种目录形式的导航页可以为目录文字添加超链接，通过点击文字跳转至相应内容页面，也可以在标题后方添加跳转的按钮，点击按钮实现内容的转换。

图1-3-2 导航页

三、转场页

转场页中呈现的是课件接下来即将展示的内容提要，目的是使幻灯片中的内容过渡自然，如图1-3-3所示为展示分内容主题的转场页。在设计转场页时，要保持转场页与封面页、目录页的整体风格一致。快速制作转场页的常用方式是直接修改课件的目录页，即复制之前做好的目录页作为转场页，并利用对比原则突出当前转场页所对应的将要展示的内容标题，例如修改标题颜色或为标题文字添加动画。这样，在转场页中便有了视觉焦点，方便读者明确转场后PPT将要展示的内容主题，如图1-3-4所示，该课件接下来将展示"建筑用陶"的相关内容。

图1-3-3 展示内容主题的转场页

图1-3-4 运用对比原则的转场页

四、内容页

内容页是整个课件中必不可少的,也是最重要的一部分,多以图文结合的页面形式来传达内容,如图1-3-5所示。课件内容页的设计具有极大的灵活性,主要由教学内容的特点决定,但无论采用什么形式,内容页的页面风格应与课件的整体风格保持一致,且以能够引起学生的关注和阅读为基本原则。

图1-3-5 内容页

五、尾页

最后是尾页,即课件的结束页。为保证课件的完整性,课件尾页不容忽视。根据课件的主题内容或课程结束时的需求,尾页可以用来完成课堂总结、布置作业,如图1-3-6所示,还可以用来升华主题,如图1-3-7所示。

图1-3-6 以作业结尾的课件　　　　　图1-3-7 以情怀结尾的课件

第四节　课件必备技术

制作一份优质的课件并辅助教学，教师需要掌握素材编辑技术、课件制作技术以及课件使用技术。

一、素材编辑技术

素材编辑技术是指在课件制作之前，将课件所需的素材进行前期预处理的技术，例如对文本内容进行逻辑关系梳理，提取关键词、句，将图片素材进行裁剪和样式设计，对音视频素材进行裁剪等，为后续的课件制作做好准备。

二、课件制作技术

课件制作技术是指按照教学设计，将素材进行优化组合，并将教学课件完整制作出来的技术，主要包括：（一）课件的设计技术，具体包括幻灯片主题选择、母版选择与设计、版式设计、结构设计、导航设计等，使课件呈现出更好的视觉效果和操作体验；（二）内容的呈现技术，具体包括元素的插入与编辑、动画的设计与制作、交互操作制作等，使教学内容通过课件更好地传达给学生；（三）课件的审核技术，具体包括文本内容校对、批注与修订课件、语言翻译与转换等，对教学课件进行优化提升。

三、课件使用技术

课件使用技术是指能熟练使用教学课件为教学或学习服务的技术，具体来说，包括课件的播放设计与播放操作、课件的保护与发布、录制课件的演示过程等操作。对课件的熟练使用是影响课件使用效果的重要一环，课件播放者若能在课件播放过程中使用快速定位、局部放大、切换黑白屏以及标注与指示等播放技巧，便可以进一步地提升课件辅助教学的效果与效率，将课件的使用价值最大化。

第五节　课件制作工具

Microsoft PowerPoint 是为大众所熟知的课件制作软件，用户可以快速创建极具感染力，同时又兼具安全性和共享性的动态演示文稿。随着数字技术的不断发展，具备新的技术优势、适用于不同使用场景的课件制作工具也在不断推出，然而教师并不需要掌握所有的课件制作工具，只需掌握几种常用的、可以满足教学需要的工具即可，

表1-5-1列出了常用的几种课件制作工具的基本信息、主要技术优势和常用场景。

表1-5-1 课件制作工具

工具	基本信息	主要技术优势	常用场景
Microsoft PowerPoint	① Microsoft PowerPoint（PPT）是微软公司的演示文稿软件； ② 其格式后缀名为ppt或pptx，可以保存为pdf、图片等多种格式； ③ 2010及以上版本中可保存为视频格式。	① 可以集成文字、图片、声音、动画、视频等多种媒体素材，并赋予它们动态交互的特性； ② 创建功能强大的动态SmartArt图示； ③ 与使用不同平台和设备的用户进行交流； ④ 使用自定义版式更快地创建演示文稿。	课堂教学 自主学习
HTML5语言	① HTML5（缩写为H5）是构建Web内容的一种语言描述方式； ② 制作HTML5课件的工具有Dreamweaver、Adobe Edge、易企秀、MAKA、初页、兔展、人人秀、速课平台等。	① 多种课件形式融合，实现文字、图片、表格、音频、视频、交互、色彩、创意的有机结合； ② 能实现良好的学习交互； ③ 支持跨平台学习，有助于在不同学习终端获得一致的良好学习体验。	移动学习
希沃白板	① 由希沃（seewo）自主研发，针对信息化教学而设计的互动教学平台； ② 以多媒体交互白板工具为应用核心，提供课件云同步、学科工具、思维导图、课堂活动等备课、授课常用功能。 ③ 希沃白板所覆盖的平台包括PC、Web、Android、iOS。	① 可以实现大屏幕上的书写、擦除、文字录入、屏幕捕获、多媒体播放、文件和网页链接等强大的互动教学与演示功能； ② 自带备授课教学工具：汉字、拼音、古诗词、几何、函数、公式、英汉字典、化学方程式、星球、乐器等专属学科工具； ③ 可用手机作为控制终端进行授课。	课堂教学
Focusky	一款可视化演示工具，集演示文稿制作、动画宣传视频制作于一身。其编辑模式类似PowerPoint，但展示功能和效果远优于PowerPoint。	① 丰富的课堂活动：Focusky界面自带交互功能，可以实时互动，具有"课堂活动"模块，形式更新颖； ② 3D演示效果：加入生动的3D镜头缩放、旋转和平移特效，给学生带来强烈的视觉冲击； ③ 独特的思维导图模式：对资源进行系统的整合，突破教学时空界限，使思维具有可视性。	课堂教学 移动学习

第六节 课件制作流程

在新媒体技术广泛应用于教育教学的背景下，课件的设计与制作越来越成为广大教师应掌握的一项基本教学技能。教学课件的设计与制作应该遵循一定的流程，如图1-6-1所示。

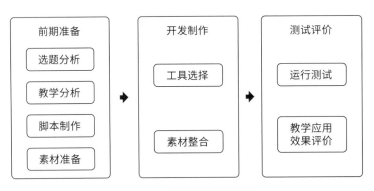

图 1-6-1 教学课件制作流程

一、前期准备

（一）选题分析

在进行教学课件制作之前，需要进行选题分析，因为并不是所有教学内容都适合使用教学课件来呈现。一般来说，教学课件的选题需要遵循四大原则，即必要性原则、可行性原则、服务性原则和适用性原则。

必要性原则是指选题必须是教学中的重点和难点，用文字和语言不易阐释清楚，具有不可替代性和唯一性；

可行性原则是指所选择的内容必须适于用多媒体表现，能突出多媒体的特点，使用开发的多媒体课件能够有效突破教学中的重难点，计算机能够切实实现教学效果；

服务性原则是指多媒体课件的设计在突破重难点上有独到之处，能够阐释清楚传统教学难以表达或不能表达的教学内容，课件为教学服务，而不是为了用课件而用；

适用性原则是指选题应该根据教学对象而定，符合学生的心理、生理特点及认知规律，选择能够创设情境、激发学生兴趣的内容。

（二）教学设计

教学设计是制作教学课件的前提，课件的教学设计一般包括以下三个方面。

呈现内容：课件要传递哪些教学信息，设计者应根据教学目标和教学内容的特点，合理地选择和组织教学内容。

呈现形式：课件以什么样的形式呈现教学信息，如文本＋图片＋动画、音频＋视频、音频＋文本＋图表等。

实现技术：课件采用什么技术进行设计制作，主要包括页面设计、层次结构设计、媒体的应用设计、知识点的表示形式设计、练习方式设计、页面链接设计、交互设计及导航设计等。

（三）脚本设计

教学设计一般通过课件脚本转化为幻灯片内容。课件脚本是将课件的教学内容、教学策略进一步细化，具体到课件每一张画面的信息呈现、画面设计、交互方式以及学习的控制，它是课件编制的直接依据，如表1-6-1所示为一个脚本格式的示例。

表1-6-1 脚本格式

课题名称				
页面序号	教学环节	页面内容	媒体形式	说明
1		封面页：标题、作者	文本	字体：隶书
2		目录页：教学环节	文本	形状超链接；字体：隶书
3	情境导入	生活情境导入春天的主题	文本＋图片	字体：黑体；春天图片
4		作者简介	文本＋图片	字体：黑体；作者图片
5	初读古诗	《绝句》的朗诵视频	视频	MP4格式
6		古诗的朗读节奏划分	文本、图形	字体：楷体
……				

（四）素材整理

在进行选题分析、教学设计以及脚本设计后，需要提前收集、整理教学课件制作所需的素材，包括文本、图像、视频、音频、动画等。理想的素材是制作优秀课件的基础，素材要根据教学需求来选择，比如，在表述概念性内容时，文字形式更加精准；在描述数据变化时，图表往往比文字更具有说服力；在展现抽象知识内容时，视频或动画更能使内容具象化。除了进行素材内容选择，还需要提前对一些素材做必要的处理，例如文字的提炼总结、图片和视频的裁剪、表格的美化等。既可以使用课件制作软件自带的素材处理功能，也可以借助其他专业软件对所搜集到的素材进行处理，例如：图形图像的处理通常采用画图、Photoshop等软件，音视频的处理可以使用会声会影、Premiere等软件。

二、开发制作

设计好脚本并整理好所需素材之后，就可以使用教学课件制作软件对各种素材进行编辑、整合，按照教学进程、教学结构以及脚本的设计思路，将课件分模块进行制作，然后通过导航页将各模块进行链接，最后整合成完整的多媒体课件。

三、评价修改

对课件进行评价和修改是课件质量的保证，也是对前期教学设计的重新审视。课件的评价包括制作完成时的评价和教学应用效果评价。前者是指在课件制作完成后，对整个课件进行运行测试，查看播放效果，及时发现错误或遗漏之处并进行调整修正。后者是指在教学结束后，对课件辅助教学的效果进行评价，根据教学应用效果有针对性地对课件进行修改，进一步提高课件辅助教学的效果。

第七节　课件评价标准

优秀的教学课件要具备教育性、科学性、艺术性以及技术性。综合当前各种课件评价标准，本书提供一个课件评价量表以供教师参考，如表1-7-1所示。

表1-7-1　课件评价量表

一级指标（分值）	二级指标（分值）	三级指标（分值）	指标说明
教学内容（20）	科学规范（10）	科学性（5）	教学内容正确，无科学性和知识性错误（错一处扣1分，扣完即止）。
		规范性（5）	文字、符号、单位和公式符合国家标准（错一处扣1分，扣完即止）。
	知识体系（10）	知识覆盖（5）	知识内容范围完整，知识体系结构合理。
		逻辑结构（5）	逻辑结构清晰，层次性强。
教学设计（40）	教学理念及设计（20）	教育理念（10）	充分发挥教师主导、学生主体作用，注重学生核心素养的培养。
		目标设计（5）	教学目标清晰、定位准确、表述规范，与当前学生认知水平相符。
		内容设计（5）	重难点突出，启发引导性强，符合认知规律，有利于激发学生主动学习。
	教学策略与评价（20）	教学交互（5）	恰当的师生、生生交互，良好的人机交互。
		活动设计（5）	根据学习内容设计研究性或探究性实践问题，培养学生创新精神与实践能力。
		资源应用（5）	有与教学内容适切的多种资料，资源形式新颖。
		学习评价（5）	有对学习效果的适时评价。
操作技术（25）	运行状况（10）	运行环境（5）	运行可靠，没有"死机"现象，没有导航、链接错误，容错性好，尽可能兼容各种运行平台。
		操作情况（5）	操作方便、灵活、流畅，交互性强，启动时间、链接转换时间短。
	设计效果（15）	软件使用（5）	采用了和教学内容及设计相适应的软件或功能。
		设计水平（5）	用户界面友好，素材资源符合相关技术规范，设计工作量大，软件应用有较高的技术水准。
		媒体应用（5）	合理使用多媒体技术，技术表现符合多媒体认知的基本原理。
设计艺术（15）	界面设计（7）	界面效果（3）	界面布局合理、新颖、活泼、有创意，整体风格统一，导航清晰简捷。
		美工效果（4）	色彩搭配协调，风格统一，视觉效果好，符合视觉心理。
	媒体效果（8）	媒体选择（4）	文本、图片、音频、视频、动画契合教学主题，媒体之间配合适当。
		媒体设计（4）	媒体元素制作精良、交互性强、动态效果好，能激发学习兴趣。

本章彩图扫码可看

第二章　初识 PowerPoint

学习目标

- 掌握启动和退出演示文稿的方法，熟悉操作界面，能自定义功能区；
- 掌握新建、保存、打开和关闭演示文稿的操作方法；
- 掌握新建、复制、移动、删除幻灯片、选用幻灯片主题、调整幻灯片大小的操作方法；
- 灵活运用 PPT 制作技巧完成特定的教学目标。

知识图谱

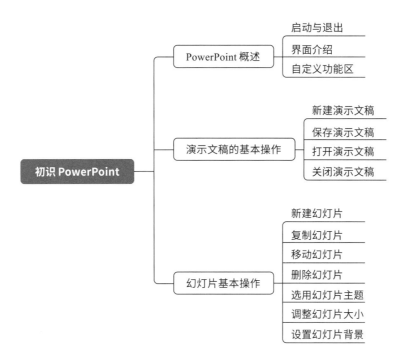

教学情境

李老师想学习使用 PPT 软件制作四年级语文课程《暮江吟》的教学课件，辅助教师更直观地解析《暮江吟》中的诗词、呈现与诗句相匹配的景色，帮助学生理解古诗含义，并背诵全文。那么，李老师首先需要对 PPT 软件的基本操作有一个简单的认识。

案例效果图

第一节　PowerPoint 概述

随着信息技术的发展，PPT 演示文稿已成为演讲、宣传、教学等过程中不可缺少的辅助工具。在学习制作演示文稿之前，应先学习演示文稿的制作软件——PowerPoint 的基本操作。

一、启动与退出

（一）启动

启动 PowerPoint 的方式主要有两种，分别是：

- 方式一：从开始菜单中启动；
- 方式二：双击桌面快捷方式启动。

1. 从开始菜单启动

单击桌面左下角的【开始】图标⊞，在弹出的快捷菜单中寻找 PowerPoint，直接单击【PowerPoint】图标 ，启动 PowerPoint，如图 2-1-1 所示。

2. 双击桌面快捷方式启动

双击电脑桌面上的快捷方式图标【PowerPoint】，如图 2-1-2 所示，可以快速启动 PowerPoint。

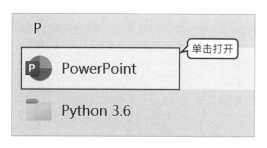

图2-1-1 从【开始】菜单启动 PowerPoint

图2-1-2 PowerPoint 桌面快捷图标

（二）退出

退出 PowerPoint 的方法有很多种，用户可以根据自己的使用习惯选择退出 PowerPoint 应用程序。其中常用的退出方式有三种，分别是：

- 方式一：在工作界面关闭；
- 方式二：使用快捷键关闭；
- 方式三：在任务栏关闭。

1. 在工作界面关闭

在 PowerPoint 的工作界面中，单击右上角的【关闭】按钮图标 ，即可完成 PowerPoint 应用程序的退出，如图2-1-3所示。

这种方法可以实现应用程序的快速退出，但要注意，在退出前要确认演示文稿已经保存。

2. 使用快捷键关闭

【关闭】按钮的快捷键是【Alt+F4】，因此可以通过键盘上的快捷键来退出当前应用程序。

3. 在任务栏关闭

打开 PowerPoint 时，屏幕下方的任务栏中会显示该软件。如图2-1-4所示，在该图标上单击，在弹出的选项中单击【关闭窗口】即可关闭。

图2-1-3 工作界面关闭 PowerPoint

图2-1-4 任务栏关闭 PowerPoint

二、界面介绍

（一）欢迎界面

启动 PowerPoint 后，弹出的第一个是欢迎界面，如图 2-1-5 所示，欢迎界面的左侧有【开始】、【新建】和【打开】等选项按钮。单击相应的选项按钮，即可完成对应操作。

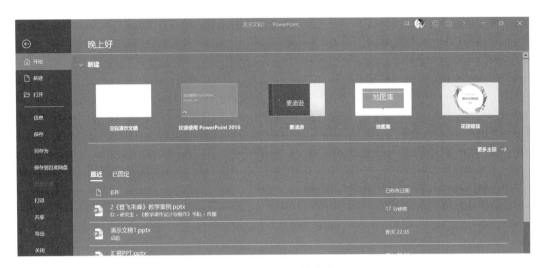

图 2-1-5 PowerPoint 的欢迎界面

单击【打开】按钮，在右侧"打开"界面中单击【文件夹】后即可打开目标文件夹，如图 2-1-6 所示。

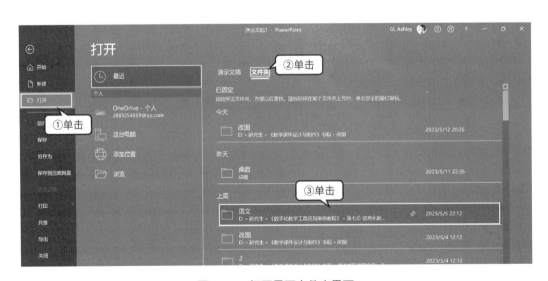

图 2-1-6 打开界面文件夹界面

单击【打开】按钮，在"最近"列表中会显示最近打开的演示文稿的名称及其存放位置。选择并单击目标演示文稿即可打开，如图 2-1-7 所示。

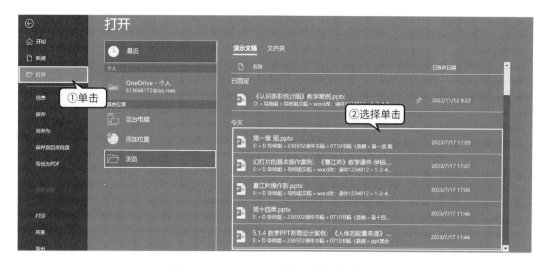

图 2-1-7 PowerPoint 的打开演示文稿界面

（二）工作界面

PowerPoint 的工作界面简洁清晰，用户可以很容易地找到完成各项任务的相应功能，提高办公效率。PowerPoint 的工作界面主要包括标题栏、功能区、编辑区、视图区和状态栏五个部分，如图 2-1-8 所示。下面对 PowerPoint 的工作界面进行详细介绍。

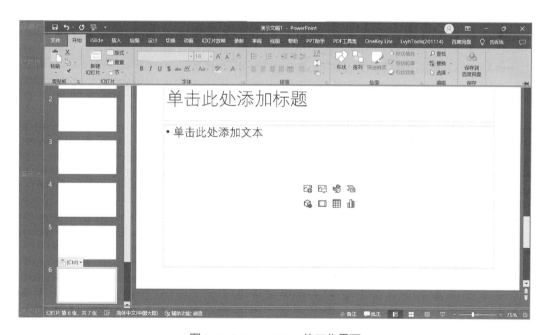

图 2-1-8 PowerPoint 的工作界面

1. 标题栏

标题栏显示当前的文件名及应用程序名，左侧包含【保存】、【撤销】、【恢复】、【从头播放】和【自定义快速访问工具栏】五个按钮；右侧包含控制窗口的三个按钮，分别是【最小化】、【还原】和【关闭】按钮。

2. 功能区

功能区是菜单和工具栏的主要显示区域，包括【文件】、【开始】、【插入】、【设计】、【切换】、【动画】和【幻灯片放映】等选项卡。

3. 编辑区

编辑区又称工作区，在此区域可进行输入文本、绘制图形、插入剪贴画和图片等操作。

4. 状态栏

状态栏位于整个页面的底端，包括幻灯片编号、语言、备注、批注、视图和显示比例等内容。其中视图包括普通视图、幻灯片浏览视图和阅读视图三种。

三、自定义功能区

【自定义快速访问工具栏】在上述介绍中提及过。默认情况下，快速访问工具栏中包括【保存】、【撤销】、【重做】和【从头开始】命令，为了缩短寻找操作命令按钮的时间，更高效地制作 PPT 演示文稿，用户可以根据自己的操作习惯设置快速访问工具。

具体操作步骤如下：

单击标题栏右侧的【自定义快速访问工具栏】按钮，在弹出的下拉菜单中选择所需要的命令，如果在下拉菜单中没有找到所需要的命令，单击【其他命令】按钮；在弹出的"PowerPoint 选项"对话框中单击所要添加的命令，将其添加到右侧的列表框中，单击【确定】按钮即可，如图 2-1-9 所示。

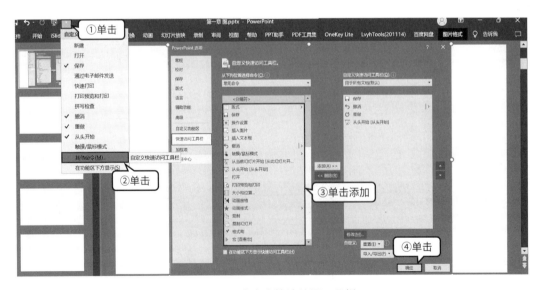

图 2-1-9 自定义快速访问工具栏

同时，还可以根据用户个人习惯，将【自定义快速访问工具栏】拖放在功能区的下方，如图 2-1-10 白框内所示。

图 2-1-10 位于功能区下方的【自定义快速访问工具栏】

具体操作方法为：

单击标题栏右侧的【自定义快速访问工具栏】按钮，在下拉菜单中单击【在功能区下方显示】按钮，如图 2-1-11 所示。

图 2-1-11 自定义访问工具栏操作

第二节　演示文稿的基本操作

演示文稿用于存储用户制作的幻灯片，一个演示文稿由若干张幻灯片组成，PowerPoint 1997 年至 2003 年版本扩展名为 "*.ppt"，2003 年以上版本扩展名为 "*.pptx"。每张幻灯片在演示文稿中既相互独立又相互联系，它们共同展现该演示文稿要表达的内容，如图 2-2-1 所示。

图 2-2-1 一个演示文稿由若干张幻灯片组成

演示文稿的基本操作包括新建演示文稿、保存演示文稿、打开演示文稿和关闭演示文稿。

一、新建演示文稿

启动 PowerPoint 时，系统会自动建立一个只有一张幻灯片的演示文稿，默认的文档名为"演示文稿1"，如图 2-2-2 所示。

图 2-2-2 演示文稿 1

在打开的 PowerPoint 中，新建演示文稿的方式有两种，分别是：

■ 方式一：使用快捷键新建；

■ 方式二：在菜单栏中新建。

（一）使用快捷键新建

在 PowerPoint 的打开状态下，直接在键盘上按下【Ctrl+N】快捷键，即可新建一个演示文稿。

（二）在菜单栏中新建

直接单击"文件"选项卡中的【新建】命令，PowerPoint 界面上会显示出可用的模板和主题类别列表，如图 2-2-3 所示。

根据需要，选择合适的模板单击【创建】按钮，PowerPoint 就可以新建一个基于所选择模板的新演示文稿，如图 2-2-4 所示。

图 2-2-3 在菜单栏中新建

图 2-2-4 【我的发明】模板

> **小贴士**
>
> PowerPoint 的所有演示文稿都是基于某一个模板创建。启动 PowerPoint 后系统自动建立的演示文稿和通过快捷键【Ctrl+N】所建立的演示文稿，都是基于【空白演示文稿】模板。

二、保存演示文稿

在课件制作过程中或制作完成后，为了避免突发状况如断电、退出未保存等情况的发生，要随时注意课件的保存。保存演示文稿的方式有三种，分别是：

- 方式一：单击快速访问工具栏保存；
- 方式二：单击文件选项卡保存；
- 方式三：单击"另存为"对话框保存。

其中，前两种是将演示文稿保存在原来位置的方法。

（一）单击快速访问工具栏保存

单击"快速访问工具栏"的【保存】按钮，如图 2-2-5 所示。

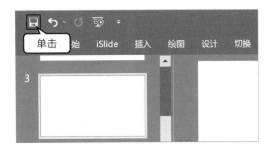

图 2-2-5 在【快速访问工具栏】保存

（二）单击文件选项卡中保存

单击【文件】选项卡，在下拉菜单中单击【保存】按钮，如图 2-2-6 所示。

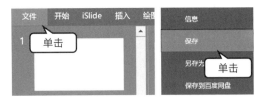

图 2-2-6 在【文件】选项卡保存

（三）单击"另存为"对话框保存

单击【文件】选项卡，在下拉菜单中单击【保存】按钮，将出现如图 2-2-7 所示的"另存为"界面；若该演示文稿不是第一次保存，则不会出现"另存为"对话框。

图 2-2-7 "另存为"界面

在"另存为"对话框左侧选择其他位置进行保存时，具体操作步骤如下：

通常单击【这台电脑】或【浏览】命令，弹出对话框，如图 2-2-8 所示。

在下方"文件名"栏中输入演示文稿文件名，在【保存类型】栏的下拉列表中选择【PowerPoint 演示文稿（*.pptx）】，也可以根据需要选择其他类型，例如【PowerPoint97-2003 演示文稿（*.ppt）】，单击【保存】按钮完成对演示文稿的保存，如图 2-2-9 所示。

图 2-2-8 单击【这台电脑】或【浏览】命令

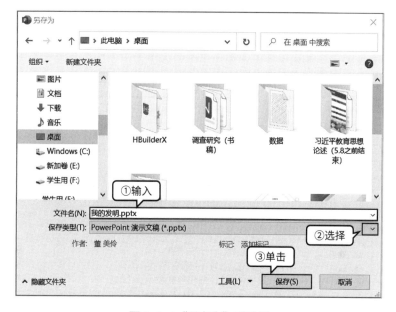

图 2-2-9 "另存为"对话框

> **小贴士**
>
> PowerPoint 软件每隔一段时间就自动保存当前文件,【自动保存】能够避免因意外断电或死机而导致的编辑内容丢失。

三、打开演示文稿

打开演示文稿的方式有三种,分别是:

- 方式一:双击目标文件打开;
- 方式二:单击【打开】命令打开;

■ 方式三：单击【打开方式】命令打开。

（一）双击目标文件打开

双击文件即可以打开，如图 2-2-10 所示。

图 2-2-10 双击文件打开

（二）单击【打开】命令

右击目标文件，单击【打开】命令，如图 2-2-11 所示。

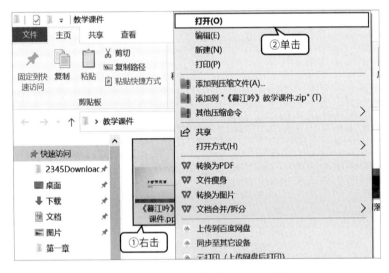

图 2-2-11 右击文件后单击【打开】

（三）单击【打开方式】命令打开

该方法下默认打开方式必须是 Office，而不是 WPS 或其他软件。如果默认方式不是 Office，可以进行以下设置：

右击演示文档，单击【打开方式】命令后，单击【选择其他应用】按钮，如图 2-2-12 所示。

在出现的对话框中单击【PowerPoint】，并在下方复选框中勾选，即确认"始终使用此应用打开 .pptx 文件"，单击【确定】按钮，图 2-2-13 所示。

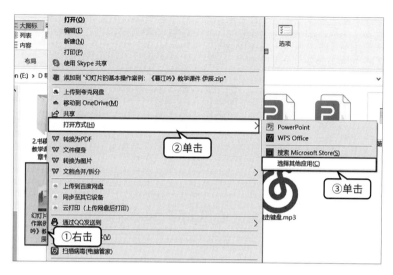

图 2-2-12 选择其他应用

图 2-2-13 始终使用 PowerPoint

小贴士

为了让用户能够掌握更多打开演示文稿的方法，除以上介绍的打开演示文稿之外，另外还有三种方法：在 PowerPoint【开始】中打开演示文稿、在 PowerPoint【打开】中打开演示文稿和通过对话框打开演示文稿。

四、关闭演示文稿

如图 2-2-14 所示，单击【关闭】按钮图标 。若没有对各种编辑操作进行保存，执行关闭操作后，系统会弹出图 2-2-15 所示的对话框，单击【保存】即可关闭演示文稿。

图 2-2-14 关闭演示文稿

图 2-2-15 保存演示文稿

第三节　幻灯片基本操作

幻灯片的基本操作包括新建幻灯片、移动幻灯片、复制幻灯片、删除幻灯片、选用幻灯片主题、调整幻灯片大小和设置幻灯片背景等。

李老师在新建了以"暮江吟"为名的演示文稿后，想在默认创建的第一张幻灯片后再次新建一张，效果如图 2-3-1 所示。

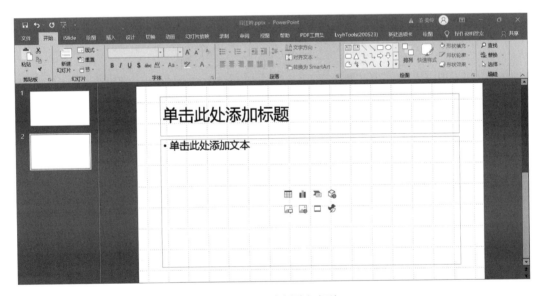

图 2-3-1 再次新建幻灯片

一、新建幻灯片

新建幻灯片的方式有三种，分别是：

- 方式一：使用"幻灯片"组新建；
- 方式二：视图区右击【新建幻灯片】新建；
- 方式三：使用快捷键新建。

(一)使用"幻灯片"组新建

单击【开始】选项卡,在"幻灯片"组中单击【新建幻灯片】下拉键,在弹出的下拉列表中单击一种合适的版式,如图2-3-2所示,即可增加一张相应版式的幻灯片。

图 2-3-2 使用幻灯片组新建

(二)视图区右击【新建幻灯片】新建

右击视图区里需要添加幻灯片的位置,在弹出的快捷菜单中单击【新建幻灯片】选项;此时即可插入一张新的幻灯片,系统默认为"标题和内容"版式,如图2-3-3所示。

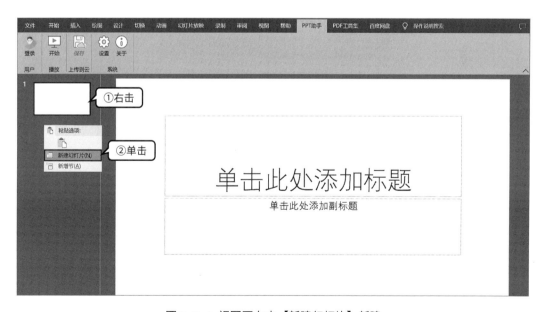

图 2-3-3 视图区右击【新建幻灯片】新建

（三）使用快捷键新建

在导航窗格中选中第一张幻灯片，按【Ctrl+M】或【Enter】快捷键，即可插入一张与第一张幻灯片版式一致的幻灯片。

二、复制幻灯片

复制幻灯片的方式有两种，分别是：

- 方式一：使用快捷菜单复制；
- 方式二：使用快捷键复制。

（一）使用快捷菜单复制

右击需复制的幻灯片，在弹出的快捷键菜单中单击【复制幻灯片】选项，如图 2-3-4 所示。

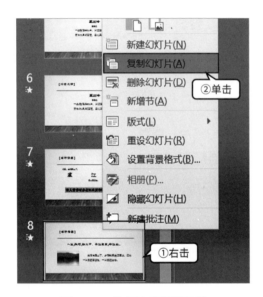

图 2-3-4 使用快捷菜单复制

（二）使用快捷键复制

使用快捷键复制的方式有两种，分别是：

- 方式一：相邻幻灯片复制；
- 方式二：相隔幻灯片复制。

1. 相邻幻灯片复制

鼠标左键选中需要复制的第一张幻灯片，按住【Shift】键不放，用鼠标左键选中需要复制的最后一张幻灯片，即可选中这两张幻灯片之间的所有幻灯片。按【Ctrl+C】组合键进行复制，选中需要复制位置的前一页幻灯片，按【Ctrl+V】组合键即可将幻灯片复制到目标位置。

2. 相隔幻灯片复制

鼠标左键选中需要复制的第一张幻灯片，按住【Ctrl】键不放，依次选中其他需要复制的幻灯片，再重复以上操作即可完成复制。

三、移动幻灯片

移动幻灯片的方式有两种，分别是：

- 方式一：拖动目标幻灯片到指定位置；
- 方式二：剪切幻灯片并将其粘贴到指定位置。

（一）拖动目标幻灯片到指定位置

选中需要修改位置的幻灯片，按住鼠标左键拖动到合适的位置后释放鼠标左键，即可将幻灯片移动到目标位置。

（二）剪切目标幻灯片，并将其到指定位置

选中需要修改位置的幻灯片，按【Ctrl+X】快捷键进行剪切；选中需要移动位置的前一页幻灯片，按【Ctrl+V】快捷键即可将幻灯片移动到目标位置。

四、删除幻灯片

删除幻灯片的方式有两种，分别是：

- 方式一：使用快捷菜单删除；
- 方式二：通过快捷键删除。

（一）使用快捷菜单删除

右击需要删除的幻灯片，从弹出的快捷菜单中单击【删除幻灯片】选项，如图 2-3-5 所示。

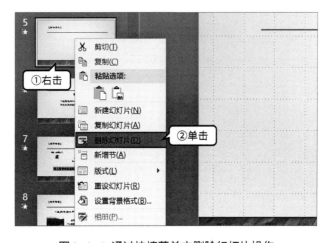

图 2-3-5 通过快捷菜单中删除幻灯片操作

（二）通过快捷键删除

选中需要删除的幻灯片，在键盘上按【Delete】键或者【Backspace】键，即可将幻灯片删除。

五、选用幻灯片主题

幻灯片主题是演示文稿中所有幻灯片所具有的统一背景效果、统一修饰元素和统一文字格式。默认创建的演示文稿采用的是空白页，当应用了主题后，无论新建什么版式的幻灯片都会保持统一的风格。

选中第一张幻灯片后，单击【设计】选项卡，选择"画廊"幻灯片主题，如图2-3-6所示；设置后的效果如图2-3-7所示。

图 2-3-6 选用幻灯片主题

图 2-3-7 "画廊"幻灯片主题效果图

小贴士

演示文稿的设计过于花哨,容易使学生的注意力无法集中。为了避免出现这种情况,通常建议将一种幻灯片主题应用到所有幻灯片中。

六、调整幻灯片大小

幻灯片大小是指幻灯片所呈现出的尺寸大小,常见的幻灯片大小有:宽屏(16:9)和标准(4:3)。不同幻灯片大小适用于不同的场景,操作者可以通过调整幻灯片大小来适应需要。

调整幻灯片尺寸的方式有两种,分别是:

- 方式一:使用系统预设幻灯片大小;
- 方式二:自定义幻灯片大小。

(一)使用系统预设幻灯片大小

选中一张幻灯片,单击【设计】选项卡,单击"幻灯片大小"下拉菜单中的【标准(4:3)】,如图2-3-8所示;在弹出的窗口中单击【确保适合】按钮即可完成设置,如图2-3-9所示。

图2-3-8 使用系统预设幻灯片大小

图 2-3-9 单击【确保合适】

（二）自定义幻灯片大小

除以上常见幻灯片大小之间的切换以外，操作者还可以根据自己的需要选择其他尺寸的幻灯片或者自定义幻灯片的大小。

选中一张幻灯片后，单击【设计】选项卡，在"幻灯片大小"下单击【自定义幻灯片大小】，在弹出的对话框中根据需要输入宽度与高度数值，设置完成后单击【确定】按钮，如图 2-3-10 所示。

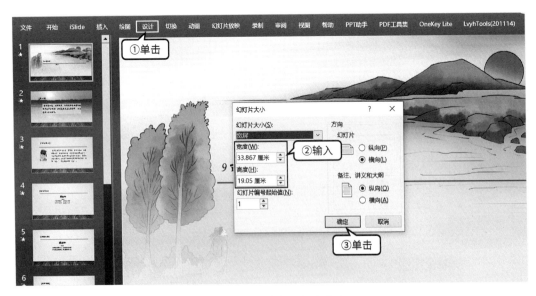

图 2-3-10 自定义幻灯片大小

七、设置幻灯片背景

根据演示文稿的具体内容，可以通过设置幻灯片的颜色、图案及纹理来设计幻灯片的背景。在设计过程中可以利用系统所提供的模板库随时变换所使用幻灯片的背景，也可以自行设计背景，使之更适应用户需要。

(一) 选择幻灯片背景格式

幻灯片的背景格式有很多种，其中包括纯色填充、渐变填充、图片或纹理填充以及图案填充等。用户可以根据需要选择合适的背景格式。

李老师在制作"想一想"幻灯片时，为了让学生能形象生动地感受到傍晚江边的美景，想插入从网上下载的江边落日图作为背景，这就需要对该张幻灯片的背景进行设置，效果如图2-3-11所示。

图2-3-11 设置幻灯片背景效果图

选中"想一想"幻灯片后，单击【设计】选项卡，单击【设置背景格式】，单击【图片或纹理填充】按钮，单击【插入】按钮，在弹出的窗口中单击【来自文件】，如图2-3-12所示；根据图片保存的位置单击"江边落日"图片，单击【插入】按钮即可添加成功，如图2-3-13所示。

图2-3-12 选择幻灯片背景格式操作

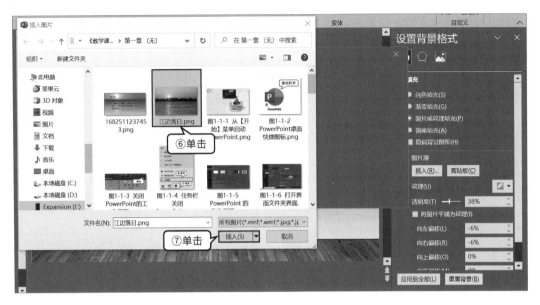

图 2-3-13 选择幻灯片背景格式操作

（二）调整幻灯片背景样式

幻灯片背景格式选取后可以根据需要对背景图片进行样式设计，如图片的透明度、饱和度和清晰度等。调整背景样式可以使背景与文字更加匹配。

李老师在插入"江边落日"背景图后发现背景颜色太突出，容易使观看者忽视文字而关注背景图片，因此，李老师将背景图的透明度从0%调整到38%以达到弱化背景的作用，效果如图2-3-14所示。

 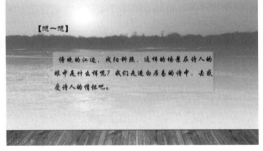

图 2-3-14 调整图片透明度前后对比

通过以上步骤成功插入"江边落日"图片背景后，鼠标左键按住拖动"设置背景格式"快捷工具栏中的"透明度"滚动条至38%，或直接在文本框中输入"38%"，如图2-3-15所示。

图 2-3-15 调整透明度

小贴士

　　一般来说，幻灯片背景的设置默认仅对当前幻灯片有效，如果操作者想将幻灯片背景应用到整个演示文稿中，可以单击"设置背景格式"快捷工具栏中的【应用到全部】按钮。如果操作者想要删除该幻灯片的背景，可以单击"设置背景格式"快捷工具栏中的【重置背景】按钮。

本章彩图
扫码可看

第三章 文本的插入与编辑

学习目标

- 根据教学需要和排版需求，选用恰当的文本输入方式，设置合适的字体、字号、字形和字符间距等；
- 了解段落的 5 种对齐方式，能根据实际需求完成段落对齐、段落间距、段落缩进和段落分栏等操作；
- 熟练地为文本内容添加项目符号和编号；
- 能够在幻灯片中快速查找和替换文本。

 知识图谱

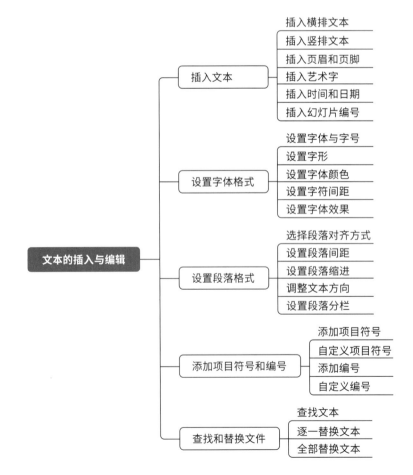

第三章　文本的插入与编辑

文字是教学课件中不可缺少的组成部分，是教学信息的基本表现形式。教师能熟练地在演示文稿中插入和编辑文字是使用 PPT 软件制作教学课件的重要技能。下面我们以许老师制作的课件《登飞来峰》的文字部分为例（效果图如下），讲解在 PPT 中插入和编辑文字的具体操作。

案例效果图

第一节　插入文本

文本是课件的基本元素，课件中的文本形式多样，常用的文本形式包括传递教学信息的文本内容、页眉页脚中的文本、艺术字、时间和日期以及幻灯片的编号。

一、插入横排文本

横排排列是常见的文本排列形式，这种文本排列方式符合大众的阅读习惯，文字较多时更适合用横排。下面以《登飞来峰》课件中"作者简介与写作背景"页为例，讲解横排文本的插入方法。

单击【插入】选项卡，单击【文本框】下拉键，选择【绘制横排文本框】，在编辑区按住鼠标左键加以拖动，出现文本框后输入文字，如图 3-1-1 所示。

图 3-1-1 插入横排文本

二、插入竖排文本

竖排排列是古时用竹简记录文字传承下来的排列方式，适用于少量文字排版。

例如：《登飞来峰》课件中的"封面页"采用了竖排排列，主要是为了呼应古诗的古韵，带给学生更强烈的情感体验。插入竖排文本的具体操作步骤如下：

单击【插入】选项卡，单击【文本框】下拉键，选择【竖排文本框】，如图 3-1-2 所示；接着单击幻灯片，在文本框中输入"登飞来峰"，如图 3-1-3 所示。

图 3-1-2 插入竖排文本

图 3-1-3 输入文本

三、插入页眉和页脚

页眉和页脚常用于显示文档的附加信息，页眉位于页面的顶部区域，页脚则位于页面的底部区域。课件中的页眉常用于呈现授课教师、授课阶段及教材等相关信息，页脚常用于呈现幻灯片时间、日期和幻灯片编号等信息。《登飞来峰》课件在页眉显示了授课年级和学科，页脚显示了幻灯片时间和日期、幻灯片编号及幻灯片课题。插入页眉和页脚的具体操作步骤如下：

单击【插入】选项卡，单击【页眉和页脚】按钮，在弹出的对话框中勾选【页脚】，在文本框中输入文字"《登飞来峰》"，单击【应用】即可完成页脚的设置，如图3-1-4所示。

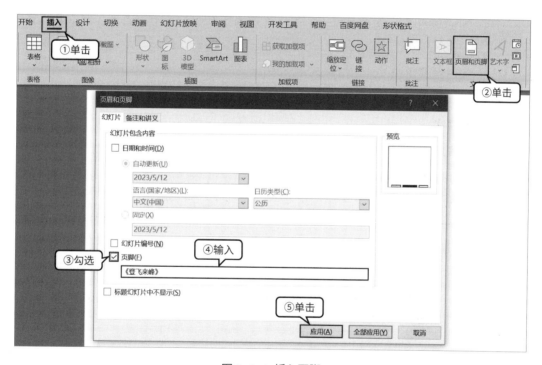

图3-1-4 插入页脚

小贴士

若仅标题幻灯片不设置页脚，则在"页眉和页脚"对话框中勾选【标题幻灯片不显示】即可。日期和时间、幻灯片编号也可以在"页眉和页脚"对话框中设置，具体操作见本章图3-1-10所示。

页眉无法直接在"页眉和页脚"对话框中设置，它的设置是在"幻灯片母版"中进行。页眉设置的具体操作步骤如下：

切换到【幻灯片母版】视图中，复制底部的页脚至页面顶部，更改内容为"七年级语文（下）"，如图3-1-5所示；单击【关闭幻灯片母版】，完成页眉的设置，效果如图3-1-6所示。

图3-1-5 插入页眉图　　　　　　　3-1-6 设置页眉页脚效果图

在幻灯片母版中设置页眉时，若想让页眉在所有幻灯片中都显示，则需要将其添加在顶层幻灯片中。若非如此，将其添加在哪种类型的幻灯片母版中，则使用该母版的幻灯片才有页眉。

四、插入艺术字

PPT中可以插入多彩的艺术字来丰富幻灯片的视觉效果，并可通过文本填充、文本轮廓以及文本效果的设置来更改艺术字的样式。《登飞来峰》课件中的结束页插入了"不畏困难，永葆乐观！"的艺术字，增强了幻灯片的艺术效果，如图3-1-7所示。

图3-1-7 插入艺术字效果图

插入艺术字的具体操作步骤如下：

单击【插入】选项卡，单击【艺术字】，单击合适的艺术字样式，输入"不畏困难，永葆乐观！"，并调整位置如图3-1-8所示。

艺术字的外观样式，可以通过更改"文本填充""文本轮廓"及"文本效果"来更改其样式。三种操作方法相似，下面以"文本效果"为例，讲解更改艺术字样式的操作。

选中要更改的艺术字，然后单击【形状格式】选项卡，单击【文本效果】下拉键，单击【阴影】选项，单击某一样式即可，如图3-1-9所示。

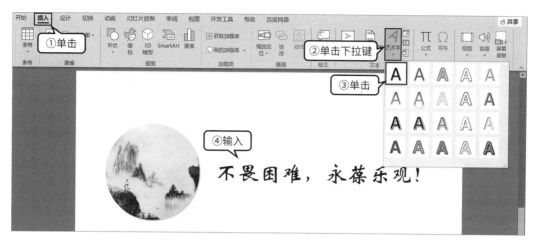

图 3-1-8 插入艺术字

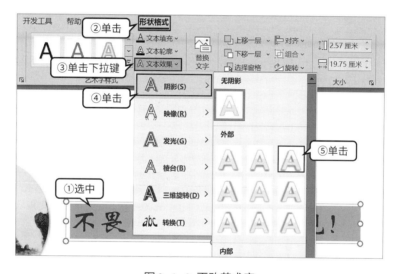

图 3-1-9 更改艺术字

五、插入时间和日期

在课件中插入时间和日期可以帮助制作者记录课件制作时间或使用时间。所插入的时间和日期有两种呈现形式：一是固定时间和日期；二是使时间和日期实时更新。时间和日期一般设置在课件的页脚位置，在插入页脚过程中直接勾选【日期和时间】即可。插入时间和日期的具体操作步骤如下：

单击【插入】选项卡，单击【页眉和页脚】按钮，在弹出的"页眉和页脚"对话框中依次勾选【日期和时间】和【固定】，在其下的文本框中输入固定的日期，最后单击【全部应用】按钮即可，如图 3-1-10 所示。最终效果如图 3-1-11 所示。

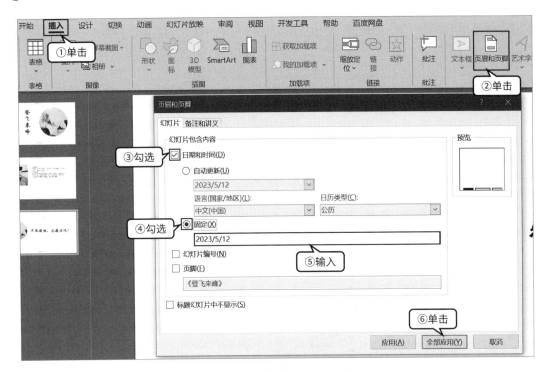

图 3-1-10 插入时间和日期

图 3-1-11 插入时间和日期效果图

小贴士

若是不固定时间，想要时间自动更新为当前幻灯片播放的时间，则将勾选【固定】改为勾选【自动更新】即可。

六、插入幻灯片编号

幻灯片编号类似于 Word 中的页码，可以标记幻灯片，也方便幻灯片放映者和观看者明确当前幻灯片的播放进度。插入幻灯片编号的具体操作步骤如下：

单击【插入】选项卡，单击【页眉和页脚】按钮，在弹出的对话框中勾选【幻灯片编号】，再单击【全部应用】按钮即可，如图3-1-12所示。最终效果如图3-1-11所示，编号在幻灯片的右下角显示。

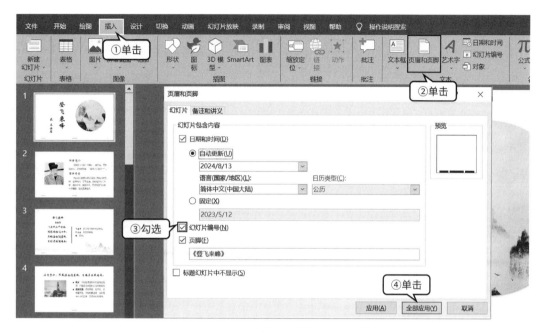

图3-1-12 插入幻灯片编号

第二节　设置字体格式

为了提高文本内容的可读性和课件的艺术性，需要对所插入的文本内容进行字体、字号、颜色以及字符间距等设置，如图3-2-1所示；还可以根据需要设置字体的特殊效果，如给文本添加阴影，如图3-2-2所示。

图3-2-1 设置字体颜色

图3-2-2 添加阴影效果

一、设置字体与字号

下面以课件中"作者简介与写作背景"页的文字为例，讲解字体和字号设置的操作：

选中文本框中的"作者简介"，单击【开始】选项卡，单击【字体】下拉键，在下拉菜单中单击【华文新魏】，选择字号从"18"更改为"36"，如图3-2-3所示。

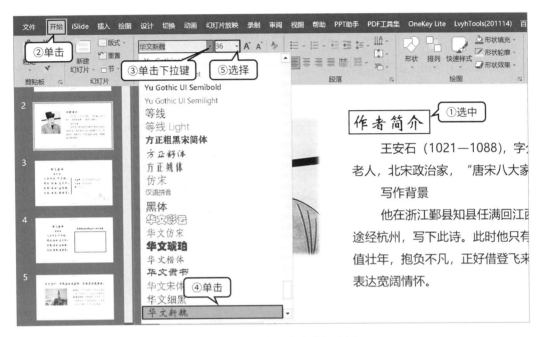

图3-2-3 设置标题的字体与字号

选中文本框中"作者简介"下的正文内容，单击【开始】选项卡，字体选择为"微软雅黑"，字号选择为"24"，如图3-2-4所示。

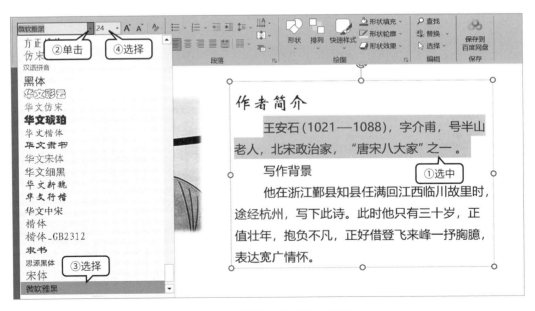

图3-2-4 设置正文的字体与字号

文本框中"写作背景"及其正文内容的字体和字号的处理方式同上,效果如图 3-2-5 所示。

图 3-2-5 设置字体和字号的效果图

二、设置字形

字形包括常规、倾斜、加粗等样式,下面以课件中"作者简介与写作背景"页的文字为例,讲解字形设置的操作:

选中文本框中"作者简介",单击"开始"选项卡中的【加粗】图标 B,或单击快捷菜单中的【加粗】,如图 3-2-6 所示;"写作背景"的字形设置操作同上,最终效果如 3-2-7 所示。

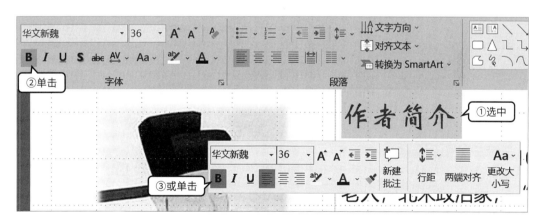

图 3-2-6 设置字形操作

图 3-2-7 字形设置效果图

三、设置字体颜色

《登飞来峰》课件中文本的颜色主要为黑色。为方便阅读或强调重点信息，将部分文字设置成红色，如"作者简介与写作背景"页的文字；将标题设置成红色，与正文区别开来。

下面以课件中"作者简介与写作背景"页的文字为例，讲解字体颜色的设置操作。

选中"作者简介"文字，单击【开始】选项卡，单击【字体颜色】下拉键，单击【深红】，如图 3-2-8 所示。

图 3-2-8 设置字体颜色

文本框中"写作背景"的字体颜色处理方式同上,效果如图 3-2-9 所示。

图 3-2-9 字体颜色设置效果图

四、设置字符间距

字符间距即字符之间间隔的距离,系统预设有"很紧""紧密""稀松""很松"几种类型,如图 3-2-10、3-2-11 所示分别为"很紧""稀松"字符间距的效果图,通过对比可以发现,适当增加字符间距可以使文字排版更加舒展、易读,也使整个页面的排版更加美观。

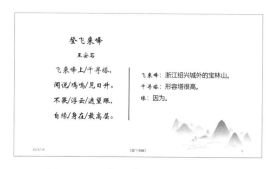 

图 3-2-10 "很紧"字符间距效果图　　图 3-2-11 "稀松"字符间距效果图

设置字符间距的具体操作步骤如下:

选中文字,单击【开始】选项卡,单击"字体"组中的【字符间距】图标下拉键,单击【常规】,如图 3-2-12 所示。

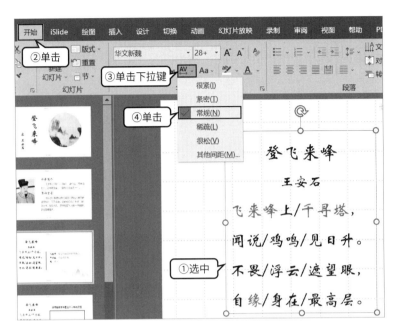

图 3-2-12 设置字符间距

小贴士

上述操作中，单击"字体"组中的【字符间距】下拉键后选择单击【其他间距】，弹出"字体"对话框，如图 3-2-13 所示，可在其中的【字符间距】下设置字符间距的具体数值。

磅：文字排版的大小单位，1 磅约等于 0.35 毫米。

图 3-2-13 字符间距

五、设置字体效果

为了使字体更加立体饱满,《登飞来峰》课件中封面页的标题增加了阴影效果,图 3-2-14 和 3-2-15 分别为设置字体效果前后的效果图。

图 3-2-14 未添加字体效果　　　　　　　图 3-2-15 添加"阴影"字体效果

设置字体效果具体操作步骤如下:

选中"登飞来峰",单击【开始】选项卡,单击【形状效果】下拉键,选择【阴影】,选择其列表中"外部"的【左下】,实现字体效果的设置,如图 3-2-16 所示。

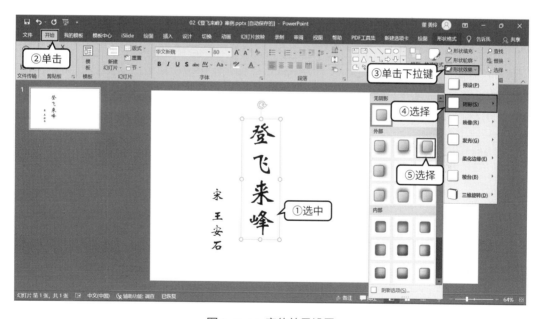

图 3-2-16 字体效果设置

小贴士

除上述操作,通过"艺术字样式"也能实现同等效果。设置艺术字样式的具体操作步骤如下:

选中目标文字,单击【形状格式】选项卡,在"艺术字样式"组中单击【文本效果】下拉键，再选择【阴影】，之后操作相同。与上述操作不同的是，此种操作可通过单击【转换】，然后选择"双波形"，来实现文字的弯曲，如图3-2-17所示。

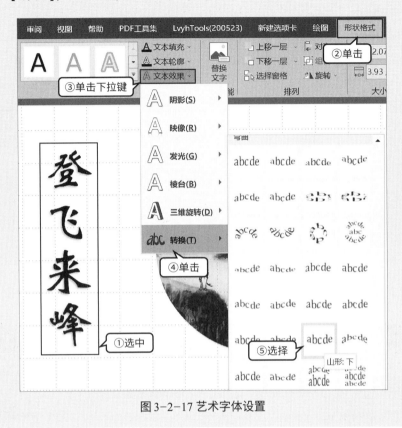

图3-2-17 艺术字体设置

第三节　设置段落格式

为避免观看者阅读疲劳、阅读障碍，除了需要对插入的文本进行字体、字号和颜色的设置，还需要设置文本的段落格式。段落格式设置包括对齐方式、段落间距、段落缩进（如图3-3-1所示）、文本方向和段落分栏（如图3-3-2所示）等。

图3-3-1 设置段落缩进　　　　　　　　图3-3-2 设置段落分栏

一、选择段落对齐方式

PPT中文字的对齐方式包括左对齐、右对齐、居中对齐、两端对齐和分散对齐等。中文排版常用的是左对齐、居中对齐,英文排版常用两端对齐及分散对齐。在《登飞来峰》课件"古诗学习"页幻灯片中,为使文本呈现与常见古诗形式相同,带给观看者更好的视觉体验,需要对古诗文字部分进行居中显示。选择对齐方式的具体操作步骤如下:

选中文本框文字,单击【开始】选项卡,在"段落"组里单击【居中】图标,如图3-3-3所示。

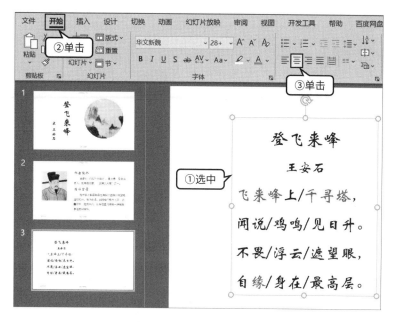

图3-3-3 段落对齐操作

小贴士

上述操作中【居中】按钮的左右两侧也有其他对齐方式的按钮。从左到右通过单击可以分别实现左对齐、居中对齐、右对齐、两端对齐和分散对齐。

二、设置段落间距

PPT中的段落间距包括两个设置项:"行距"和"段距"。"行距"决定段落中各行文本之间的垂直距离,"段距"决定段落上方和下方的空间。

下面以课件中"作者简介与写作背景"页的文字为例,讲解段落间距设置的操作。

选中文本框中所有内容,单击【开始】选项卡,单击【行距】图标下拉键,选择"1.5倍"即可,如图3-3-4所示。

图 3-3-4 设置段落间距参数

小贴士

自定义设置行距的方法：选中文字，单击【开始】选项卡，单击【行距】下拉键，选择【行距选项】，如图 3-3-5 所示；在弹出的"段落"对话框中，单击【行距】下拉键，选择【固定值】，在"设置值"中输入"45 磅"，最后单击【确定】，如图 3-3-6 所示。

图 3-3-5 调整行距操作

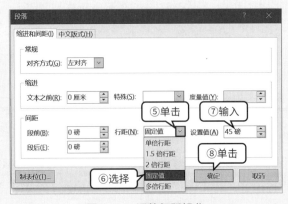

图 3-3-6 调整行距操作

三、设置段落缩进

PPT 的段落缩进包括"首行缩进"和"悬挂缩进"两种类型。首行缩进是指每个段落的首行缩进指定字符，通常为 2 个字符，其他行不缩进，如图 3-3-7 所示；悬挂缩进是指段落的第一行不缩进，段落的第二行及后面的行缩进，如图 3-3-8 所示。

图 3-3-7 正文首行缩进

图 3-3-8 正文悬挂缩进

常用的段落缩进是首行缩进，便于阅读和区分文字的整体结构。因为制作 PPT 时经常会涉及大段落的文本信息，因此便产生了文本规定：每段首行需要空两个字符。我们可以通过敲空格键实现该目标，但是此操作往往会产生很多问题，比如上下段落的缩进产生错落（同一行有中、英文的时候），且此方法也会影响工作效率。

下面以课件中"作者简介与写作背景"页的文字为例，讲解段落缩进设置的操作：

选中文本框中需要处理的内容后右击，在快捷菜单中单击【段落】，如图 3-3-9 所示；如图 3-3-10 所示，在弹出的对话框的"特殊"栏选择【首行】，"度量值"栏选择【2 厘米】。

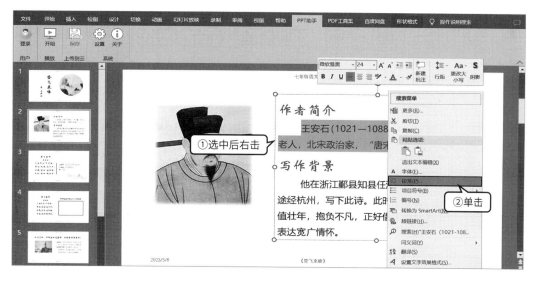

图 3-3-9 设置段落缩进

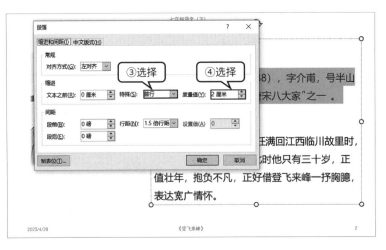

图 3-3-10 调整缩进参数

> **小贴士**
>
> 1. 除厘米外，PPT 中还有其他度量单位，如磅、英寸、毫米和字符。1 厘米=10 毫米，1 磅≈0.35 毫米，1 英寸=2.54 厘米，1 字符大概 1 厘米宽度。
>
> 2. 设置悬挂缩进时，在"段落"对话框中，除了设置"悬挂"和"度量值"，还需要选择"文本之前"的值。悬挂缩进常用于项目符号和编号列表。
>
> 3. "写作背景"正文部分步骤同理，设置完成后效果如图 3-3-11 所示。

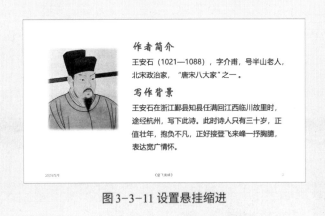

图 3-3-11 设置悬挂缩进

四、调整文本方向

PPT 中文本的方向还可以进行二次更改。制作《登飞来峰》课件的封面页时，实现"登飞来峰"文本竖向排列的方法，除了直接绘制竖排文本框，还可以将输入的横排文字调整为竖排文字。调整文本方向的具体操作步骤如下：

选中"登飞来峰"文本框，单击【开始】选项卡，单击"段落"组中的【文字方向】下拉键，单击【竖排】即可，如图 3-3-12 所示。

图 3-3-12 调整文本方向

> **小贴士**
>
> 选中文字后，直接用鼠标按住 ⟳ 旋转，也可以使文字方向发生变化。

五、设置段落分栏

PPT 段落分栏常用于幻灯片文字较多的情况，对文字进行分栏排版，既方便阅读，又使幻灯片界面更加美观。《登飞来峰》课件的"课外拓展"页因为文字较多，大段文字不够美观，阅读起来也不方便，所以将其分成了两栏，方便阅读。设置段落分栏具体操作步骤如下：

插入横排文本框，输入王安石简介的拓展内容。

选中文本，单击【开始】选项卡，单击【添加或删除栏】▤▾下拉键，单击【更多栏】，在弹出的"栏"对话框中，分别在"数量"和"间距"中输入"2"和"1厘米"，设置成间距为1厘米的两栏，最后单击【确定】即可，如图3-3-13所示。最终效果如图3-3-14所示。

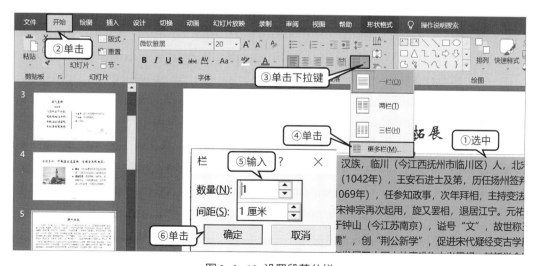

图 3-3-13 设置段落分栏

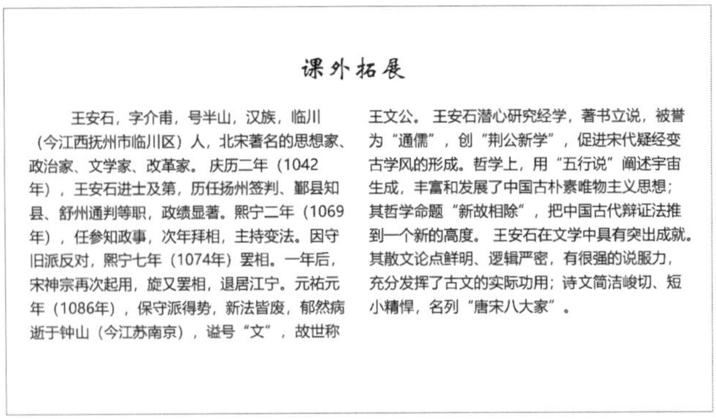

图 3-3-14 段落分栏效果

第四节　添加项目符号和编号

添加项目符号和编号能凸显文本内容的层次，使其条理清楚、重点突出、提高阅读效率。图 3-4-1 为添加项目符号前，图 3-4-2 为添加项目符号后的效果图。

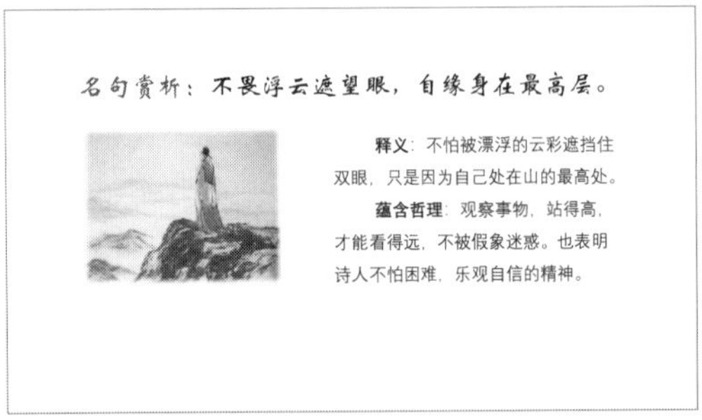

图 3-4-1 添加项目符号前 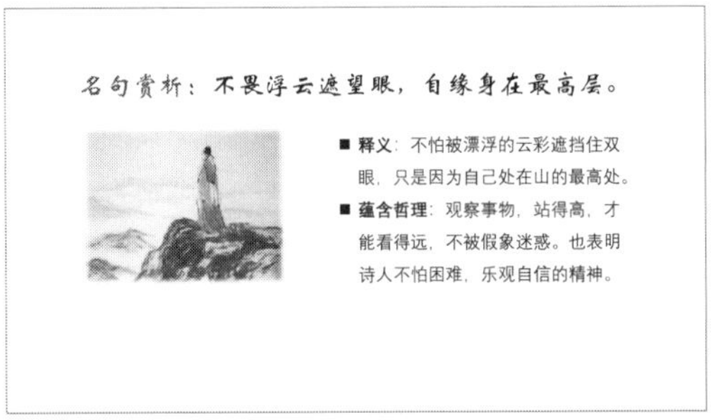　　　　　　图 3-4-2 添加项目符号后

一、添加项目符号

项目符号是插入在每段文本前的圆点、实心（空心）正方形等符号，能够帮助梳理文本的层次结构。在含有项目符号的段落中，按下【Enter】键换到下一段时，会在下一段自动添加相同样式的项目符号。此时如果直接按下【Backspace】键或者再次按【Enter】键，可以取消自动添加项目符号。

《登飞来峰》课件的"名句赏析"页为凸显文本分段，使文本内容更加清晰明了，而添加了项目符号。对段落添加项目符号的具体操作步骤如下：

选中"赏析内容"文本框，单击【开始】选项卡，单击【项目符号】下拉键，选择【带填充效果的大方形项目符号】，如图 3-4-3 所示。

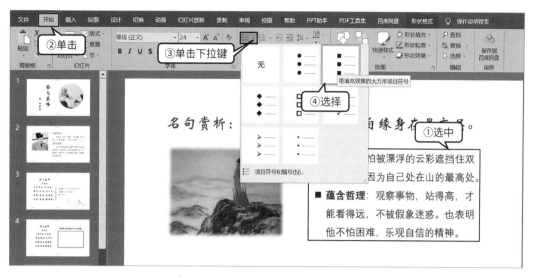

图 3-4-3 添加项目符号

二、自定义项目符号

项目符号除了可以使用系统自带符号，还能够自定义项目符号样式。下面以上一节的内容为例，讲解自定义项目符号的操作。

在添加项目符号的操作基础上，在"项目符号"下拉列表中单击【项目符号和编号】，在弹出的"项目符号和编号"对话框中进行单击【自定义】设置，如图3-4-4所示。

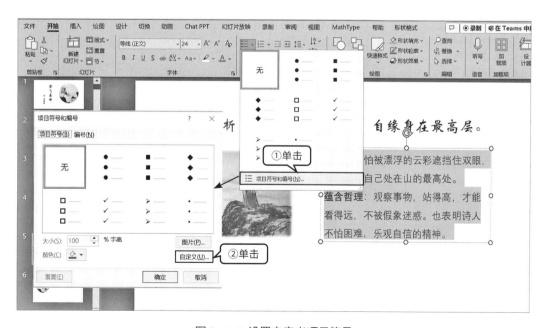

图 3-4-4 设置自定义项目符号

自定义项目符号的样式有两种，第一种是自定义为符号。在弹出的对话框中选择合适的符号后单击【确定】，如图3-4-5所示。

自定义完成后，效果如图3-4-6所示。

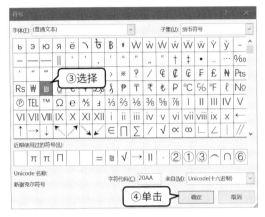

图3-4-5 选择自定义项目符号

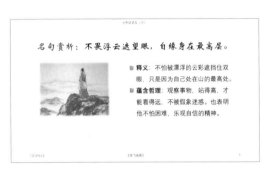

图3-4-6 设置自定义项目符号效果图

第二种样式是自定义为图片，单击【项目符号和编号】，在弹出的对话框中单击【图片】，如图3-4-7所示。

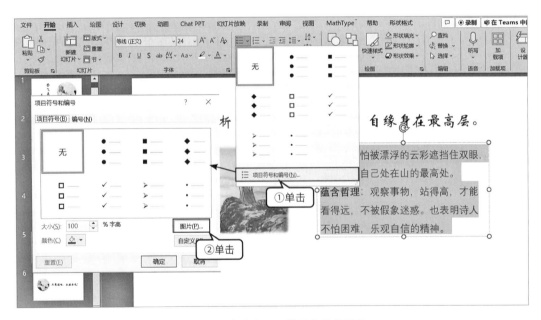

图3-4-7 自定义项目符号为图片操作

在弹出的对话框中单击【来自文件】，如图3-4-8所示。效果如图3-4-9所示。

图3-4-8 单击【来自文件】

图3-4-9 自定义项目符号为图片效果图

小贴士

若是想对项目符号的大小和颜色进行设置，也可以在"项目符号和编号"对话框中实现，具体操作步骤如下：

"大小"微调框调整数值为大于100的数字，即将项目符号扩大；调整为小于100的数字，即将项目符号缩小。

单击【颜色】下拉键，选择合适颜色。

大小和颜色设置完成后单击【确定】按钮即可，如图3-4-10所示。

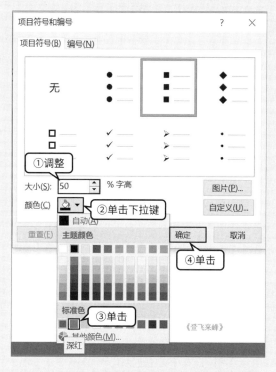
图3-4-10 在【项目符号和编号】对话框中设置

三、添加编号

编号是插在每段文本前的序号，可以是阿拉伯数字，也可以是罗马数字、英文字母等，序号按顺序排列，在带有项目编号的段落按下【Enter】键，会在下一段中添加的项目编号数值上自动加1，编号的使用可以使文本内容更有条理。下面仍以课件中"作者简介与写作背景"页的文字为例，讲解添加编号的操作。

选中"赏析内容"文本框，单击【开始】选项卡，单击【编号】下拉键，选择【1.2.3……】，如图3-4-11所示。

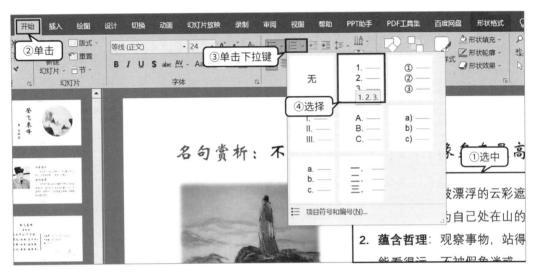

图3-4-11 添加编号

小贴士

编号的大小和颜色设置，与项目符号的大小与颜色设置相同。具体可参考第四部分自定义项目符号的内容。

四、自定义编号

默认情况下编号是从"1"或"A"等开始的，若想使编号从"2"或"3"或其他数字开始，或者对编号设置颜色，都可以通过自定义编号来实现。这里以上一节的内容为例讲解自定义项目符号的操作。

选中"赏析内容"文本框，单击【开始】选项卡，单击【编号】下拉键，再单击【项目符号和编号】，如图3-4-12所示。

在弹出的对话框中，选择【大小】的数值进行调整，可以更改编号的大小；在【起始编号】微调框中进行选择，可以更改初始编号，如选择"2"，则从"2"开始编号；单击【颜色】的下拉键，在下拉列表中单击某一颜色，即可改变编号的颜色，最后单击【确定】即可，如图3-4-13所示。

第三章　文本的插入与编辑

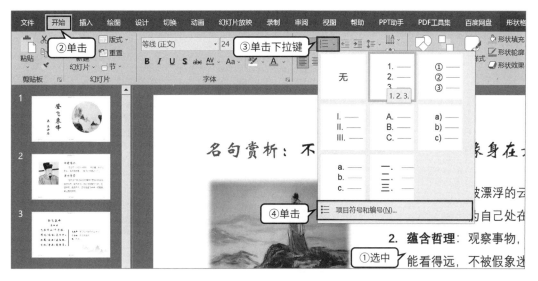

图 3-4-12　自定义编号操作

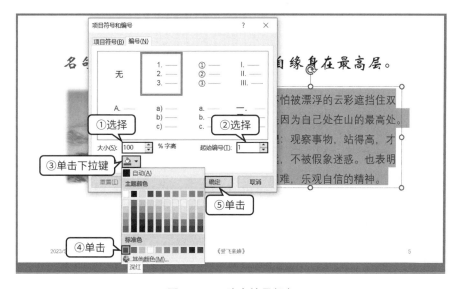

图 3-4-13　改变编号颜色

第五节　查找和替换文本

若想要从 PPT 中查找某一文本所在位置，逐页地翻看未免效率过低，而 PPT 所提供的"查找"功能可以实现快速搜索，定位到相应幻灯片。PPT 中如果有多处相同的内容需要更改，逐个更改过于烦琐，使用 PPT 的"替换"功能就可实现一键替换。查找或替换某一部分内容后，PPT 当前显示页面为目标页面，且进行操作的目标文本会被选中，如在《登飞来峰》课件中查找"王安石"文本，查找后的效果如图 3-5-1 所示。

图 3-5-1 查找的效果图

一、查找文本

制作完成 PPT 后，若要快速查找包含某一部分文本内容的幻灯片，可用 PPT 提供的【查找文本】功能。下面以在《登飞来峰》课件查找"王安石"为例，讲解在 PPT 中查找文本的操作。

单击【开始】选项卡，单击【查找】按钮，在弹出的【查找】对话框中输入想要查找的内容"王安石"，单击【查找下一个】，即可跳转到查找内容所在 PPT 页面，如图 3-5-2 所示。

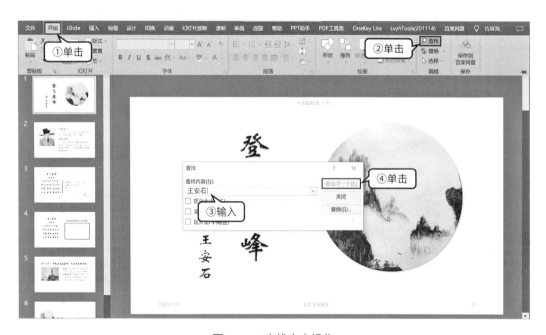

图 3-5-2 查找文本操作

> **小贴士**
>
> 查找的内容如果是英文，查找到的内容包括大小写两种情况，若想区分大小写，则需要在【查找】对话框中勾选下方的【区分大小写】。另外，【全字匹配】和【区分全/半角】也可按需勾选。全字匹配针对的是英文单词的查找和替换，意思是只有在遇到与要找的词完全匹配的完整的词时才显示。在汉字输入时，系统提供"半角"和"全角"两种不同的输入状态，但英文字母、符号和数字等通用字符不同于汉字，在半角状态下它们被作为英文字符处理，而在全角状态下，它们又可作为中文字符处理。一个汉字要占两个英文字符的位置，把一个英文字符所占的位置称为"半角"，相对地把一个汉字所占的位置称为"全角"，如图3-5-3所示。

图3-5-3 查找英文内容

二、逐一替换文本

PPT中有文本内容错误或是措辞不当的问题，可以使用文本替换功能。若查找的文本不是所有的都需要替换，则使用【逐一替换文本】功能酌情实现文本的替换。下面以《登飞来峰》课件为例，讲解将PPT中"他"替换为"诗人"的操作。

单击【开始】选项卡，单击【替换】按钮，在弹出的"替换"对话框中的【查找内容】选项框输入想要查找的内容"他"，在【替换为】下输入想要替换的内容"诗人"，单击【查找下一个】，之后单击【替换】如图3-5-4所示。

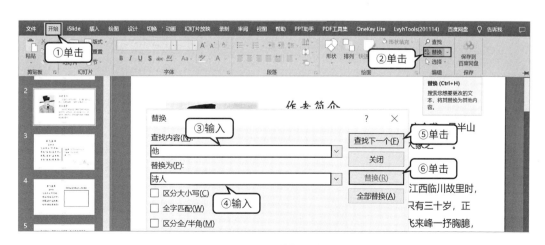

图3-5-4 逐一替换文本操作

三、全部替换文本

同样以上一节为例,若是《登飞来峰》课件中所有的文本"他"都要替换为"诗人",使用"逐一替换文本"效率较低,此时就可以使用PPT的【全部替换】文本功能,一次性实现文本的全部更改。具体操作步骤如下:

单击【开始】选项卡,单击【替换】按钮,在弹出的"替换"对话框中的【查找内容】下输入想要查找的内容"他",在【替换为】下输入想要替换的内容"诗人",之后单击【全部替换】即可一次性实现全部替换文本内容,如图3-5-5所示。

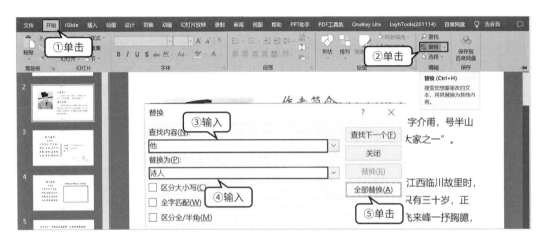

图3-5-5 全部替换文本操作

本章彩图 扫码可看

第四章 图片与形状的插入与编辑

学习目标

- 举例说明演示文稿中插入图片的方式;
- 掌握调整图片大小、设置图片位置及图片样式的操作;
- 掌握删除图片背景、校正图片色彩、添加图片艺术效果、压缩图片、更改图片、组合图片等操作;
- 掌握插入形状的方法,并能对形状进行自定义样式、排列与组合、输入文本等操作。

知识图谱

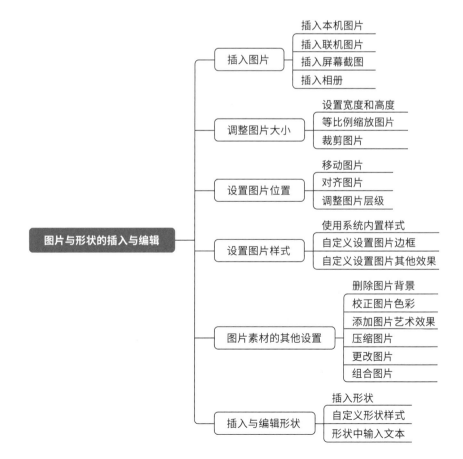

教学情境

刘老师在制作书法课的课件时，经常使用图片来辅助教学。例如在讲授《书法的结构之美》时，通过图片呈现书写技巧、字体结构，让学生更直观地了解书法的结构之美。在制作课件中涉及图片和图形的插入、样式编辑、排版等操作时，刘老师需要掌握哪些图片和形状插入与编辑的操作要点？具体的操作步骤又是怎样的呢？

案例效果图

第一节　插入图片

图片是课件中常用的元素，根据课件中图片的来源，可以将图片的插入方式分为：插入本机图片、插入联机图片、插入屏幕截图以及插入相册。

一、插入本机图片

插入本机图片即插入本地电脑中的图片，是 PowerPoint 中最常见的一种插入图片方式。下面以《书法的结构之美》的尾页为例，讲解本机图片的插入操作。

新建一页幻灯片后，单击【插入】选项卡，单击"图像"组中【图片】下拉键，在其下拉菜单中单击【此设备】，如图 4-1-1 所示。

在弹出的窗口中，按住键盘上的【Ctrl】键，依次单击【背景图 1】和【背景图 2】，单击【插入】，即可将本机中的 2 张图片插入 PPT 中，如图 4-1-2 所示。

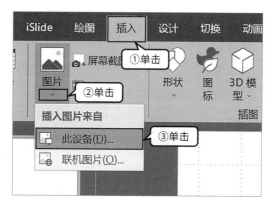

图 4-1-1 插入本机图片

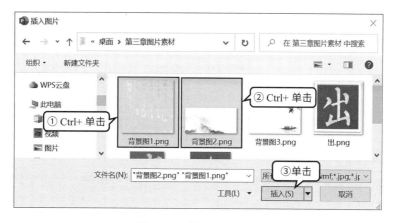

图 4-1-2 插入本机图片

二、插入联机图片

插入联机图片即直接在PPT中进行网络搜索并插入图片。《书法的结构之美》课件中尾页的"西装男士"图片即为联机图片,如图 4-1-3 所示。下面将以"西装男士"图片为例,讲解插入联机图片的操作。

图 4-1-3 插入联机图片效果图

单击【插入】选项卡,单击"图像"组中【图片】下拉键,在其下拉菜单中单击【联机图片】,如图4-1-4所示。

在弹出的窗口中,单击搜索框并输入"卡通",在搜索出的图片中单击"西装男士"图片,再单击【插入】即可,如图4-1-5所示。

图4-1-4 插入联机图片操作

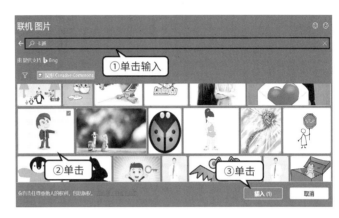

图4-1-5 插入联机图片操作

三、插入屏幕截图

插入屏幕截图即对电脑上已经打开的软件或桌面进行截图,并插入PPT中,可以选择截取整个界面或部分界面。本案例中结尾页的"羽毛笔"图片即为屏幕截图,如图4-1-6所示。需要注意的是,在最小化或关闭的软件界面中无法进行截图。插入屏幕截图的具体操作步骤如下:

单击【插入】选项卡,单击【屏幕截图】下拉键,在下拉菜单中单击【屏幕剪辑】,如图4-1-7所示。

图4-1-6 插入屏幕截图效果图

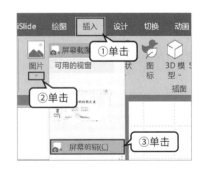

图4-1-7 插入屏幕截图

单击并拖动鼠标,用出现的十字图标框选目标图像后松开鼠标左键,即可获取框选区域的屏幕截图至剪切板,如图4-1-8所示;返回幻灯片界面,按住键盘上的【Ctrl+V】即可将屏幕截图插入幻灯片中,效果如图4-1-6所示。

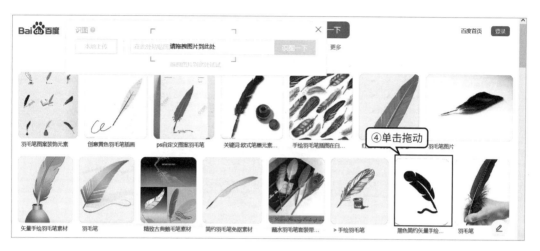

图4-1-8 拖动图片

图4-1-9 插入屏幕截图

插入屏幕截图后,参照本章第五节第一部分操作,去除图像背景并调整其大小和位置,即可实现图4-1-6的效果。

小贴士

若是当前电脑中除PowerPoint外还有其他已打开的窗口,则单击"屏幕截图"下拉菜单会出现"可用的视窗",所显示的即当前打开的窗口,此时单击目标窗口即可直接获取该窗口的全界面截图。

四、插入相册

在PowerPoint中插入相册,即将选中的多张图片插入PowerPoint中,每一张图片单独生成一张幻灯片，如图4-1-10所示；"插入相册"功能相较于前三种插入图片方法，其最大优势在于能以指定版式插入大量图片，并生成一个新的PPT，能免去重复"新建幻灯片+插入图片"的操作，适用于制作以照片为主的演示型PPT课件。

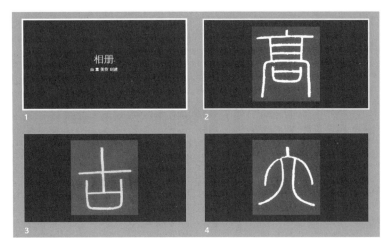

图4-1-10 插入相册效果图

插入相册的具体操作步骤如下：

单击【插入】选项卡，单击"图像"组中的【相册】，如图4-1-11所示。

在弹出的"相册"对话框中单击【文件/磁盘】，如图4-1-12所示。

图4-1-11 插入相册操作

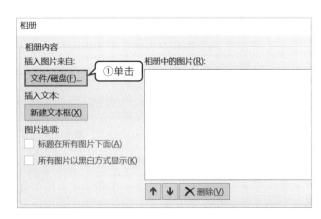

图4-1-12 插入相册操作

在弹出的窗口中打开目标文件夹，按住键盘上的【Ctrl】键，依次单击选中目标图片，再单击【插入】，如图4-1-13所示。

在"相册"窗口的"相册中的图片"中单击需要调整位置的图片（本例中单击第2行的"字2"），之后单击【↑】或【↓】按钮即可调整图片位置。若想对图片进行编辑，单击图片下侧的工具栏即可，最后单击【创建】即可生成相册，如图4-1-14所示。

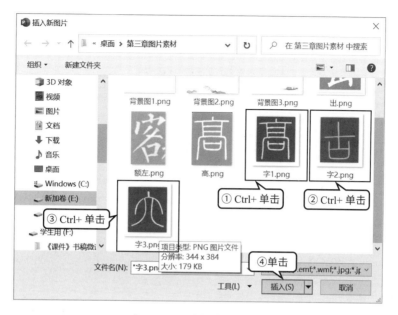

图 4-1-13 插入相册操作

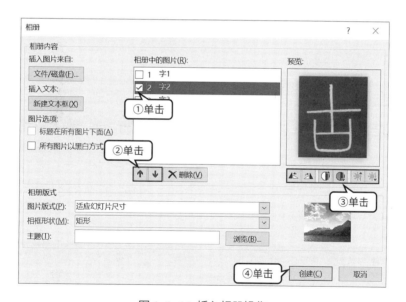

图 4-1-14 插入相册操作

第二节 调整图片大小

插入图片后需根据课件排版需求对图片的大小进行调整，具体操作包括设置图片高度和宽度、等比例缩放图片和裁剪图片等操作。

一、设置宽度和高度

教师在制作课件时可根据图文排版需求来精确设置图片的宽度和高度。PPT 为了保证图片在调整尺寸后不变形,默认勾选了"锁定纵横比",如图 4-2-1 所示。因此,在调整图片大小时,只需输入高度或者宽度中的一个值即可,图片即会等比例进行尺寸调整。

图 4-2-1 默认锁定纵横比

以本案例的"端正平稳之美"内容页中的图片为例,更改图片宽度和高度的前后效果对比如图 4-2-2 和图 4-2-3 所示,修改尺寸后的图片保留了原始的图片纵横比例。

图 4-2-2 设置图片大小前　　　　　　　图 4-2-3 设置图片大小后

设置图片宽度和高度的具体操作步骤如下:

单击图片,单击【图片格式】选项卡,单击"大小"组的【高度】微调框并输入"7 厘米",如图 4-2-4 所示。

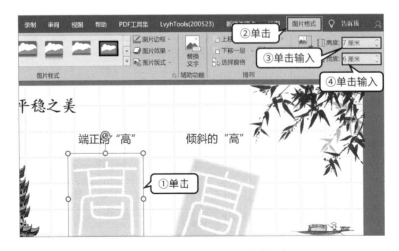

图 4-2-4 设置图片宽度、高度操作

若需自定义设置图片的高度与宽度，则可单击取消勾选"锁定纵横比"，然后输入所需的高度和宽度数值即可，如图 4-2-5 所示。

二、等比例缩放图片

等比例缩放图片即锁定图片的纵横比，对图片进行等比例的放大或缩小。这样可以使图片保持原始形态缩放，不会扭曲图像。等比例缩放图片的具体操作步骤如下：

右击"高"字的图片，在弹出的菜单栏中单击【大小和位置】，如图 4-2-6 所示；在弹出的对话框中，单击【锁定纵横比】，如图 4-2-7 所示。

图 4-2-5 设置图片大小

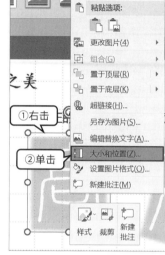
图 4-2-6 等比例缩放图片操作

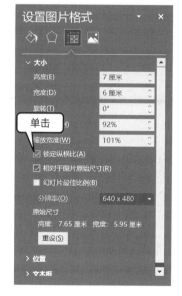
图 4-2-7 等比例缩放图片参数调节

单击鼠标左键拖动图片四个角上的任一控制点，即可按等比例放大或缩小图片，如图 4-2-8 所示。

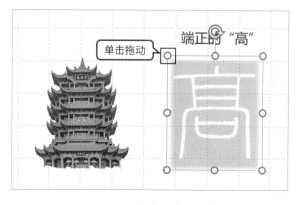

图 4-2-8 等比例缩放图片

> **小贴士**
>
> 　　单击图片后，按住键盘上的【Shift】键，单击拖动图片四个角上的任一圆点，可直接等比例缩放图片。

三、裁剪图片

　　裁剪图片即删减图片中不需要的部分。本案例中的"黄鹤楼"图片，如图4-2-9所示，裁剪多余部分后的效果如图4-2-10所示。

图 4-2-9 裁剪图片前　　　　　　　　图 4-2-10 裁剪图片后

　　裁剪图片的具体操作步骤如下：

　　单击图片，单击【图片格式】选项卡，单击【裁剪】的下拉键，在其下拉菜单中单击【裁剪】，单击拖动图片四周的黑框即可裁剪图片，如图4-2-11所示。

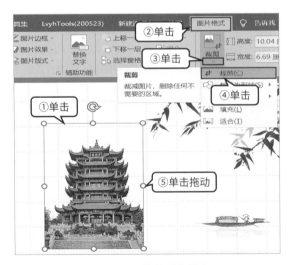

图 4-2-11 裁剪图片操作

> **小贴士**

在【裁剪】的下拉菜单中单击【裁剪为形状】,再单击所需形状,即可将图片裁剪为不同形状。以基本形状中的"椭圆"为例,如图4-2-12所示,将图片裁剪为椭圆形状的效果如图4-2-13所示。

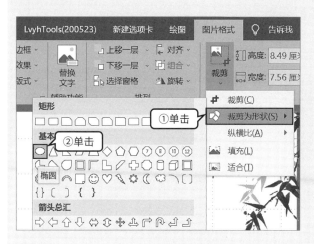

图4-2-12 裁剪为形状操作　　　　　　　　图4-2-13 裁剪为形状效果图

在"裁剪"的下拉菜单中单击【纵横比】,再单击"横向"中的"16∶9",即可将图片按"横向:16∶9"的纵横比进行裁剪,效果如图4-2-15所示。

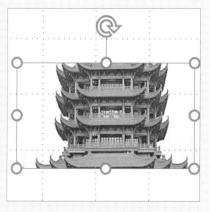

图4-2-14 按比例裁剪操作　　　　　　　　图4-2-15 按比例裁剪效果图

第三节　设置图片位置

根据幻灯片界面的排版需求或教学内容的展示需要，常常需要调整图片的位置，常见的操作有：移动图片、对齐图片以及调整图片层级。

一、移动图片

移动图片即调整图片在幻灯片上的位置。以本案例中"均衡对称之美"内容页中的图片为例，移动图片前后的效果对比如图4-3-1和4-3-2所示。

图 4-3-1 移动图片前

图 4-3-2 移动图片后

移动图片的方法有两种：一是通过单击并拖动图片调整图片位置；二是通过设置"水平位置"和"垂直位置"的两个参数值，精确调整图片的位置。第二种移动图片的具体操作步骤如下：

右击目标图片，在弹出的菜单栏中单击【大小和位置】，如图4-3-3所示。

在弹出的窗口中，分别单击【水平位置】微调框按钮和【垂直位置】微调框按钮，并设置各自的参数，如图4-3-4所示。

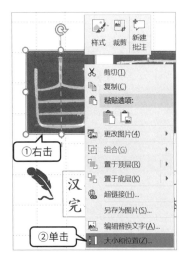

图 4-3-3 移动图片操作

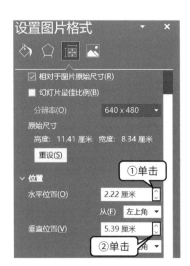

图 4-3-4 移动图片操作

二、对齐图片

"图片格式"中的"对齐"功能可使多张图片快速精准对齐,比手动对齐更高效,特别适合大量图片的快速对齐。PowerPoint 中预设了左对齐、水平居中和右对齐等 8 种图片对齐方式,如图 4-3-5 所示。PPT 预设了"对齐幻灯片"和"对齐所选对象"两种对齐标准,不同的标准将导致不一样的对齐效果,如图 4-3-6 所示。

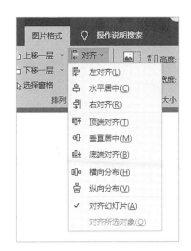

图 4-3-5 对齐下拉菜单

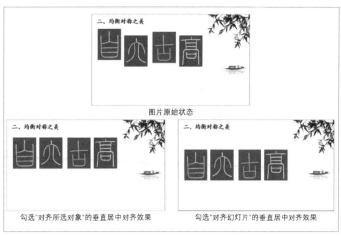

图 4-3-6 "对齐幻灯片"与"对齐所选对象"的效果对比

快速将一组凌乱的图片"横向分布"对齐后,再"垂直居中"对齐,其具体操作步骤如下:

最左侧和最右侧图片的位置就是整组图片横向分布的基准,单击并拖动最左侧和最右侧图片到合适的位置,如图 4-3-7 所示。

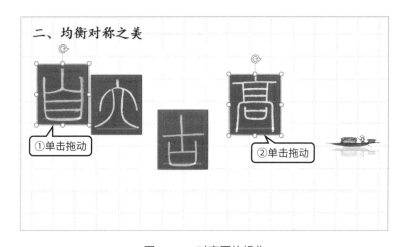

图 4-3-7 对齐图片操作

按住键盘上的【Ctrl】键，依次单击目标图片，单击【图片格式】，单击【排列】，单击其下拉列表中的【对齐】，在右侧出现的菜单中单击【横向分布】，如图 4-3-8 所示。

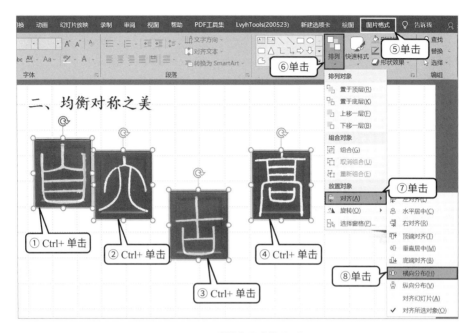

图 4-3-8 "横向分布"操作

如图 4-3-8 所示，重复上述①至⑦的操作步骤；在下拉菜单中单击【垂直居中】，如图 4-3-9 所示；对齐后的效果如图 4-3-10 所示。

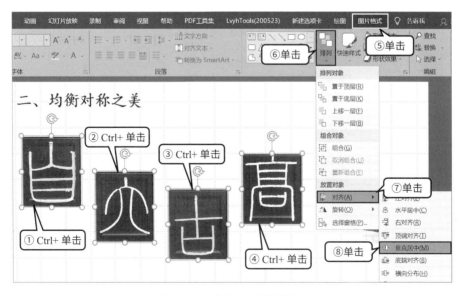

图 4-3-9 "垂直居中"操作

图 4-3-10 对齐后的效果图

三、调整图片层级

调整图片层级即调整图片的上下叠放顺序，如图 4-3-11 所示，"红虚线"位于文字图片之下，无法起到指示文字对称效果的作用。通过调整图片上下叠放顺序，将文字图片置于"红虚线"之下，即可达到所需效果，如图 4-3-12 所示。

图 4-3-11 调整图片层级前

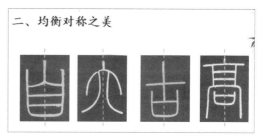
图 4-3-12 调整图片层级后

调整图片层级的方式有三种，分别是：

- 方式一：在快捷菜单中设置；
- 方式二：在选择窗格中设置；
- 方式三：在功能区中设置。

（一）在快捷菜单中设置

按住键盘上的【Ctrl】键，依次单击选中四张图片，右击任一图片，在弹出的菜单栏中单击【置于底层】命令，如图 4-3-13 所示。

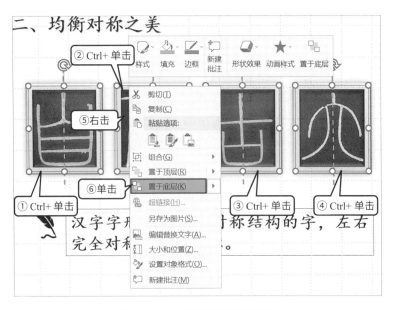

图 4-3-13 调整图片层级操作

（二）在选择窗格中设置

重复"在快捷菜单设置"的①到④步骤后，单击【图片格式】选项卡，单击【选择窗格】，在右侧弹出的快捷菜单中，多次单击【下移一层】图标 ∨，直至图片到达预期位置，如图 4-3-14 所示。

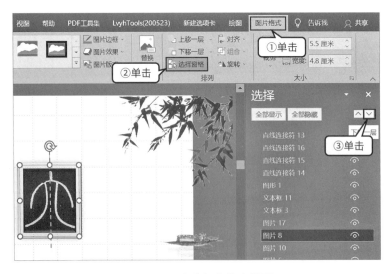

图 4-3-14 在选择窗格中设置

（三）在功能区中设置

重复"在快捷菜单设置"的①到④步骤后，单击【图片格式】选项卡，单击【下移一层】下拉键，单击【置于底层】即可将该图片层级置于底层，"虚线"的层级即可置于图片之上，如图 4-3-15 所示。

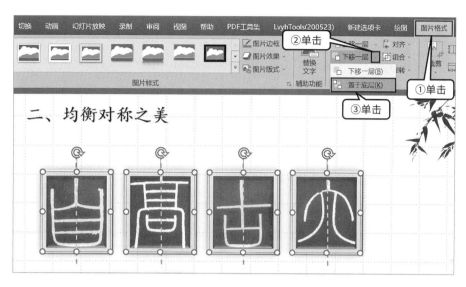

图 4-3-15 在功能区中设置

小贴士

调整形状层级的操作方法与图片的层级设置操作类似，参考上述操作即可。

第四节　设置图片样式

根据幻灯片的排版需求或教学需要，常常还需要设置图片的样式，包括设置图片的边框、投影、发光等效果。这样可以使图片更加美观，契合幻灯片的整体风格，也可以更好地突出图片的内容，更好地传达图片中信息。用户可以直接使用软件系统内置的样式，也可以自定义设置图片的样式。

一、使用系统内置样式

系统内置样式即系统已经设定好的图片样式，如图 4-4-1 所示，用户直接单击即可快速添加。以"山"字图片为例，如图 4-4-2 所示，为其添加"金属框架"的系统内置样式效果如图 4-4-3 所示。添加系统内置样式的具体操作步骤如下：

按住键盘上的【Ctrl】键，依次单击选中四张图片，单击【图片格式】选项卡，再单击"图片样式"组中的【金属框架】，如图 4-4-4 所示。

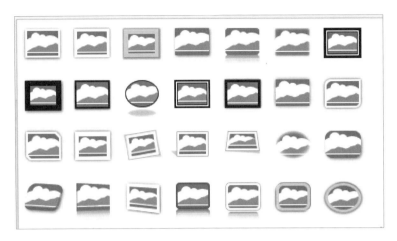

图 4-4-1 系统内置样式

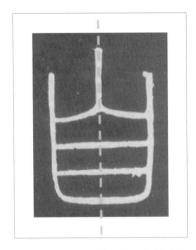
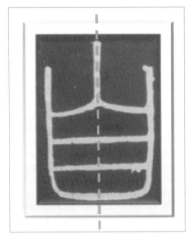

图 4-4-2 设置"金属框架"样式前　　图 4-4-3 设置"金属框架"样式后

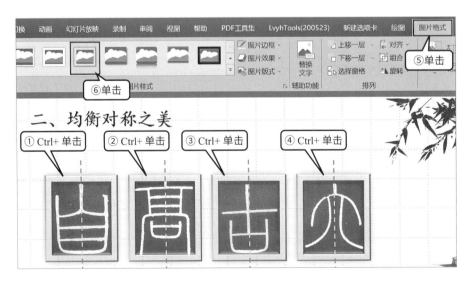

图 4-4-4 设置图片边框样式

二、自定义设置图片边框

设置图片边框样式即为图片添加自定义样式的边框，边框的属性包括颜色、线型和宽度。以"六"字图片为例，如图4-4-5所示；为其设置"红色""实线""3磅"边框的效果如图4-4-6所示。

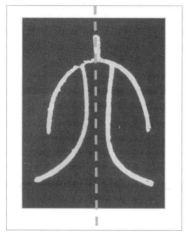
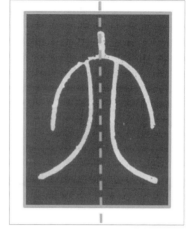

图4-4-5 设置图片边框样式前　　图4-4-6 设置图片边框样式后

设置图片边框样式的具体操作步骤如下：

按住键盘上的【Ctrl】键，依次单击四张图片，如图4-4-7所示。

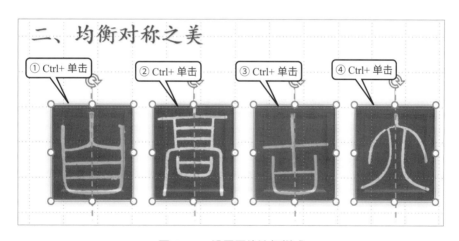

图4-4-7 设置图片边框样式

单击【图片格式】选项卡，单击【图片边框】下拉键，在其下拉菜单中单击"红色"；单击【粗细】命令，单击"3磅"，如图4-4-8所示。

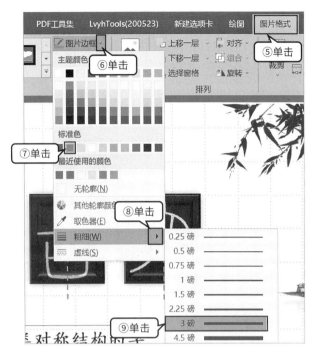

图 4-4-8 设置图片样式

三、自定义设置图片其他效果

自定义图片效果包括阴影、映像、发光、柔化边缘、三维格式、三维旋转和艺术效果这七类。以本案例中的"渔舟"为例，如图 4-4-9 所示，为其自定义"柔化边缘"和"发光边缘"效果后如图 4-4-10 所示。

图 4-4-9 自定义图片效果前

图 4-4-10 自定义"映像"效果后

自定义图片效果的具体操作步骤如下：

右击图片，单击菜单栏中的【设置图片格式】，单击右侧菜单栏中【映像】，如图 4-4-11 所示。在"映像变体"下拉菜单中单击【半映像：接触】图标，在"映像"中大小微调框中编辑数值为"46%"，如图 4-4-12 所示。

第四章 图片与形状的插入与编辑

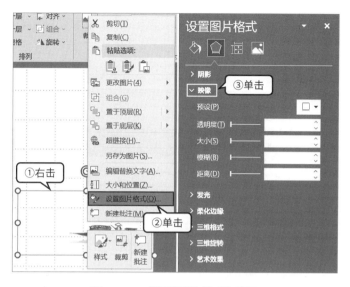

图 4-4-11 "设置图片格式"窗口

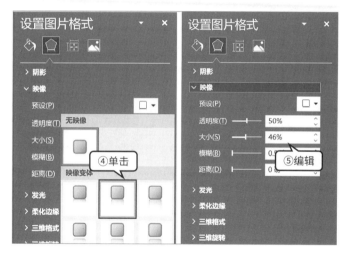

图 4-4-12 映像设置

第五节 图片素材的其他设置

课件制作中除了调整图片的大小、位置、样式等常见设置，还常常涉及图片素材的其他设置，包括删除背景、校正图片色彩、添加艺术效果、压缩图片、更改图片和组合图片。

一、删除图片背景

一般从网上下载的图片都有一个不透明的背景，常常会遮挡课件上的其他内容。

在PowerPoint中，系统能自动识别并抠出图中的主图像，用户也可以自行标记出需要保留的区域和需要删除的区域，对图片进行抠像以获取所需图像，如图4-5-1所示。以"黄鹤楼"图片为例，其原图如图4-5-2所示，删除图片背景后的效果如图4-5-3所示。

图4-5-1 删除图片背景

图4-5-2 "黄鹤楼"原图片　　　图4-5-3 删除背景后的"黄鹤楼"图片

删除图片背景的具体操作步骤如下：

单击图片，单击【图片格式】选项卡，单击【删除背景】，如图4-5-4所示。

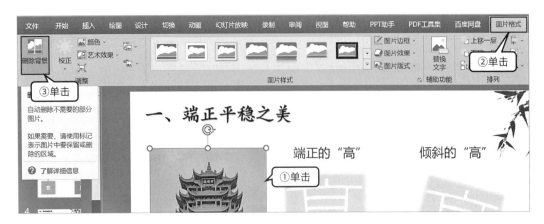

图4-5-4 删除背景操作

在"背景消除"选项卡中单击【标记要删除的区域】,用弹出的画笔标记出需要删除的区域,标记完删除的区域会显示为紫色,效果如图 4-5-5 所示,再单击【保留更改】即可删除紫色区域背景。

图 4-5-5 删除背景操作

二、校正图片色彩

校正图片色彩即校正图像的偏色,改善图片的亮度、对比度或清晰度,使图像的色调与现实或个人偏好一致,以提高图片质量或匹配文档内容。校正图片和更改图片颜色的具体操作步骤如下。

(一)校正图片

校正图片即改善图片的亮度、对比度或清晰度,提高图片的质量或使其与幻灯片更好地融合。本案例中校正"黄鹤楼"图片以提高其清晰度,校正前后的效果对比如图 4-5-6 和图 4-5-7 所示。

图 4-5-6 图片校正前

图 4-5-7 图片校正后

校正图片的方式有两种，分别是：

- 方式一：在功能区设置；
- 方式二：在"设置图片格式"窗口设置。

1. 在功能区设置

单击图片，单击【图片格式】选项卡，在"调整"组中单击【校正】下拉键，在其下拉菜单中单击"锐化 / 柔化"栏中的【锐化：50%】选项，单击"亮度 / 对比度"栏中的【亮度：+20%　对比度：+20%】，如图 4-5-8 所示。

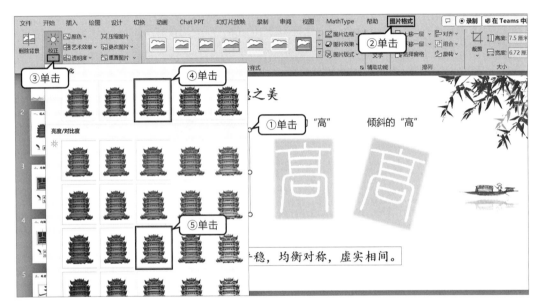

图 4-5-8 在功能区设置

2. 在"设置图片格式"窗口设置

右击图片，单击菜单栏中的【设置图片格式】，如图 4-5-9 所示。

在弹出的对话框中，单击【图片】图标后，在"图片校正"栏中依次单击拖动"清晰度""亮度""对比度"轴线上的标线，或单击其右侧的上下图标，或直接单击输入数字，来分别调整数据至"50%、20%、20%"，如图 4-5-10 所示。

（二）更改图片颜色

本课件主题为"书法的结构之美"，整体风格为水墨风，因此，需将原本色彩丰富的图片颜色更改为灰色，使整个课件的风格更一致。更改图片颜色前后的效果对比如图 4-5-11 和图 4-5-12 所示。

更改图片颜色的方式有两种，分别是：

- 方式一：在功能区设置；
- 方式二：在"设置图片格式"窗口设置。

第四章　图片与形状的插入与编辑

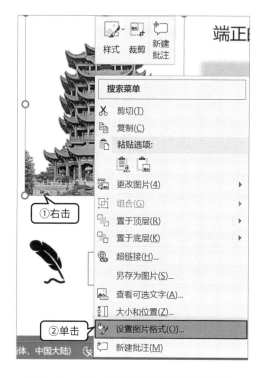

图 4-5-9　在"设置图片格式"窗口设置

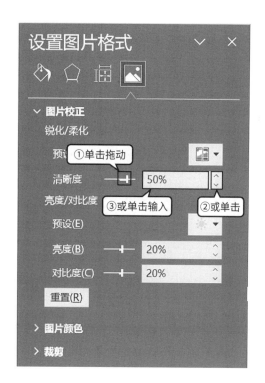

图 4-5-10　在"设置图片格式"窗口设置

图 4-5-11　图片颜色更改前

图 4-5-12　图片颜色更改后

1. 在功能区设置

单击图片，单击【图片格式】选项卡，在"调整"组中单击【颜色】下拉键，在其下拉菜单中单击"重新着色"中的【灰度】，如图 4-5-13 所示。

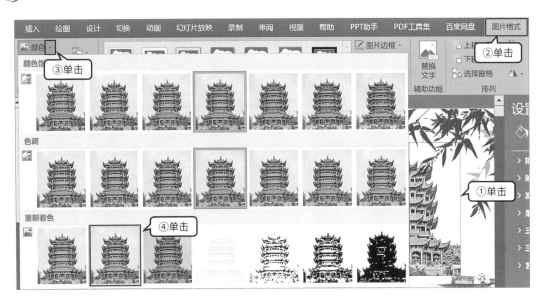

图 4-5-13 在功能区设置

2. 在"设置图片格式窗口"设置

右击图片,单击菜单栏中的【设置图片格式】,如图 4-5-14 所示。

在弹出的"设置图片格式"对话框中,在【图片】图标下依次单击拖动"饱和度"和"色温"轴线上的标线,或单击其右侧的上下图标,或直接单击输入数字,来分别调整数据至"100% 和 6500",如图 4-5-15 所示。

图 4-5-14 在设置图片格式窗口设置

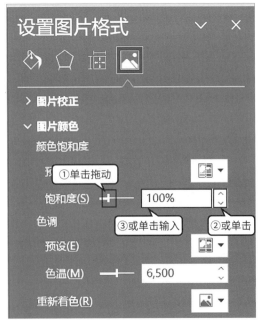

图 4-5-15 在"设置图片格式窗口"设置

三、添加图片艺术效果

PPT 预设的图片艺术效果包括草图、素描以及油画等效果。在《书法的结构之美》课件中，水墨或素描的图片更能与书法主题相契合，因此，需要为"黄鹤楼"图片添加"铅笔素描"艺术效果，添加艺术效果的前后对比效果如图 4-5-16 和图 4-5-17 所示。

图 4-5-16 添加"铅笔素描"艺术效果前

图 4-5-17 添加"铅笔素描"艺术效果后

这里以"铅笔素描"效果为例，讲解图片添加艺术效果的操作步骤。

单击图片，单击【图片格式】选项卡，单击【艺术效果】下拉键，在其下拉菜单中单击【铅笔素描】，如图 4-5-18 所示。

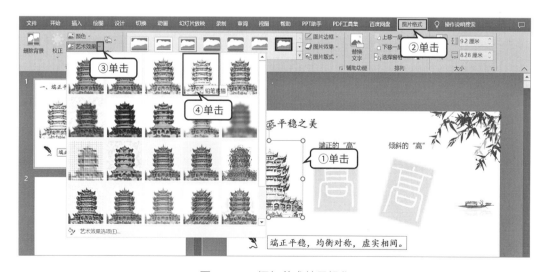
图 4-5-18 添加艺术效果操作

四、压缩图片

压缩图片指减小图片的大小，以达到节省图片存储空间、提高图片访问速度的效果。制作课件时通常会使用不少图片，造成PPT文件较大，不利于分享和传播。压缩图片可以减小PPT文件大小，便于PPT的存储和传输。压缩图片的具体操作步骤如下：

单击图片，单击【图片格式】选项卡，单击【压缩图片】图标，在弹出的窗口中单击【电子邮件】，单击【确定】，如图4-5-19所示。

图4-5-19 压缩图片操作

小贴士

"压缩图片"对话框中各选项的释义：

1. 压缩选项

- 仅应用于此图片：如果勾选即表示只对当前选中图片进行压缩，否则对当前PPT中的全部图片都进行压缩。
- 删除图片的剪裁区域：使用图片【剪裁】功能裁剪图片后，剪裁区域将不会显示，但仍保留在文档中。如果勾选此选项即表示将已经剪裁的区域彻底删除，仅保留未剪裁部分。

2. 分辨率

ppi是图像分辨率的单位。图像ppi值越高，画面的细节就越丰富。在压缩图片时，可以根据输出需要选择不同的分辨率（如下所示），其中的可选项与当前图片本身的分辨率有关，一般情况下选择96~150ppi即可。

- 高保真：保留原始图片的质量；
- HD（330 ppi）：高质量，适合高清晰度显示；

- 打印（220 ppi）：适用于在多数打印机和屏幕上使用；
- Web（150 ppi）：适用于网页和投影仪；
- 电子邮件（96 ppi）：尽可能缩小文档以便于共享；
- 使用默认分辨率：使用系统默认设置的分辨率。

五、更改图片

更改图片是指用其他图片替换当前幻灯片中的某张图片，替换的图片会保留原来图片的大小、位置和边框等一系列图片格式，如图 4-5-20 所示，同时也会保留原图片的自定义动画。使用更改图片功能，能快速更改图片且同时保留之前的图片设置效果，提高制作效率。更改的图片可以选择来自此设备、在线来源、图标或剪贴板。

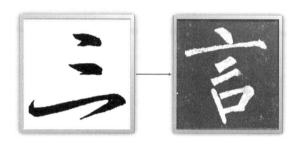

图 4-5-20 把图片"三"改成图片"言"

下面以来自"此设备"为例，讲解更改图片的具体操作步骤：

单击图片，单击【图片格式】选项卡，单击【更改图片】图标 的下拉键，单击【此设备】，如图 4-5-21 所示。

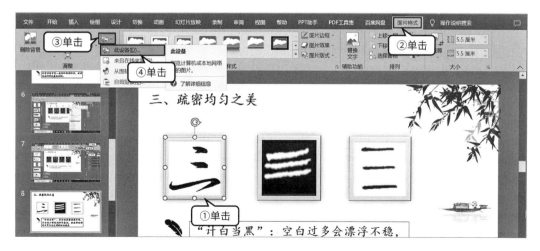

图 4-5-21 更改图片操作

在弹出的"插入图片"窗口中，单击"言"图片，单击【插入】，如图4-5-22所示。

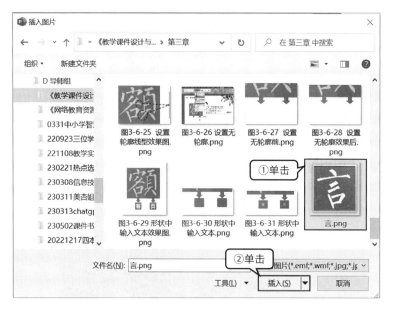

图4-5-22 选择目标图片操作

六、组合图片

组合图片是指将多个图片结合起来作为单个图片移动并设置其格式。下面介绍组合图片的具体操作步骤。

按住键盘上的【Ctrl】键，依次单击选中目标图片，右击任一图片，在弹出的菜单中单击【组合】下拉键，在其下拉菜单中单击【组合】，如图4-5-23所示。

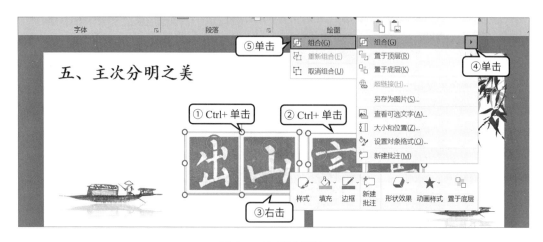

图4-5-23 组合图片

第四章 图片与形状的插入与编辑

> **小贴士**
> 形状的组合方式与图片类似,本章第六节中将不再赘述。

第六节 插入与编辑形状

PPT 软件中预设的形状包括线条、矩形、箭头、流程图和文本框等,如图 4-6-1 所示,用户可以对形状的大小、轮廓、填充和艺术效果等进行设置。图 4-6-2 所示为系统预设的主题样式,其操作方式与图片的内置样式使用方式类同,本节将不再赘述。

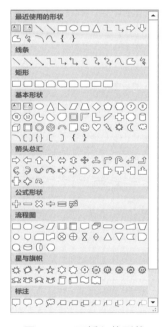

图 4-6-1 可插入的形状

图 4-6-2 形状样式

一、插入形状

PPT 中预设的可插入的形状包括线条、矩形、基本形状、箭头总汇、公式形状、流程图、星与旗帜、标注这八大类型。下面以案例中"四、迎让避就之美"幻灯片中的"线条""椭圆""箭头"以及"粗箭头"为例,如图 4-6-3 所示,讲解插入形状的操作步骤。

单击【插入】选项卡,单击【形状】的下拉键,在下拉菜单中单击"基本形状"中的【椭圆】,如图 4-6-4 所示,按住键盘上的【Shift】键,按住鼠标左键并拖动弹出的【+】图标,在需要的位置绘制出一个正圆形,效果如图 4-6-5 所示。

95

图 4-6-3 插入形状效果图

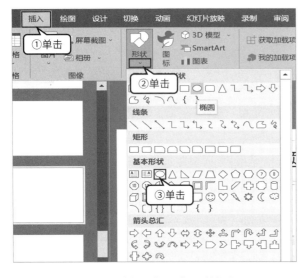

图 4-6-4 插入"圆形"形状操作

图 4-6-5 "正圆形"效果图

  单击【插入】选项卡,单击"插图"组中【形状】下拉键,在其下拉菜单中单击"线条"中的【直线箭头】,如图 4-6-6 所示。然后,如图 4-6-7 那样选定箭头的起止点,从起始点到终止点,按住鼠标左键并拖动弹出的【+】图标绘制出一个箭头形状。最终效果如图 4-6-8 所示。

  单击【插入】选项卡,单击"插图"组中的【形状】,在其下拉菜单中单击【箭头:下】,如图 4-6-9 所示。

  选定箭头的起止点,从起始点到终止点,按住鼠标左键并拖动弹出的【+】图标绘制出一个箭头形状,效果如图 4-6-10 所示。根据上述方法,在"页"下插入相同的箭头,最终效果如图 4-6-11 所示。

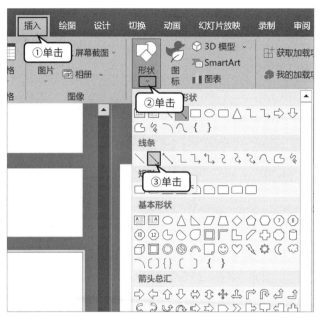

图 4-6-6 插入图形操作

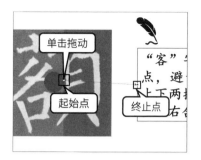

图 4-6-7 插入"箭头"操作

图 4-6-8 插入"箭头"后的效果图

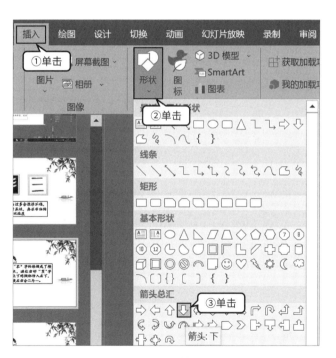

图 4-6-9 插入箭头操作

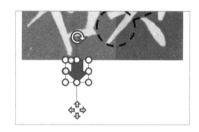

图 4-6-10 绘制箭头操作

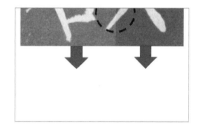

图 4-6-11 插入箭头效果图

小贴士

插入形状时，按住键盘上的【Shift】键，按住鼠标左键并拖动图标【+】随意绘制的形状都是等比例形状。例如"椭圆"形状能绘制出"正圆形","矩形"形状能绘制出"正方形"。

二、自定义形状样式

自定义形状样式包括设置形状填充、形状轮廓和形状效果三大内容，如图 4-6-12 所示。在教学中"形状填充"和"形状轮廓"最常使用，下面将讲解这两种形状样式的设置操作。

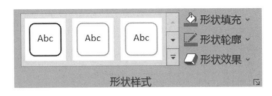

图 4-6-12 PPT 形状样式模块

（一）自定义形状填充

插入的非线条形状会自带填充颜色，此时教师可以修改填充的颜色。在 PPT 中可以选择纯色、渐变、图片或纹理来填充选定的形状。自定义形状填充的方式有两种，分别是：

- 方式一：预设颜色填充；
- 方式二：取色器填充。

1. 预设颜色填充

预设颜色填充是指直接利用系统设置好的主题色或标准色来进行颜色填充。预设颜色填充具体操作步骤如下：

单击箭头形状，单击【形状格式】选项卡，在"形状样式"组中单击【形状填充】下拉键，在其下拉菜单的"标准色"组中单击【深红】，效果如图 4-6-13 左下方箭头所示。

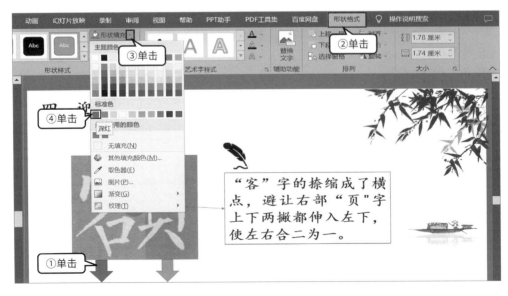

图 4-6-13 预设颜色填充操作

2. 取色器填充

取色器填充即通过单击程序窗口内部的任一颜色来选择填充颜色，若需要选择本应用程序窗口之外的颜色，则需"单击拖动"来选择。取色器填充的具体操作步骤如下：

单击箭头形状，单击【形状格式】选项卡，在"形状样式"组中单击【形状填充】下拉键，在其下拉菜单中单击【取色器】。根据需要点击页面上的目标颜色，即可将箭头填充为对应颜色，效果如图4-6-14左下方箭头所示。

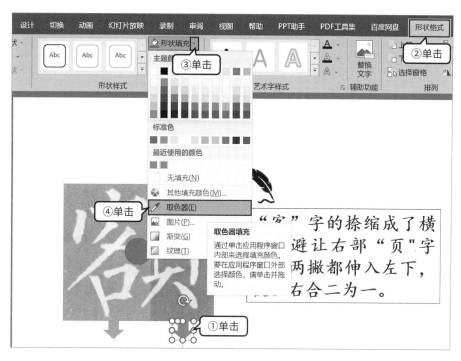

图 4-6-14 取色器填充

小贴士

插入的非线条形状会默认有颜色填充。在很多情况下，需要形状为无填充的形式，取消颜色填充的具体操作步骤如下：

单击正圆形形状，单击【形状格式】选项卡，在"形状样式"组中单击【形状填充】下拉键，在其下拉菜单中单击【无填充】，如图4-6-15所示。

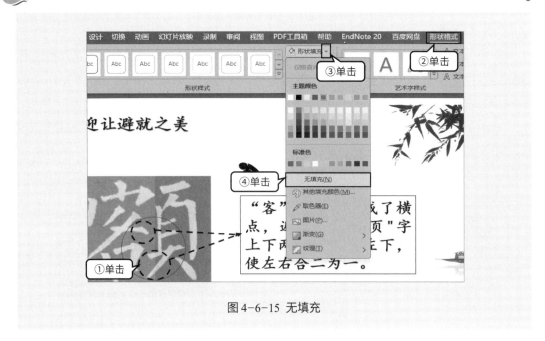

图 4-6-15 无填充

（二）自定义形状轮廓

自定义形状轮廓即为形状边框选择颜色、宽度和线型，下面以案例中"额"字上的"箭头"为例讲解自定义形状轮廓的具体操作步骤。

1. 设置轮廓颜色

单击箭头形状，单击【形状格式】，在"形状样式"组中单击【形状轮廓】下拉键，在其下拉菜单中单击"主题颜色"栏中的【黑色】，具体操作如图 4-6-16 所示；圆形轮廓也同上述操作设置为黑色，将蓝色圆形的"形状填充"设置为"无填充"，效果对比如图 4-6-17 和图 4-6-18 所示。

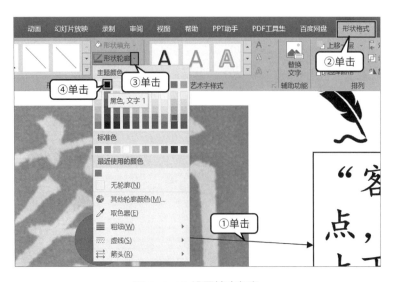

图 4-6-16 设置轮廓颜色

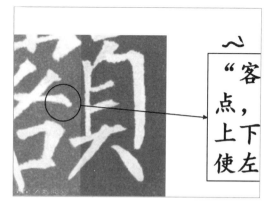

图 4-6-17 设置轮廓颜色前　　　　　　　图 4-6-18 设置轮廓颜色后

2. 设置轮廓宽度

单击箭头形状,单击【形状格式】选项卡,在"形状样式"组中单击【形状轮廓】下拉键,在其下拉菜单中单击【粗细】下拉键,单击"3 磅",如图 4-6-19 所示。圆形轮廓也按上述方式设置为"3 磅"。效果对比如图 4-6-20 和图 4-6-21 所示。

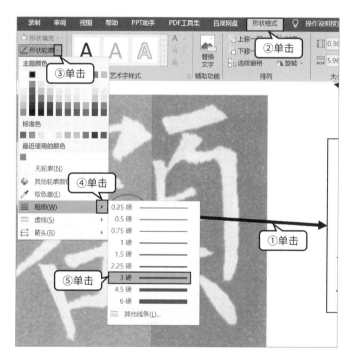

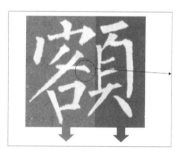

图 4-6-20 设置轮廓宽度前

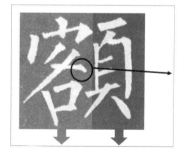

图 4-6-19 设置轮廓宽度　　　　　　　图 4-6-21 设置轮廓宽度后

3. 设置轮廓线型

单击【箭头形状】,单击【形状格式】选项卡,在"形状样式"组中单击【形状轮廓】下拉键,在其下拉菜单中单击【虚线】下拉键,单击【短划线】,如图 4-6-22 所示；圆形的轮廓线设置的操作同上，效果对比如图 4-6-23 和图 4-6-24 所示。

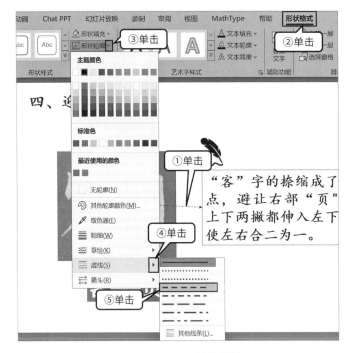

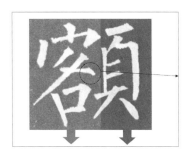

图 4-6-23 设置轮廓线型前

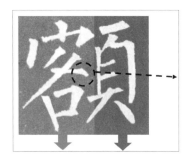

图 4-6-24 设置轮廓线型后

图 4-6-22 设置轮廓线型

根据自定义形状轮廓的上述操作，完成"页"左下两撇的轮廓线设置，完成图如 4-6-25 所示。

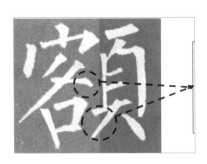

图 4-6-25 设置轮廓线型效果图

小贴士

在插入形状时，通常都默认会带有边框颜色，设置形状无轮廓的具体操作步骤如下：

单击箭头形状，单击【形状格式】选项卡，在"形状样式"组中单击【形状轮廓】下拉键，在其下拉菜单中单击【无轮廓】，如图 4-6-26 所示；设置形状无轮廓的效果对比如图 4-6-27 和图 4-6-28 所示。

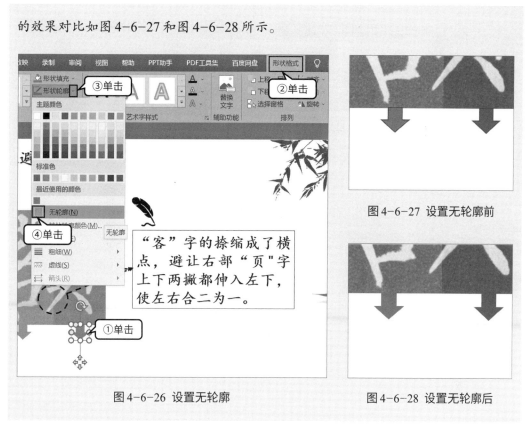

图 4-6-26 设置无轮廓

图 4-6-27 设置无轮廓前

图 4-6-28 设置无轮廓后

三、形状中输入文本

在形状中输入文本的方法有两种：一是通过添加文本框输入文本，二是直接双击形状输入文本。在矩形形状中输入"客"和"页"，然后搭配箭头形状即可对图片内容起到解释说明的作用，如图 4-6-29 所示。在形状中输入文本的具体操作步骤如下：

图 4-6-29 形状中输入文本效果图

双击形状，弹出白色闪烁竖线时即可在形状上输入文本，如图 4-6-30。最终效果如图 4-6-31 所示。

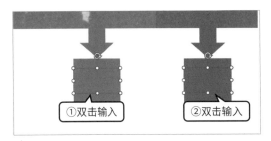 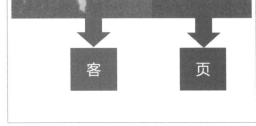

图 4-6-30 在形状中输入文本　　　　　图 4-6-31 在形状中输入文本

选中形状中的"客"和"页",将字体设置为"微软雅黑",字号设置为"40",并加粗文字,最后的效果如图 4-6-29 所示。

小贴士

对齐和组合形状的方式与图片类似,本节不再赘述。

第五章　表格、图表与符号的插入与编辑

本章彩图
扫码可看

学习目标

- 掌握用菜单命令和工具按钮插入表格的方法，能够用菜单命令为表格选择合适的样式和布局；
- 理解常用的图表类型和特点，根据实际需要选择合适的图表类型，并在PPT中插入与编辑图表；
- 编辑图表数据并为图表设置合适的样式和布局；
- 在幻灯片中插入公式、添加符号，根据教学需求调整公式结构。

知识图谱

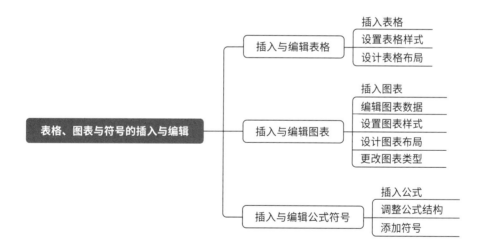

教学情境

吴老师是一位新入职的数学老师，在制作教学课件的过程中，经常需要输入数学公式，还需要使用表格、图表来呈现教学内容。因此，在PPT中插入与编辑公式、表格以及图表的操作，是吴老师必须掌握的技能。以制作《认识条形统计图》和《圆的面积公式》课件为例，吴老师具体应该怎么操作？让我们共同来学习一下吧！

案例效果图

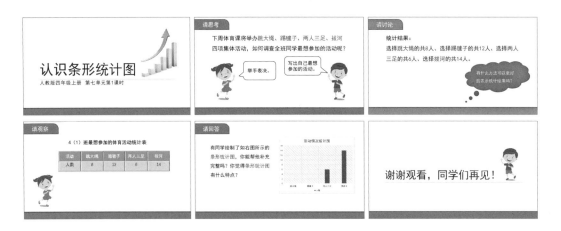

第一节　插入与编辑表格

表格可以使幻灯片中的文字或数据更加规整，一目了然，还可以辅助排版，增强幻灯片的演示效果。本节主要介绍表格的插入与编辑方法。

一、插入表格

插入表格的方式主要有三种，分别是：

- 方式一：使用表格行列区域插入；
- 方式二：直接选择快速插入；
- 方式三：通过绘制插入。

下面以制作如图 5-1-1 所示的表格为例讲解插入表格的三种方法。

图 5-1-1　插图表格效果图

(一) 使用表格行列区域插入

单击【插入】选项卡,单击【表格】下拉键,滑动鼠标框选区域,单击任一单元格即可完成插入操作,如图 5-1-2 所示。

图 5-1-2 框选所选区域插入表格

(二) 直接选择快速插入

单击【插入】选项卡,单击【表格】下拉键,单击【插入表格】命令,在弹出对话框中输入要插入的行数和列数,单击【确定】即可插入表格,如图 5-1-3 所示。

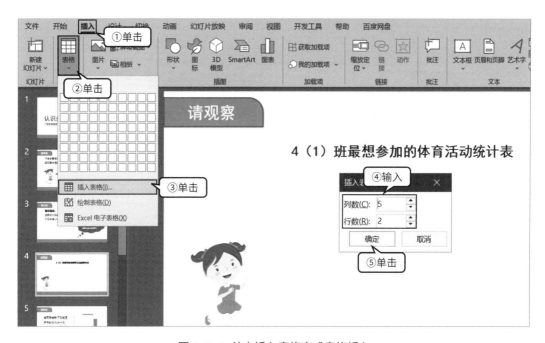

图 5-1-3 单击插入表格完成表格插入

（三）通过绘制插入

单击【插入】选项卡，单击【表格】下拉键，单击【绘制表格】命令，如图5-1-4所示。

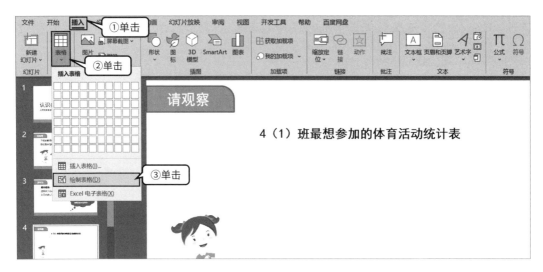

图 5-1-4 绘制表格操作（1）

按住鼠标左键拖出一个矩形框作为表格的外侧框线，单击【表设计】选项卡，单击【绘制表格】，然后鼠标在绘制的表格框线内横向拖动绘制横线，如图5-1-5所示。

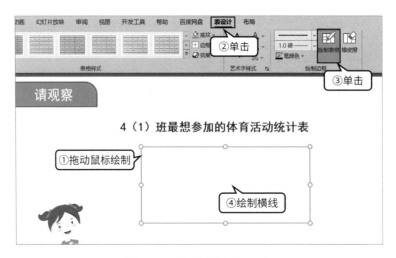

图 5-1-5 绘制表格操作（2）

二、设置表格样式

样式是应用于文档中的文本、表格和列表的一套格式特征。表格的样式设置包括底纹设置、边框设置、效果设置及艺术字的设置。常见表格样式设置方式有两种，分别是：

- 方式一：使用系统预设的样式；
- 方式二：自定义表格样式。

（一）使用系统预设的样式

"表设计"选项卡中的"表格样式"组为使用者提供了三种常见的表格样式色系：浅色、中等色和深色，如图 5-1-6 所示。

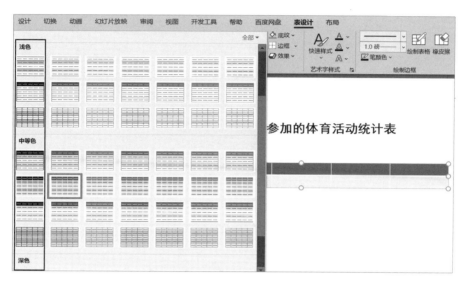

图 5-1-6 系统预设表格样式

使用系统预设样式的具体操作步骤如下：

选中表格，单击【表设计】选项卡，单击【边框】，在所有表格样式中单击"中等样式 2- 强调 1"样式，如图 5-1-7 所示。最后设置完成后的效果如图 5-1-8 所示。

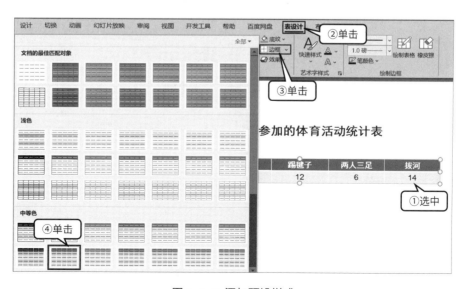

图 5-1-7 添加预设样式

图 5-1-8 使用预设样式的表格效果图

（二）自定义表格样式

PPT 中表格样式的设置除了使用系统预设的样式外，还可以自定义表格样式。样式设置常见的功能有单元格底纹设置、表格边框设置以及表格效果设置等。

1. 单元格底纹设置

吴老师为了让表格更加美观，想为表格第一行的标题行添加背景颜色，以凸显标题文字。其在表格中添加底纹的具体操作步骤如下：

选中表格第一行，单击【表设计】选项卡，单击【底纹】下拉键，选择合适的颜色即可添加底纹，如图 5-1-9 所示。依照上述操作，将第二行的底纹设置为"白色"，最后设置完成后的效果如图 5-1-10 所示。

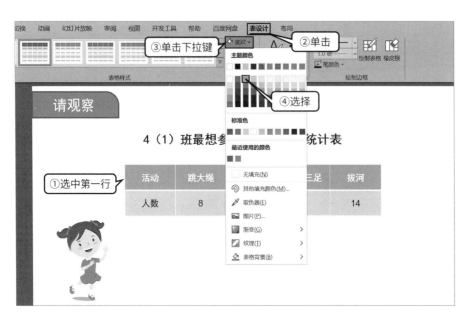

图 5-1-9 表格底纹设置

第五章　表格、图表与符号的插入与编辑

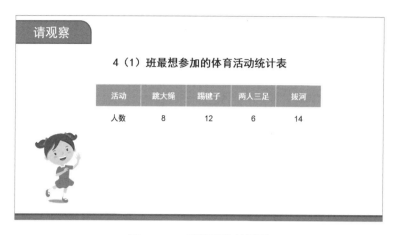

图 5-1-10 表格底纹效果图

2. 表格边框设置

吴老师试图让表格边框更加突出，想为表格添加边框效果，具体操作步骤如下：

选中表格，单击【表设计】选项卡，单击【边框】下拉键，单击【所有框线】即可为表格四周添加边框，如图 5-1-11 所示。最后设置完成后的效果如图 5-1-12 所示。

图 5-1-11 表格边框设置

111

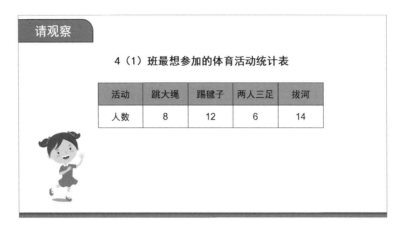

图 5-1-12 边框效果图

> **小贴士**
>
> 为表格设置好边框后，可在【表格工具】-【表设计】下，先更改【绘制边框】中的"边框样式""边框粗细""颜色"等，再通过【底纹】、【边框】、【效果】等工具，为表格设置相应的样式，使表格样式更丰富完善。

3. 表格凹凸效果设置

除了能为表格添加底纹和边框效果之外，PowerPoint 还为表格设置了效果，包括单元格凹凸效果、阴影效果以及映像效果，各部分效果图分别如图 5-1-13、图 5-1-14、图 5-1-15 所示。

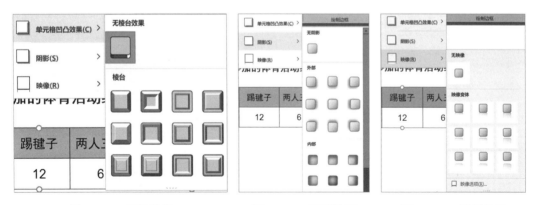

图 5-1-13 凹凸效果　　图 5-1-14 阴影效果　　图 5-1-15 映像效果

以添加单元格凹凸效果为例，其具体操作步骤如下：

选中表格，单击【表设计】选项卡，单击"表格样式"组中的【效果】下拉键，单击【单元格凹凸效果】，选择"斜面"即可为表格添加立体效果，如图 5-1-16 所示。最后设置完成后的效果如图 5-1-17 所示。

第五章　表格、图表与符号的插入与编辑

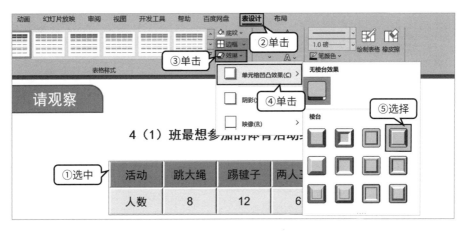

图 5-1-16 表格效果设置

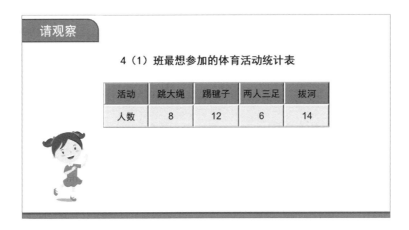

图 5-1-17 表格凹凸效果图

小贴士

在备课时，为了制作方便，教师可以直接选择系统预设的样式快速设置表格样式。若想清除设置后的样式效果，单击【表格样式】的下拉键，找到最下方的【清除表格样式】，单击即可。

三、设计表格布局

表格由行和列组成，行和列交叉的部分叫作单元格，它是组成表格的最小单位。表格布局即为单元格的排列方式、高度和宽度以及对齐方式，可以通过插入/删除行和列、合并/拆分单元格、设置表格高度和宽度、设置表格对齐方式，调节单元格边距等方式来设计表格的布局。通常表格的第一行叫标题行，第一列为标题列，如图 5-1-18 所示。微软默认的样式自动突出了标题行，并且还可以通过勾选"镶边行"和"镶边列"两个表格样式选项来给相间的行/列加上底色。

113

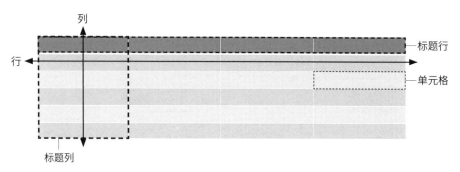

图 5-1-18 表格基本布局

（一）插入／删除行或列

1. 插入行或列

在原有的表格基础上插入行／列的具体操作步骤如下：

以删除表格中某一列为例。选中表格特定列，单击【布局】选项卡，单击【在左侧插入】即可完成表格列的插入，如图 5-1-19 所示。

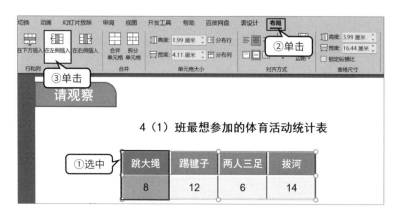

图 5-1-19 插入表格列的操作

插入后输入列标题"活动"，操作步骤如图 5-1-20 所示。

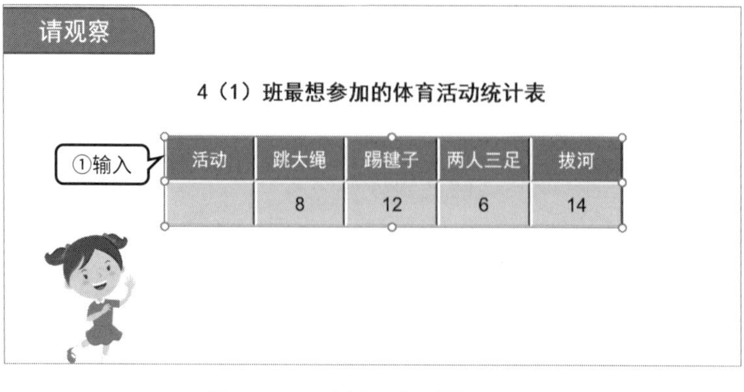

图 5-1-20 为插入的列输入标题

2. 删除行或列

下面以删除最后的"拔河"一列为例，演示删除表格数据中的某一行/列的具体操作步骤。

选中表格中"拔河"一列，单击【布局】选项卡，单击"表"组中的【删除】，单击【删除列】，如图 5-1-21 所示；或右击，单击【删除列】。删除后的效果如图 5-1-22 所示。

图 5-1-21 删除表格特定列的操作

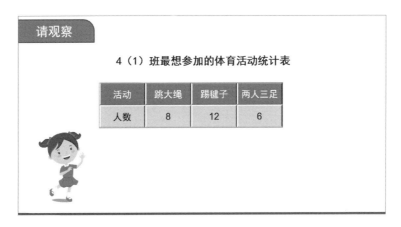

图 5-1-22 删除表格特定列效果图

（二）合并/拆分单元格

用户可以通过合并或拆分单元格来调整表格的布局。

1. 合并单元格

合并单元格的具体操作步骤如下：

选中表格中的第一行，单击【布局】选项卡，单击"合并"组中的【合并单元格】，即可将所选单元格区域合并为一个单元格区域，如图5-1-23所示。

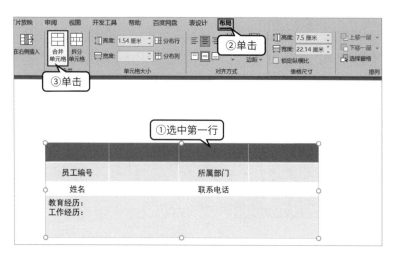

图5-1-23 单元格合并操作

在合并后的单元格中输入表格标题，如"员工信息登记表"即可，如图5-1-24所示。

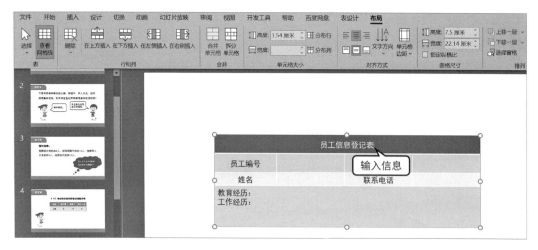

图5-1-24 输入标题信息

2. 拆分单元格

拆分单元格的具体操作步骤如下：

选中需要拆分的单元格，单击【布局】选项卡，单击【拆分单元格】，在弹出的"拆分单元格"对话框中编辑需拆分的行数和列数，单击【确定】即可完成单元格拆分操作，如图5-1-25所示。

拆分后该单元格被分为了两行一列，对文字内容进行排版，完成后如图5-1-26所示。

第五章 表格、图表与符号的插入与编辑

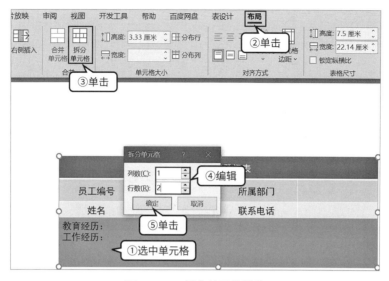

图5-1-25 拆分单元格操作

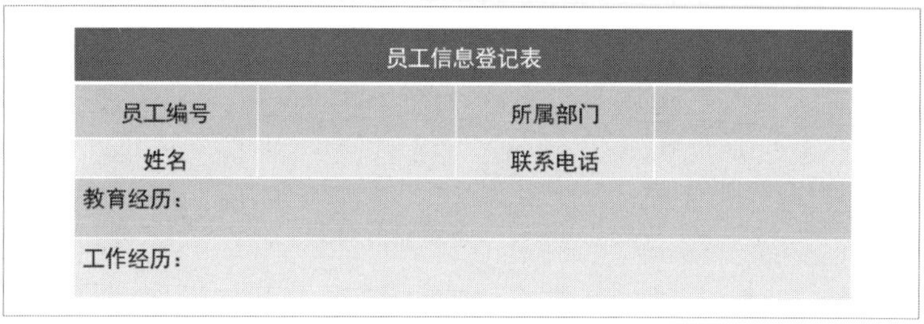

员工信息登记表	
员工编号	所属部门
姓名	联系电话
教育经历：	
工作经历：	

图5-1-26 拆分单元格后的效果图

（三）设置表格高度/宽度

对表格进行宽高调整是表格布局设置的基本操作，调整表格宽高的具体操作步骤如下：

选中表格，单击【布局】选项卡，在"表格尺寸"组中输入表格的宽度和高度数值即可完成设置，如图5-1-27所示。

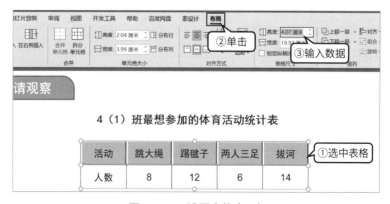

图5-1-27 设置表格宽/高

117

（四）设置表格对齐方式

PowerPoint中表格的对齐方式有六种：左对齐、居中、右对齐、顶端对齐、垂直居中和底端对齐。若吴老师想将上述表格放置于幻灯片中央，设置表格对齐的具体操作步骤如下：

选中表格，单击【布局】选项卡，在"对齐方式"组中单击【居中】图标即可完成设置，如图5-1-28所示。

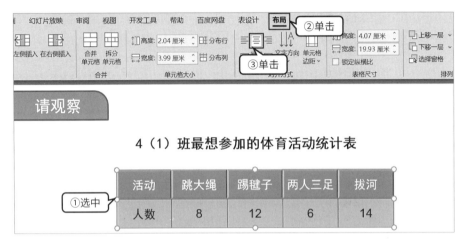

图5-1-28 设置对齐方式

（五）调节单元格边距

单元格边距是指单元格中的文字与单元格边框上、下、左、右之间的距离。有普通边距、无边距、窄边距和宽边距四种系统预设的边距。同时，用户也可以选择自定义边距。

1. 使用系统预设的单元格边距

系统预设的单元格边距分为四种：普通边距、无边距、窄边距和宽边距，具体操作步骤如下：

选中表格，单击【布局】选项卡，单击【单元格边距】，在普通边距、无边距、窄边距和宽边距中任意单击一个即可完成表格中单元格边距的调节，如图5-1-29所示。

2. 自定义单元格边距

自定义单元格边距具体操作步骤如下：

选中表格，单击【布局】选项卡，单击【单元格边距】，单击【自定义边距】，如图5-1-30所示。

页面弹出"单元格文本布局"对话框，在文字版式中可调节单元格垂直对齐方式和文字方向，教师还可以调节内边距各参数大小以自定义单元格布局，各参数设置好后单击【确定】即可完成自定义单元格边距的设置，如图5-1-31所示。

第五章　表格、图表与符号的插入与编辑

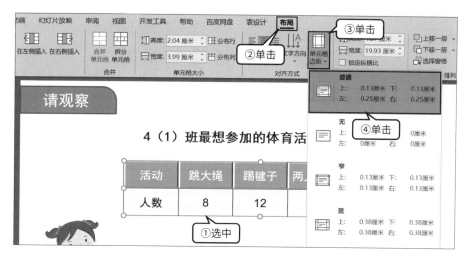

图 5-1-29 系统预设单元格边距

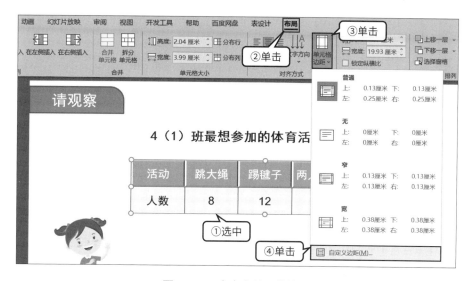

图 5-1-30 自定义单元格边距

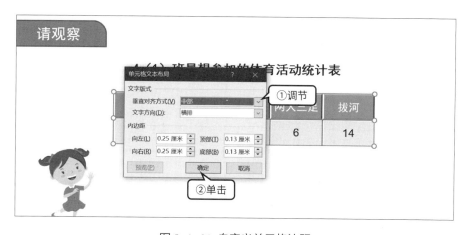

图 5-1-31 自定义单元格边距

119

第二节　插入与编辑图表

　　图表，就是通过图形化的方法将数据可视化，清晰有效地呈现，让数据的变化趋势和内在关系一目了然。PPT 图表是 PPT 文稿的重要组成部分。常用的图表类型有柱形图、饼图、折线图和条形图。例如《认识条形统计图》课件中为了清楚地表现数据结果，使用到了图表类型中的柱形图，如图 5-2-1 所示。

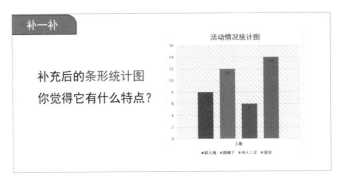

图 5-2-1　活动情况统计柱形图

一、插入图表

　　吴老师想根据上述"体育活动统计表"建立柱形图，插入图表的具体操作步骤如下：

　　单击【插入】选项卡，单击【图表】按钮，在弹出的"插入图表"对话框中，选择"柱形图"，单击【确定】即可完成图表的插入操作，如图 5-2-2 所示。

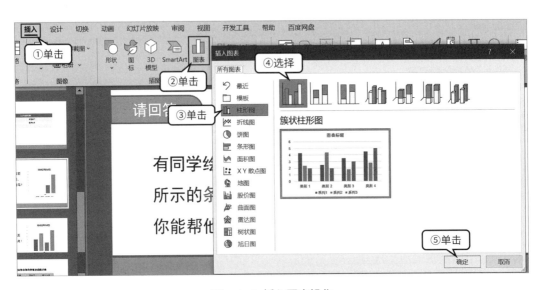

图 5-2-2　插入图表操作

插入后的效果如图 5-2-3 所示。为了区分数据间的关系，图表插入后系统会默认带上不同颜色的效果。

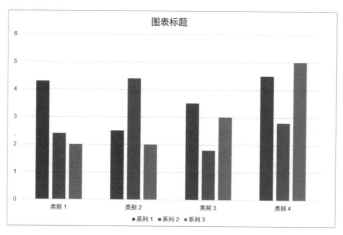

图 5-2-3 插入图表的效果图

二、编辑图表数据

图表数据属性主要包含两个方面。一是数据来源：设置图表数据的必选设置项，如图 5-2-4 所示；二是数据筛选：对图表分类和系列进行筛选，如图 5-2-5 所示。

图 5-2-4 图表数据编辑：数据来源

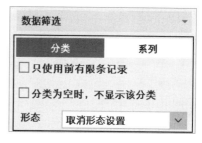

图 5-2-5 图表数据编辑：数据筛选

吴老师根据"4（1）班最想参加的体育活动统计表"的数据完成图表数据的编辑，其具体操作步骤如下：

完成图表插入后，在屏幕中自动打开一个 Excel 表格，依据该表中的数据输入数据即可，如图 5-2-6 所示。

小贴士

设置好的图表若想更改图表数据，选中图表，单击【图表工具】下方的【图表设计】选项卡，单击【编辑数据】下拉键，可直接在 Excel 中更改数据。

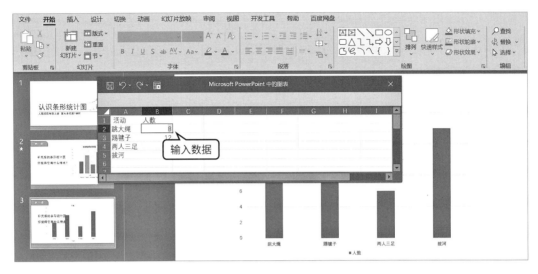

图 5-2-6 编辑图表数据

三、设置图表样式

PPT 中图表的样式包含标题、图例、标签、系列、坐标轴、数据表、背景和提示等的设置。根据图表类型不同，样式也有所变化。PowerPoint 中设置图表样式的方法和表格类似，用户可以直接选择系统设定的样式，如图 5-2-7 所示。

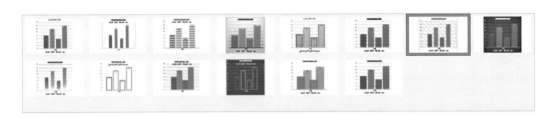

图 5-2-7 系统预设的图表样式

吴老师想为上述的柱形图选择一个合适的样式，具体操作步骤如下：

选中图表，单击【图表设计】选项卡，选择合适的图表样式，即可完成对图表的样式设计，如图 5-2-8 所示。效果如图 5-2-9 所示。

四、设计图表布局

图表布局是图表及组成元素的显示方式，其中图表组成元素包括"坐标轴""坐标轴标题""图表标题""数据标签""数据表""误差线""网格线""图例""趋势线"等。常见的布局设置包括图表标题的设置、数据标签的设置及图例的设置。

（一）图表标题的设置

图表标题的设置包括无标题、在图表上方、居中标题等，其中默认图表标题在图表正上方。吴老师想将图表标题"活动情况统计图"呈现在图表上方并居中显示，最终效果如图 5-2-10 所示。

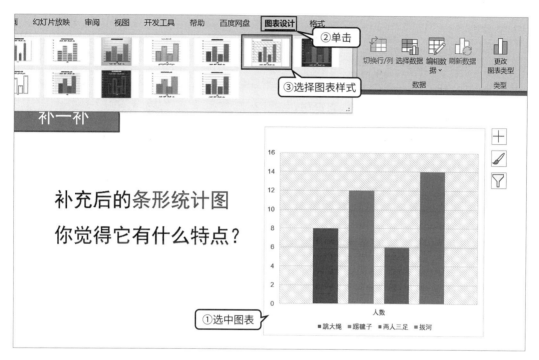

图 5-2-8 设置图表样式

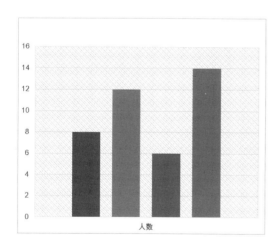

图 5-2-9 预设表格样式效果图

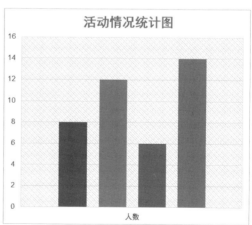

图 5-2-10 标题设置效果图

图表标题设置的具体操作步骤如下：

选中图表，单击【图表设计】选项卡，单击【添加图表元素】，单击【图表标题】，单击【图表上方】即可，操作步骤如图 5-2-11 所示。

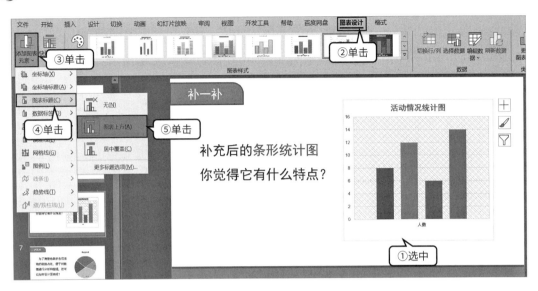

图 5-2-11 图表标题设置

(二) 数据标签的设置

数据标签的设置方式包括无标签、标签居中显示、标签在数据内显示、标签在轴内侧、标签在数据外显示等。吴老师想将数据呈现在柱形图内部，效果如图 5-2-12 所示。

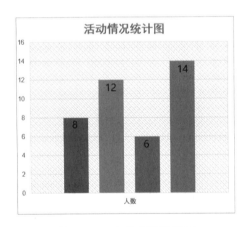

图 5-2-12 标签设置效果图

数据标签设置的具体操作步骤如下：

选中图表，单击【图表设计】选项卡，单击【添加图表元素】，单击【数据标签】，单击【数据标签内】即可完成制作，操作步骤如图 5-2-13 所示。

第五章 表格、图表与符号的插入与编辑

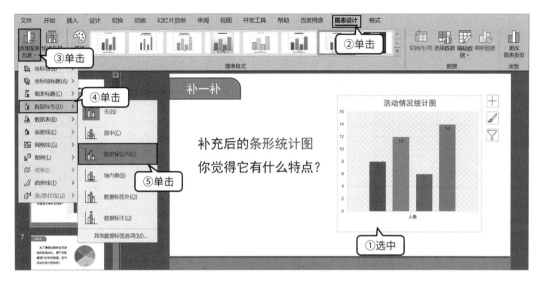

图 5-2-13 图表标签设置

（三）图例的设置

图例用来解释数据所代表的含义，如图 5-2-14 中红色框内的内容。图例的设置方式包括无图例显示、图例右侧显示、图例顶部显示、图例左侧显示和图例底部显示等。

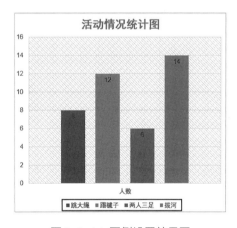

图 5-2-14 图例设置效果图

吴老师想将图例呈现在柱形图底部，具体操作步骤如下：

选中图表，单击【图表设计】选项卡，单击【添加图表元素】下拉键，单击【图例】，单击【底部】即可完成制作，如图 5-2-15 所示。

在实际备课中，为了提高课件制作效率，教师可以直接选择【快速布局】样式，使用系统预设的样式形式完成布局设置，操作方法如下所示：

选中图表，单击【图表设计】选项卡，单击【快速布局】下拉键，单击合适的布局，如图 5-2-16 所示。

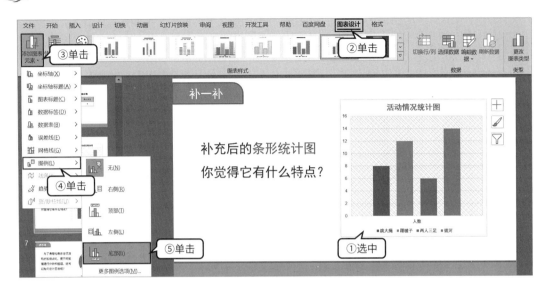

图 5-2-15 图表图例设置

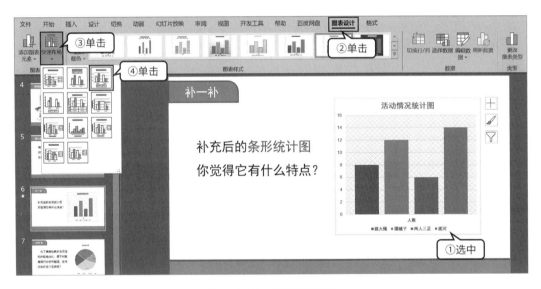

图 5-2-16 快速布局设置

五、更改图表类型

PPT 软件提供了 11 种图表类型，其中还包含了 73 种子图表类型，教师可根据实际需要更改不同的图表类型。常见的图表类型有四大类，分别为柱形图、折线图、饼状图和条形图。以柱形图更改为折线图为例，具体操作步骤如下：

选中柱形图，单击【图表设计】选项卡，单击【更改图表类型】，页面弹出"更改图表类型"对话框，单击需要更改的图表类型"折线图"，单击【确定】即可完成图表类型的更改，如图 5-2-17 所示。

第五章　表格、图表与符号的插入与编辑

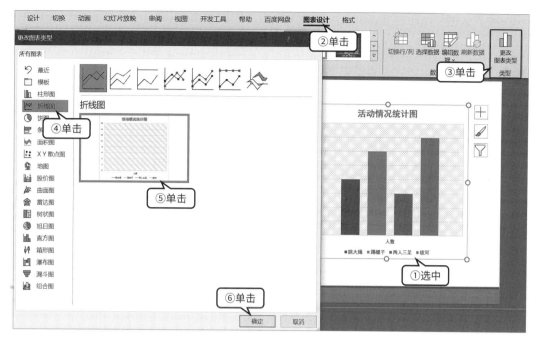

图 5-2-17　柱形图更改为折线图

第三节　插入与编辑公式符号

数学、物理、化学等课件的制作中常常需要插入与编辑各种公式、符号，如图 5-3-1 所示为包含公式展示的数学课件，因此掌握公式和符号的插入和编辑方法是相关课程教师必备的技能。

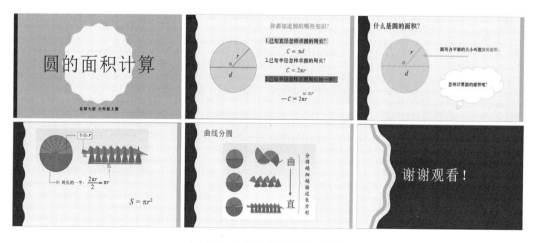

图 5-3-1　包含公式的数学课件

一、插入公式

PPT 软件提供了常见的几种公式类型，如圆的面积、二项式定理、和的展开式、傅里叶级数、二次公式、泰勒展开式以及三角恒等式等，如图 5-3-2 所示。

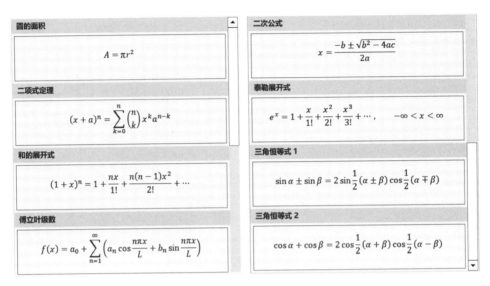

图 5-3-2 PPT 中的常见公式

吴老师在 PPT 中插入圆面积公式的具体操作步骤如下：

插入公式。单击【插入】选项卡，单击【公式】，在下拉菜单中单击【圆的面积公式】，如图 5-3-3 所示。

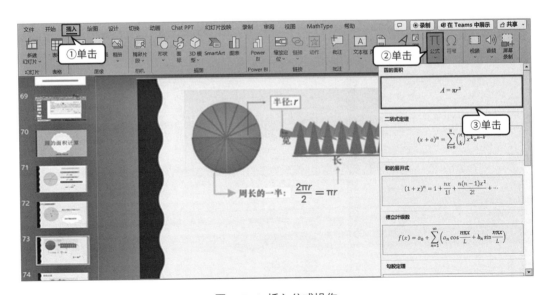

图 5-3-3 插入公式操作

更改公式符号。将字母"A"改为表示面积的数学符号"S",如图 5-3-4 所示,完成后的效果如图 5-3-5。

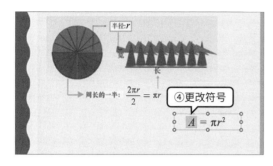

图 5-3-4 更改公式符号

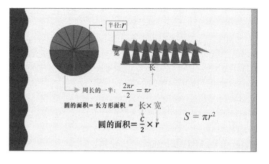

图 5-3-5 插入公式效果图

二、调整公式结构

吴老师在展示"已知半径怎样求圆周长的一半?"一题时涉及了分式表达式的运用,所以需要更改系统已有的公式类型。调整公式结构的具体操作步骤如下:

单击需要调整结构的公式,单击【公式】选项卡,单击【分式】,单击"分式(竖式)",如图 5-3-6 所示。

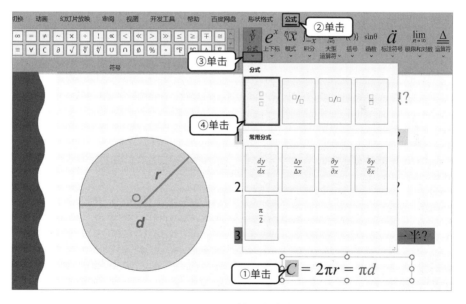

图 5-3-6 调整公式结构

插入"分式(竖式)"后,在方形框中输入字符和数字,如图 5-3-7 所示。

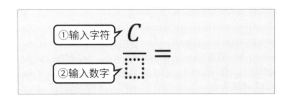

图 5-3-7 输入字符和数值

三、添加符号

PowerPoint 为使用者提供了常用的符号类型,包括基本的数学运算符号、统计序号和逻辑运算符号等,如图 5-3-8 与图 5-3-9 所示。

图 5-3-8 插入运算符

图 5-3-9 插入符号

第五章　表格、图表与符号的插入与编辑

吴老师在《圆的面积公式》课件中需要插入数学符号"π"，具体操作步骤如下：

将光标定位至需要插入符号的位置后，单击【插入】选项卡，单击【符号】，如图 5-3-10 所示。

图 5-3-10 添加符号操作

选择符号"π"，单击插入即可完成符号的添加，如图 5-3-11 所示。

图 5-3-11 添加符号操作

131

本章彩图扫码可看

第六章　多媒体元素的插入与编辑

学习目标

- 根据教学需求在PPT中插入音频、视频、动画等元素；
- 选择具有辨识度的音频图标；
- 根据教学需求使用PPT裁剪音频和视频素材；
- 设置具有可观赏性的视频、动画显示效果与框架样式；
- 设置便捷的音频、视频、动画元素的播放方式，提高教学效率。

知识图谱

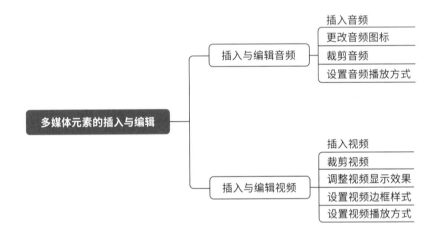

教学情境

Do You Like Pears? 是英语人教版三年级下册第五单元的第一课。为了更好地示范英语单词发音、展示英语对话情景，达到检测学生单词掌握情况与培养健康饮食习惯的目的，王老师想在PPT中通过音频来示范单词发音和英语对话，用视频来导入这节课的主题并激发学生的学习兴趣，用动画来创建对话情境。那么，王老师需要掌握哪些PPT操作要点？又如何进行课件制作呢？

第六章　多媒体元素的插入与编辑

案例效果图

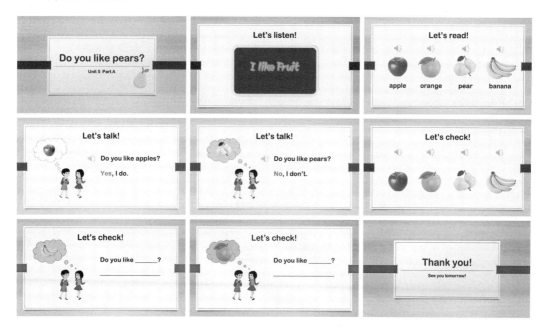

第一节　插入与编辑音频

音频具有渲染气氛、创设教学情境的功能，还能为语言类教学提供语音标准示范。本节主要介绍音频的插入与编辑方法。

一、插入音频

在 PPT 中插入单词音频，能够为学生提供标准的单词朗读示范，以达到辅助教学的目的。例如，王老师想要为"Let's read！"幻灯片中的四张水果图片分别插入音频，效果如图 6-1-1 所示。

图 6-1-1　插入音频的课件

133

具体操作步骤如下：

单击目标幻灯片，单击【插入】选项卡，再单击【音频】下拉键，在其下拉菜单中选择【PC上的音频】，在文件夹中单击"apple发音"单词音频，再单击【插入】按钮，如图6-1-2所示。

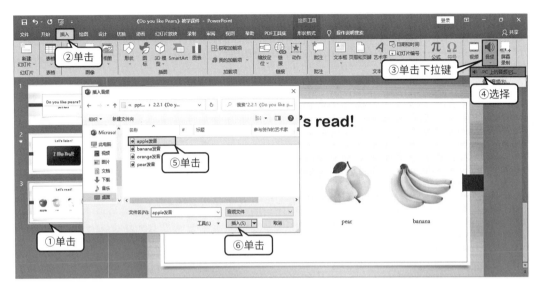

图6-1-2 插入音频

音频以"喇叭"图标出现在页面中，将其移动到"apple"单词下方，如图6-1-3所示；剩余单词的音频文件按照上述操作步骤分别对应插入，如图6-1-4所示。

图6-1-3 插入"apple"音频

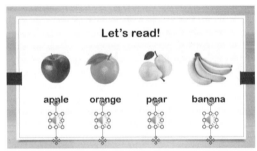

图6-1-4 插入四个单词音频

二、更改音频图标

在PowerPoint中，教师可根据教学情境的不同选择不同的音频图标。例如，王老师想要将"Let's read!"幻灯片中的音频图标更换为类似收音机的音频图标，具体操作步骤如下：

选中需要更换音频图标的音频，单击【音频格式】选项卡，单击【更改图片】下拉键，在其下拉菜单中选择【从图标】选项，如图6-1-5所示。

图6-1-5 更改音频图标

在弹出的"插入图标"对话框的搜索框中输入"音频"，在搜索结果中选择目标"收音机"图标后，再单击【插入】按钮，如图6-1-6所示；插入后的效果如图6-1-7所示。其他音频图标按照上述操作步骤选择插入即可，最终效果如图6-1-8所示。

图6-1-6 选择音频图标

图 6-1-7 更换"apple"音频图标的效果图　　图 6-1-8 音频图标更换完的效果图

三、裁剪音频

PPT 软件自带裁剪音频的功能，用户可以根据需求灵活设置裁剪的起始点和结束点。王老师在"Let's talk!"幻灯片中插入的一个音频中包含两段对话，而王老师只需要播放其中的一段对话，因此需要将"对话"音频进行裁剪。下面将介绍裁剪音频的具体操作步骤：

选中幻灯片中的音频，单击【播放】选项卡，选择【剪裁音频】按钮，如图 6-1-9 所示。

图 6-1-9 裁剪音频

在弹出的"剪裁音频"对话框中拖动【起点位置】按钮 和【终点位置】按钮 至所需的位置，单击【预览】按钮 ▶ 预览当前音频片段，此时可以使用时间微调框进行微调，确认无误后单击【确定】按钮，如图 6-1-10 所示。

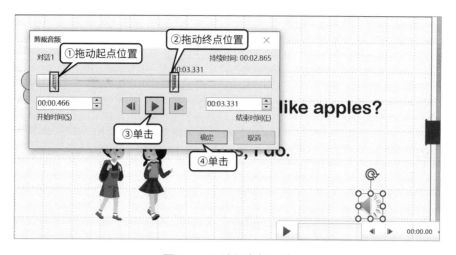

图 6-1-10 选取音频区域

小贴士

在"剪裁音频"对话框中,可以先拖动绿色的【起点位置】按钮和红色的【终点位置】按钮,对音频进行粗剪;在预览后,再用"时间微调框"进行微调,即可实现理想剪裁效果。

四、设置音频播放方式

PowerPoint 提供了三种不同的音频播放方式,分别为:

- 按照单击顺序:在幻灯片放映视图下,通过单击该幻灯片任意位置开始播放音频;
- 自动:在幻灯片放映视图下,切换到该幻灯片就自动开始播放音频;
- 单击时:在幻灯片放映视图下,单击视频显示区域或左下方播放按钮播放音频。

例如,王老师想要在课堂上通过单击音频图标的方式播放音频,则应该为音频选择"单击时"播放方式。下面将以"Let's read!"幻灯片为例,介绍设置音频播放方式的具体操作步骤:

选中幻灯片中的第一个音频,单击【播放】选项卡,单击【开始】右侧下拉键,在其下拉列表中选择【单击时】,如图 6-1-11 所示。

剩余三个音频按照上述操作步骤同样设置为"单击时"播放方式即可。

图 6-1-11 设置音频播放方式

第二节　插入与编辑视频

视频是声画结合的媒体形式，能够带来视听双重刺激，在教学中被广泛应用，且常常通过教学 PPT 进行展示。本节主要介绍视频的插入与编辑方法。

一、插入视频

王老师准备在幻灯片中插入一段英文歌曲"I like fruit"的视频，以吸引学生的注意力，并帮助学生理解新知识。下面将介绍在幻灯片中插入视频的具体操作步骤：

定位到需要插入视频文件的幻灯片，单击【插入】选项卡，单击【视频】下拉键，在其下拉菜单中选择【此设备】，在弹出的"插入视频文件"对话框中单击"英语歌曲 I like Fruit"视频素材，再单击【插入】按钮，如图 6-2-1 所示。

> **小贴士**
>
> 在 PPT 中插入此设备的音频、视频等元素时，在弹出的文件夹中双击需要插入的元素，该元素即可直接插入幻灯片中。

第六章　多媒体元素的插入与编辑

图 6-2-1　插入视频

二、裁剪视频

PPT 软件包含裁剪视频的功能，用户可以根据需求裁剪视频，留下需要展示的部分。王老师在幻灯片中插入视频后，需要将视频中的片头与片尾裁剪掉，只保留与课堂教学内容相关的片段，节约课堂展示的时间，理想效果如图 6-2-2 所示。

图 6-2-2　裁剪视频的效果图

下面介绍裁剪视频的具体操作步骤：

选中视频，功能栏会出现"视频工具"选项卡，单击其中的【播放】选项卡，再单击"编辑"组中的【剪裁视频】按钮，如图 6-2-3 所示。

在弹出的"剪裁视频"对话框中拖动【起点位置】按钮 到所需要的视频起始画面，再拖动【终点位置】按钮 到所需要的视频结束画面，单击【预览】按钮 。此时可以使用时间微调框进行微调，确保选择的起点和终点无误后，再单击【确定】按钮，如图6-2-4所示。

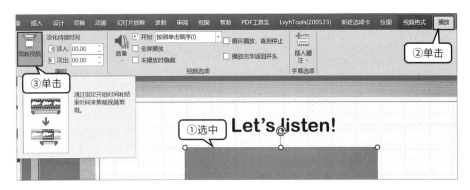

图6-2-3 裁剪视频

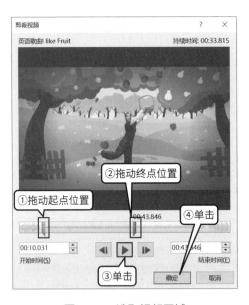

图6-2-4 选取视频区域

> **小贴士**
>
> 在网络上下载的音视频资源，如果只需使用视频或音频素材中的一部分，可以直接插入PPT中再进行裁剪编辑。

三、调整视频显示效果

为了提高视频的可读性与课件的艺术性，可以自主调整视频的显示效果，如对视频进行大小、旋转、调整颜色等设置。王老师添加并裁剪好视频后，想要设置视频的高度和宽度，使学生能够清晰观看视频中的内容。具体操作步骤如下：

选中视频，单击【视频格式】选项卡，单击"大小"组右下角的【对话框启动器】按钮 ，在界面右侧弹出的"设置视频格式"任务窗格中，取消勾选【锁定纵横比】，调节高度为 10 厘米，宽度为 17 厘米，如图 6-2-5 所示。

图 6-2-5 设置视频大小

四、设置视频边框样式

为视频添加边框样式，能够达到美化课件的效果。王老师为视频添加了"金属圆角矩形"边框样式，效果如图 6-2-6 所示。

图 6-2-6 设置视频"金属圆角矩形"边框样式效果图

为视频添加边框样式的具体操作步骤如下：

选中视频，在"视频工具"选项卡中单击【视频格式】，单击"视频样式"组中的【其他】按钮，选择"强烈"组中的【金属圆角矩形】边框样式，如图 6-2-7 所示。

图 6-2-7 设置边框样式

五、设置视频播放方式

PowerPoint 提供了三种不同的视频播放方式，分别为：

- 按照单击顺序：在幻灯片放映视图下，通过单击该幻灯片任意位置开始播放视频；
- 自动：在幻灯片放映视图下，切换到该幻灯片就自动开始播放视频；
- 单击时：在幻灯片放映视图下，单击视频显示区域或左下角播放按钮播放视频。

王老师想要实现切换到该幻灯片就自动开始播放视频的效果，所以为视频设置了"自动"播放方式。具体操作步骤如下：

选中视频，单击【播放】选项卡，单击【开始】右侧下拉键，在其下拉菜单中选择【自动】选项，如图 6-2-8 所示。

图 6-2-8 设置视频播放方式

第七章　教学 PPT 动画设计

本章彩图
扫码可看

学习目标

- 举例说明演示文稿中对象动画的 4 种类型及其作用；
- 掌握设置对象动画的操作，并熟练设置动画的开始方式、播放效果、播放顺序；
- 明确演示文稿中切换动画的类型及其作用；
- 掌握添加切换动画的操作，并熟练设置切换声音、换片持续时间、换片方式。

知识图谱

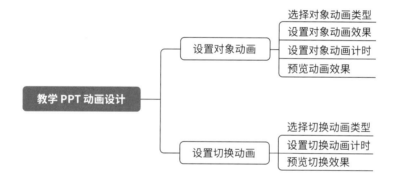

教学情境

《识字：春夏秋冬》是统编版语文一年级下册第一单元的第一课。李老师设计了一些课堂互动活动，需要借助教学课件来实现这些互动，例如在猜季节的环节依次揭晓谜底答案，在朗读句子的过程中呈现四季图片、示范生字书写的顺序以及通过完成连线游戏来实现课堂检测。李老师应该如何实现上述需求？

案例效果图

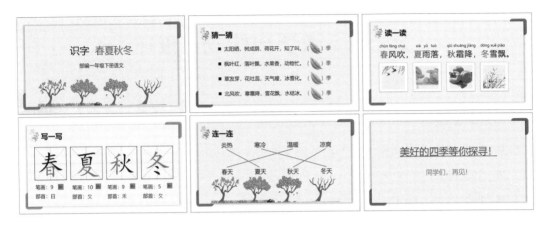

第一节　设置对象动画

用户为幻灯片中的元素如文字、图片等添加动画，不仅可以增强幻灯片的动感以吸引观众注意力，还可以让页面中不同层次的内容依次呈现，强调重点内容，加强传播效果。

PowerPoint中的动画类型及其具体内容如图7-1-1所示。本节主要介绍如何为幻灯片中的元素添加对象动画、设置动画效果及播放效果。

图7-1-1 PowerPoint中动画类型

一、选择对象动画类型

PPT系统所提供的对象动画可分为进入动画、强调动画和退出动画，用户可根据实际需要自主选择对象动画类型，并进行自定义修改。

> **小贴士**
>
> 可以通过图标颜色来判断动画类型，绿色为进入动画效果，黄色为强调动画效果，红色为退出动画效果。

（一）进入动画

进入动画即目标对象从无到有，从屏幕外进入屏幕中的动画效果。操作者根据实际需要为对象添加合适的进入动画，能够起到突出重点、美化视觉效果的作用。

例如，李老师想为课件里"读一读"页面中的四幅图片添加进入动画"浮入"，当读到语句中的关键字时，就单击鼠标左键，使对应的四季图片浮现出来，效果如图7-1-2所示。

图 7-1-2 图片依次"浮现"的效果图

具体操作步骤如下：

选中左数第一张图片对象，单击【动画】选项卡，在"动画"组中选择进入动画【浮入】，如图7-1-3所示。

按照从左至右顺序依次为其余三张图片添加进入动画"浮入"，效果如图7-1-4所示。

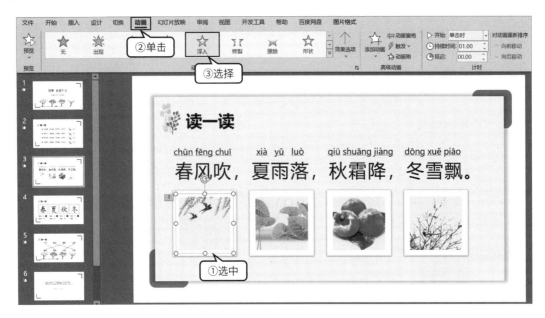

图 7-1-3 添加动画

图 7-1-4 添加动画的效果图

小贴士

　　为幻灯片中的元素添加对象动画后，各元素的左上方将出现编号如"1""2""3"等。这些编号即为添加对象动画的顺序，它们也代表放映幻灯片时对象动画的播放顺序。因此建议操作者最好按照预设的动画效果，有序地为元素添加对象动画。

　　在PPT中可以同时为多个对象添加同一动画。例如，李老师想为幻灯片中的四张图片都添加"浮入"进入动画，且让四张照片在单击后同时出现，则可选择同时选中四张图片后再添加动画效果的方法。具体操作步骤如下：

　　先选中左数第一张图，然后按住【Ctrl】键的同时再依次选中其他三张图片，单击【动画】选项卡后，选择进入动画【浮入】，如图7-1-5所示。

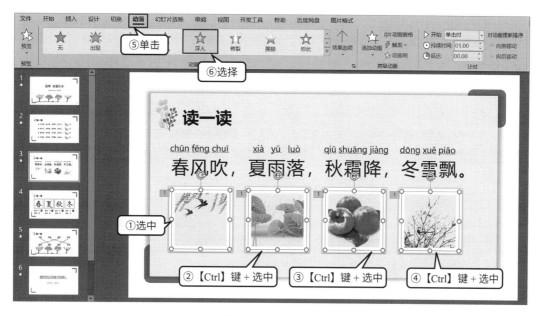

图 7-1-5 添加动画

如图 7-1-5 所示，此时四张图片对象的左上角都新增了"1"标志，代表为同步动画，这时需要重新设置动画开始方式，使每个动画的开始方式为单击鼠标，具体操作见本章第一节第三部分。

> **小贴士**
>
> 动画刷
>
> 使用"动画"选项卡中的"动画刷"工具，可以将相同动画效果（如动画样式、动画方向、开始方式等）快速应用到多个对象元素，可以理解为动画的复制与粘贴。如果需要对幻灯片中多个目标对象使用动画刷添加同一动画，可以先双击【动画刷】，然后用带动画刷的鼠标点击相应的内容。动画刷使用完后，按【Esc】键停止设置动画效果。

（二）退出动画

退出动画是让对象从屏幕中消失的动画效果，例如让对象通过飞出、直接消失、淡出等形式退出屏幕。

例如，李老师在"猜一猜"页里插入了四张"树叶"图片用以遮住正确答案，当学生作答完成后，李老师每单击一次鼠标，遮挡住答案的"树叶"从画面中飘走，呈现出正确答案。这就需要李老师为"树叶"图片添加退出动画。退出动画"飞出"的效果如图 7-1-6 所示。

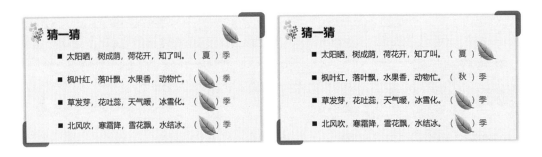

图 7-1-6 "树叶"依次"飞出"的效果图

具体操作步骤如下：

选中从上往下数第一张"树叶"图片，单击【动画】选项卡，单击"动画"组中【其他】▼按钮，选择退出动画【飞出】，如图 7-1-7 所示；然后单击【效果选项】下拉键，在下拉菜单中选择【到右上部】，如图 7-1-8 所示。

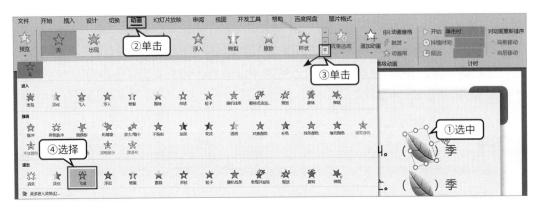

图 7-1-7 添加动画

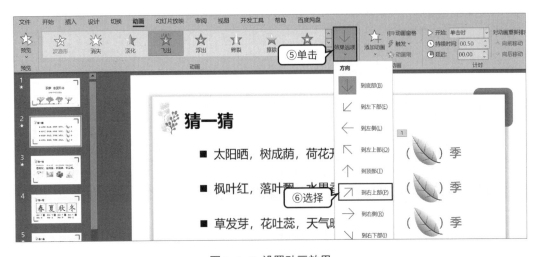

图 7-1-8 设置动画效果

第七章　教学 PPT 动画设计

在 PPT 中可以为同一对象添加多个动画。例如，在"一、进入动画"中，李老师已经为目标图片添加了进入动画"浮入"，图片展示完毕后想让图片退出屏幕，这就需要再为图片添加退出动画，即为这张图片添加了"进入"和"退出"两个动画效果。具体操作步骤如下：

选中目标图片，单击【动画】选项卡，单击【添加动画】下拉键，在其下拉菜单中选择退出动画【浮出】，如图 7-1-9 所示。

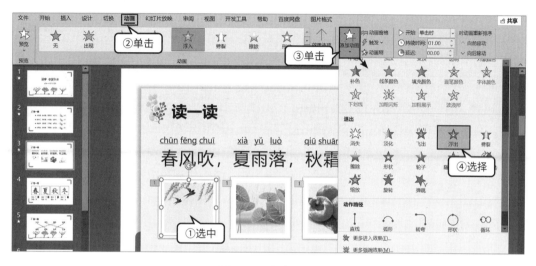

图 7-1-9　添加动画

随后，再按照从左至右顺序依次为其余三张图片添加退出动画"浮出"即可。

（三）强调动画

强调动画是对已经出现在屏幕中的对象实施的强化效果，例如让对象放大缩小、闪烁、陀螺旋或更改颜色等，一般用于突出幻灯片中的重点内容，引起观看者的注意。

例如，李老师为课件里"读一读"页面中的"春风吹，夏雨落，秋霜降，冬雪飘"文本添加了强调动画"加粗展示"，单击鼠标后文字加粗，引导学生朗读，效果如图 7-1-10 所示。

图 7-1-10　文本加粗展示

149

具体操作步骤如下：

选中目标文本框，单击【动画】选项卡，单击"动画"组中的【其他】按钮，在下拉菜单中选择强调动画【加粗展示】，如图7-1-11所示。

图7-1-11 添加动画

随后，再按照从左至右顺序依次为其余三张图片添加强调动画"加粗展示"即可。

（四）动作路径

动作路径动画是对象根据规定的路径而移动的动画效果，例如让对象沿直线、曲线或特殊形状的路径移动，常用于一些动作的展现或物体的位移，例如物理实验中的小球运动、树叶飘落、图形的移动等。

例如，在地理学科中，经常需要展示宏观的星体运动现象，如地球的公转运动。教师可以在PPT中为对象添加"形状"动作路径动画效果，以此来模拟地球的公转运动，效果如图7-1-12所示。

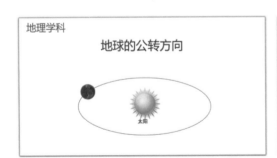
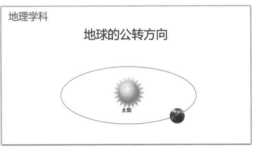

图7-1-12 "地球"沿着动作路径移动

第七章　教学PPT动画设计

具体操作步骤如下：

选中目标对象，单击【动画】选项卡，单击"动画"组中的【其他】按钮图标，在其下拉菜单中选择动作路径【形状】，如图7-1-13所示。

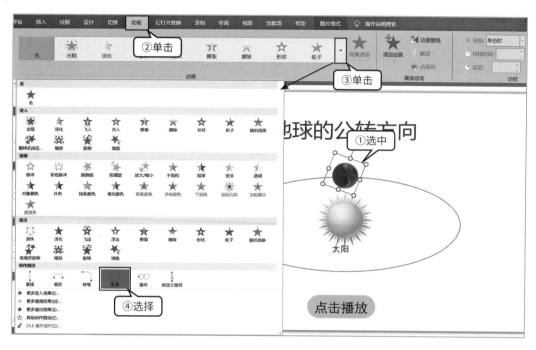

图7-1-13　添加动画

如图7-1-14所示，调整虚线椭圆动画轨迹的控点，使之与椭圆形状重合，效果如图7-1-15所示。由于"椭圆"动作路径默认为顺时针运动，而地球的公转方向为自西向东，所以需要单击【效果选项】下拉键，选择【反转路径方向】，如图7-1-16所示。

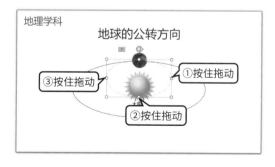

图7-1-14　调整动画轨迹

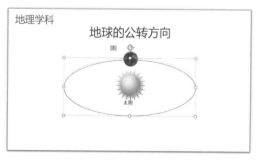

图7-1-15　动画轨迹与椭圆形状重合

151

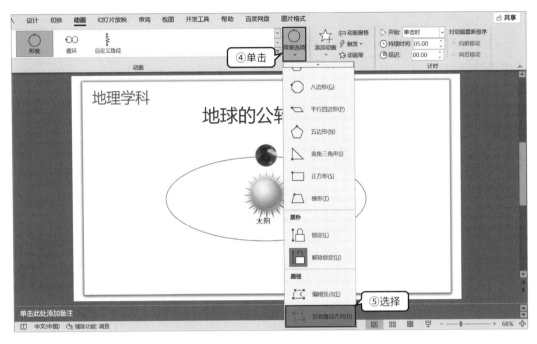

图 7-1-16 设置动画效果

二、设置对象动画效果

对象动画效果设置是指进一步设计动画的呈现效果，包括选择动画的方向与序列，为动画添加声音，设置动画的平滑与弹跳效果等。不同的动画样式有不同的动画效果选项，如图 7-1-17 和图 7-1-18 所示，可以根据设计制作需要对动画效果进行相应的更改与设置。

图 7-1-17 "上浮"效果对话框

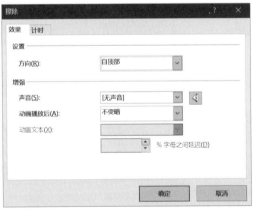

图 7-1-18 "擦除"效果对话框

例如，李老师想在放映"连一连"幻灯片时，让学生根据所看到的形容词选择相对应的季节，当学生选择完成后，再单击鼠标呈现正确的连线。为目标线条添加进入动画"擦除"后，默认的运动方向是"自底部"出现（如图7-1-19所示），而李老师想让线条从上而下地出现（如图7-1-20所示），即从"形容词"的位置出发，连接到对应的"季节"，这时李老师可以通过修改动画的方向，来达到预设效果。

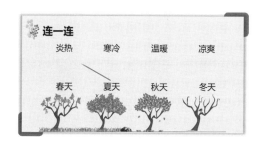

图7-1-19 修改前："自底部"出现　　　　图7-1-20 修改后："自顶部"出现

以下有两种方式可以实现李老师的预设效果，分别是：

- 方式一：在功能区设置动画效果；
- 方式二：在"效果"对话框中设置动画效果。

（一）在功能区设置动画效果

如果仅设置动画的运动方向和序列，可以在功能区直接选择。

具体操作步骤如下：

选中目标对象，单击【动画】选项卡，单击【效果选项】下拉键，在其下拉菜单中选择【自顶部】，如图7-1-21所示。

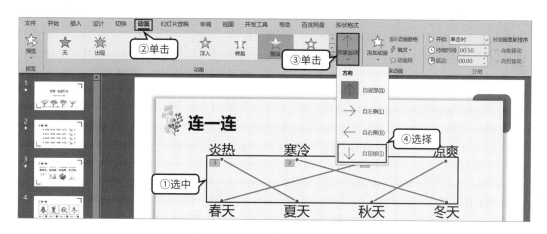

图7-1-21 在功能区设置动画效果

（二）在"效果"对话框中设置动画效果

如果需要设置动画的更多其他效果，如为动画添加声音，设置动画的平滑开始时间与平滑结束时间等，可以在"动画窗格"里打开目标动画的"效果"对话框，根据预设来设置动画效果。具体操作步骤如下：

单击【动画】选项卡，单击【动画窗格】按钮，在界面右侧弹出的"动画窗格"中选中目标动画，然后单击其下拉键，在其下拉菜单中选择【效果选项】命令；在弹出的"擦除|效果"对话框中，单击【方向】下拉键，在其下拉菜单中选择【自顶部】，再单击【确定】，如图7-1-22所示。

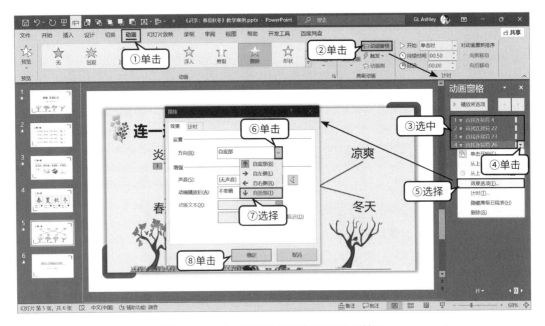

图7-1-22 在"效果"对话框设置动画效果

图7-1-23 在"擦除"对话框设置动画效果

除了设置方向以外，还可以在"擦除|效果"对话框中，单击【声音】下拉键，在其下拉菜单中选择【箭头】选项，再单击【确定】按钮，如图7-1-23所示，即可为动画设置声音，以增强动画的表现效果。

三、设置对象动画计时

对象动画计时设置是指对动画的开始方式、持续时间、延迟时间、重复次数以及动画重新排序等方面进行相关设置，主要含义如表7-1-1所示。

表 7-1-1 设置对象动画计时

选项	含义
动画开始方式	即什么时候应播放动画，共三个选项： ■ 单击鼠标即可播放动画； ■ 在上一个动画播放的同时； ■ 在上一个动画播放之后。
动画持续时间	即动画播放的持续时长，可单击调节或手动输入时长： ■ 时间越短，动画播放的速度越快； ■ 时间越长，动画播放的速度越慢。
动画延迟	经过几秒后播放动画，可单击调节或手动输入时长。
重复	即动画重复播放几次，可自定义重复次数，也可以选择"直到下一次单击"或"直到幻灯片末尾"。
对动画重新排序	对动画的出现顺序进行重新排列，包括向前移动和向后移动，也可以在动画窗格中直接将目标动画拖动到合适位置。

例如，李老师同时为幻灯片中的四张图片添加进入动画"浮入"后，想将动画的开始方式都设置为"单击时"，即每单击一次出现一个动画；持续时间设置为"2 秒"。有以下两种方式可以实现该功能，分别是：

■ 方式一：在功能区设置计时效果；
■ 方式二：在"计时"对话框中设置计时效果。

（一）在功能区设置计时效果

具体操作步骤如下：

选中目标图片，在"动画"选项卡中单击【开始】下拉键，在其下拉菜单中选择【单击时】，如图 7-1-24 所示；然后如图 7-1-25 所示，在【持续时间】栏中输入"2"，再按下键盘上的【Enter】键。

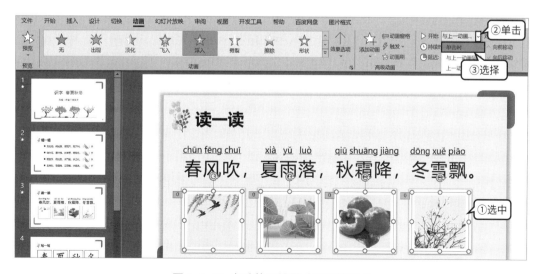

图 7-1-24 在功能区设置动画开始方式

图 7-1-25 在功能区设置动画持续时间

完成以上操作步骤后,李老师发现第三个和第四个动画的播放顺序弄反了,这时就需要对顺序不对的动画进行重新排序。

选中当前幻灯片中播放序号为【3】的动画,单击"计时"组中的【向后移动】按钮即可,如图 7-1-26 所示。

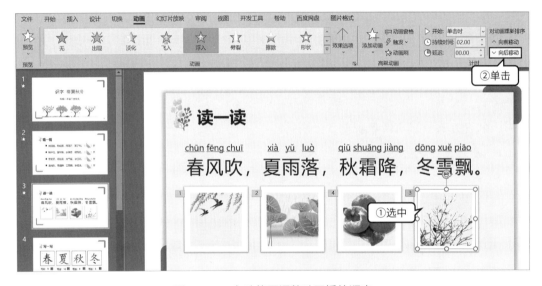

图 7-1-26 在功能区调整动画播放顺序

(二)在"计时"对话框中设置计时效果

单击【动画】选项卡,单击【动画窗格】按钮,在界面右侧弹出的"动画窗格"中选中目标动画,然后单击其下拉键,在下拉菜单中选择【计时】;在弹出的"上浮"对话框中选择开始方式为【单击时】,期间(即持续时间)为【中速(2秒)】,最后单击【确定】,如图 7-1-27 所示。

完成以上操作步骤后,李老师发现第三个和第四个动画的播放顺序弄反了,这时就需要对顺序不对的动画进行重新排序:

在"动画窗格"中选中第三个动画,单击【向后移动】按钮▼修改动画顺序,如图 7-1-28 所示。

第七章 教学PPT动画设计

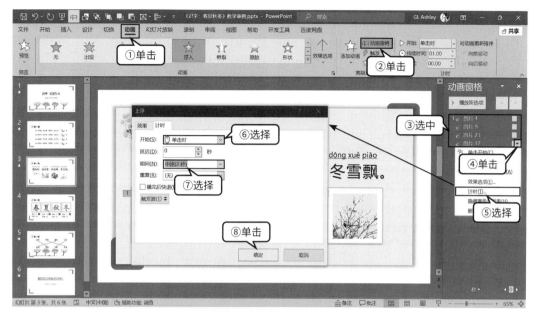

图7-1-27 在"计时"对话框中设置计时效果

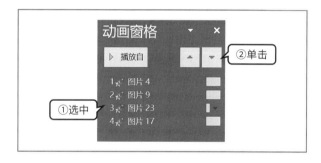

图7-1-28 在"动画窗格"中修改动画播放顺序

小贴士

快速调整动画顺序

当动画效果过多或调整内容较多时，使用点击【向前移动】或【向后移动】按钮的方式会较为麻烦。这时，可以采用以下方式快速调整动画顺序：

在"动画窗格"中直接选择需要调整的动画，按住鼠标左键上下拖动目标动画，调整动画至合适的位置后释放鼠标。这种方法可以更快地处理动画之间的顺序问题。

四、预览动画效果

在添加或更改动画后，应及时查看其播放效果，确保其符合预期。

（一）预览当前添加的动画效果

每添加新的动画效果时，自动展示其外观，有利于及时判断该动画是否符合预设效果。具体操作步骤如下：

在"动画"选项卡中单击【预览】下拉键，选择【自动预览】，如图7-1-29所示。

图 7-1-29 设置自动预览

（二）预览幻灯片的整体动画效果

在幻灯片中设置完动画效果后，若想预览整体动画效果，具体操作步骤如下：

单击"动画"选项卡中的【预览】，即可播放此幻灯片上的动画，如图7-1-30所示。

图 7-1-30 预览幻灯片的整体动画效果

第二节　设置切换动画

我们不仅能为幻灯片中的各类元素设置对象动画，还能为每一张幻灯片添加切换动画。幻灯片切换动画是指一张幻灯片播放结束后，过渡到下一张幻灯片时所产生的动画效果。有效地应用幻灯片切换动画，可以提升PPT的美感与感染力，带给观看者更加流畅生动的观看体验。

一、选择切换动画类型

在PowerPoint中，幻灯片的切换动画主要包括细微型、华丽型和动态内容三类，如图7-2-1所示。由于华丽型与动态内容的切换动画过于戏剧化，容易分散学生的注意力，因此建议教师选用细微型切换动画。

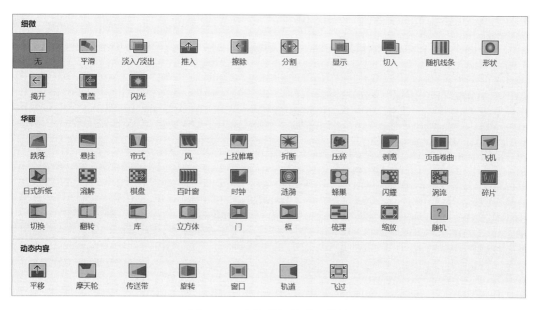

图 7-2-1 幻灯片切换动画类型

例如，李老师想为第二页幻灯片添加"推入"切换动画，效果如图 7-2-2 所示：

图 7-2-2 "推入"切换动画效果

具体操作步骤如下：

选择动画样式。在 PPT 左侧缩略图中，选中【猜一猜】页，接着单击【切换】选项卡，在"切换到此幻灯片"组中选择【推入】效果，如图 7-2-3 所示。

图 7-2-3 选择切换动画样式

切换动画效果设置是指进一步设置幻灯片切换效果的属性，如动画的方向。教师在"切换"选项卡中为幻灯片添加切换动画后，在"效果选项"中能选择更多切换效果。不同的切换动画具有不同的效果选项，"推入"切换动画有"自左侧""自右侧""自底部""自顶部"四种效果选项。

例如，李老师为第二页幻灯片添加"推入"切换动画后，又设置其"推入"方向为"自右侧"，如图7-2-4所示。

图7-2-4 自右侧"推入"效果

具体操作步骤如下：

设置动画效果。在"切换"选项卡中，单击【效果选项】下拉键，在其下拉菜单中选择【自右侧】，如图7-2-5所示。

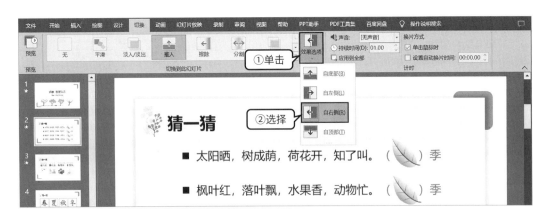

图7-2-5 设置动画效果

二、设置切换动画计时

（一）设置持续时间

设置切换动画持续时间即指定切换动画的时间长度。切换动画持续时间越长，幻灯片切换速度就越慢；反之，切换动画持续时间越短，幻灯片切换速度就越快。教师应合理设置持续时间，以达到舒缓和谐的切换效果。

例如，李老师为课件中第二页幻灯片添加"推入"切换动画后，默认的持续时间是 1 秒，李老师将该页幻灯片切换动画的持续时间设置为 2 秒。

具体操作步骤如下：

在"切换"选项卡的【持续时间】输入框中输入数字"2"，如图 7-2-6 所示，然后按下键盘上的【Enter】键。

图 7-2-6 设置动画持续时间

（二）设置切换声音

PowerPoint 自带很多声音样式，教师既可以从中选择，也可以从自己的资源库中导入声音文件作为幻灯片切换声音。

例如，李老师为课件中第二页幻灯片设置了切换声音"风铃"。

单击"切换"选项卡中的【声音】下拉键，在下拉菜单中选择【风铃】选项，如图 7-2-7 所示。

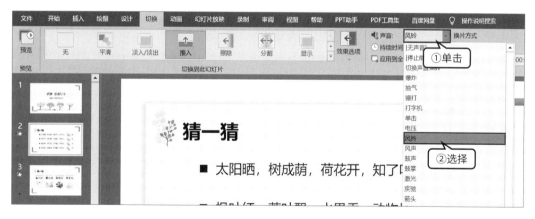

图 7-2-7 设置切换声音

当 PowerPoint 中没有合适的声音效果，操作者也可以从外部导入切换声音。

具体操作步骤如下：

单击"切换"选项卡中的【无声音】下拉键，在下拉菜单中选择【其他声音】选项，在弹出的对话框中单击"切换声音"音频文件，然后单击【确定】，如图 7-2-8 所示。

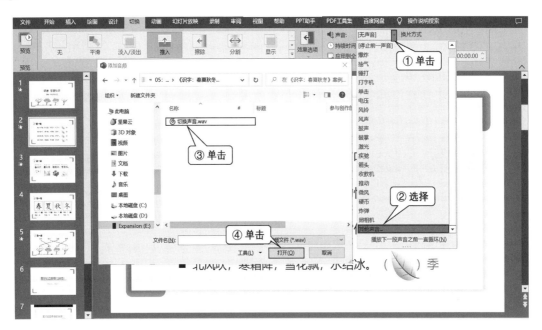

图 7-2-8 从外部导入切换声音

小贴士

从外部添加的幻灯片切换声音的音频格式必须是".wav"格式。此外，切换声音一般来说过于浮夸，建议少用或不用。

（三）设置换片方式

换片方式是指触发幻灯片进行切换的方式，具体有以下两种方式（如图 7-2-9 所示）：

- 单击鼠标时切换至下一页幻灯片；
- 设置自动换片时间后切换至下一页幻灯片。

图 7-2-9 换片方式

在幻灯片演示过程中，演讲者讲解每页幻灯片时一般不可能将时间把握得非常准确，所以不建议设置自动换片时间。但如果是展示类的幻灯片，则可以通过设置自动换片时间来达到自动放映的效果。

第七章　教学PPT动画设计

> **小贴士**

1. 统一应用切换效果

统一设置切换效果是指将当前幻灯片的切换、效果和计时设置应用于整个演示文稿。较之于逐张为所有幻灯片添加统一的切换动画，这种方法能有效节省时间。李老师想将课件第二页幻灯片的切换动画效果应用到全部幻灯片之中，具体操作步骤如下：

在PPT左侧缩略图中，选中设置了切换效果的第二页幻灯片，单击【切换】选项卡，单击【应用到全部】按钮，如图7-2-10所示。

图7-2-10　统一应用切换效果

2. 统一删除切换效果

李老师若对现有演示文稿的幻灯片切换效果不满意，统一删除比逐张删除更节省时间。具体操作步骤如下：

在PPT左侧缩略图中选中任一张幻灯片，单击【切换】选项卡，在"切换到此幻灯片"组中选择【无】，最后单击【应用到全部】按钮，如图7-2-11所示。

图7-2-11　统一删除切换效果

三、预览切换效果

为幻灯片添加切换动画后，应该立即预览切换效果，确保符合预期。预览幻灯片切换效果的方式有以下两种：

- 方式一：预览当前页切换效果；
- 方式二：预览演示文稿切换效果。

(一) 预览当前页切换效果

单击"切换"选项卡中的【预览】，即可预览当前页的切换动画效果，如图7-2-12所示。

图 7-2-12 预览当前页切换效果

(二) 预览演示文稿切换效果

单击【幻灯片放映】选项卡，在"开始放映幻灯片"组中选择【从头开始】或【从当前幻灯片开始】预览形式，如图7-2-13所示。

图 7-2-13 预览演示文稿切换效果

第八章 教学 PPT 视图与模板

本章彩图
扫码可看

学习目标

- 能灵活切换不同类型的演示文稿视图,并通过设置视图显示效果辅助编辑幻灯片;
- 举例说明母版版式的主要类型及其特点;
- 掌握自定义母版版式的操作,具体包括插入幻灯片母版、版式、占位符,设置版式样式和通用元素等;
- 掌握选用和设计 PPT 模板的基本操作。

知识图谱

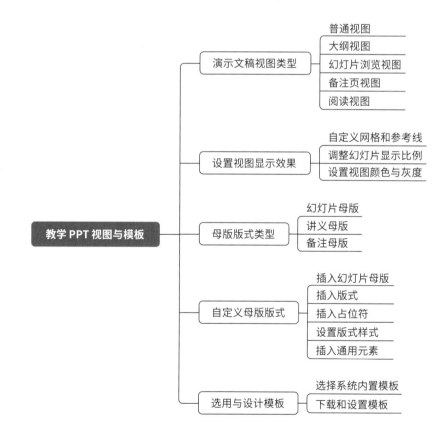

教学情境

李老师制作教学课件的效率比较低。在询问其制作课件的方法之后，我们才知道李老师不会使用母版来总体设计课件的版式，也不会使用已有的模板来制作课件，还不会切换不同的幻灯片视图来编辑幻灯片。若想要提高课件制作效率，请问李老师需要掌握哪些具体的操作呢？

案例效果图

第一节　演示文稿视图类型

在 PowerPoint 中，演示文稿视图的类型主要有：普通视图、大纲视图、幻灯片浏览视图、备注页视图和阅读视图。不同视图呈现的效果不同，且各有其查看优势。在"视图"选项卡的"演示文稿视图"组中可切换五种视图，如图 8-1-1 所示。

图 8-1-1　演示文稿视图类型

一、普通视图

普通视图是 Powerpoint 2019 中的默认视图，主要用于编辑幻灯片，包含幻灯片窗格、备注窗格和大纲窗格，界面分为标题栏、功能区、视图区、编辑区和状态栏五大区域，如图 8-1-2 所示。在大纲窗格中可以点击切换，查看每张幻灯片的内容和备注，移动、调整幻灯片的排列顺序。

图 8-1-2 普通视图

二、大纲视图

大纲视图能够将幻灯片中文本占位符里的文本内容显示在选项卡窗格左侧，而形状中添加的文本或单独创建的文本框添加的文本不能显示。大纲视图常应用于课件整体框架内容的查看与修改，教师直接在左侧大纲区域输入文字，相应的内容就会在右侧幻灯片里显示出来。单击【视图】选项卡，选择【大纲视图】按钮，即可打开大纲视图，如图 8-1-3 所示。

图 8-1-3 大纲视图

三、幻灯片浏览视图

在幻灯片浏览视图中，每张幻灯片都会以缩略图的形式在同一窗口中按幻灯片原有的顺序进行排列和显示，如图8-1-4所示。在这种视图模式下，教师可以方便地同时在屏幕上浏览演示文稿中的所有幻灯片。因此，幻灯片浏览视图适合用来全面审视演示文稿的设计风格和布局，也便于进行幻灯片的排序、批量删除或复制等编辑工作。

图8-1-4 幻灯片浏览视图

四、备注页视图

备注页视图主要用于编辑备注页的内容，页面上方为当前的幻灯片，是不可编辑的图片模式，页面下方是可输入备注内容的文本框，单击【视图】选项卡，选择【备注页】按钮，即可打开备注页视图，如图8-1-5所示。在备注框里输入相应的备注内容，回到常用的普通视图后，备注内容也会显示在相应的备注窗格中，如图8-1-6所示。

图8-1-5 选择备注页视图

图 8-1-6 备注页视图

五、阅读视图

阅读视图用于查看演示文稿的实际演示效果，如图 8-1-7 所示。单击阅读视图按钮后，窗口即会从首张幻灯片开始放映。创建演示文稿的过程中，可以利用该视图整体检查演示效果，便于对不满意的地方继续修改完善。

图 8-1-7 阅读视图

第二节　设置视图显示效果

用户还能对视图的显示效果进行设置。他（她）可以通过自定义网格和参考线来辅助调整幻灯片中的元素，还可以调整幻灯片的显示比例，以及设置视图的颜色与灰度。

一、自定义网格和参考线

当教师需要调整幻灯片中的文字、图片、视频等元素的位置时，网格和参考线可以辅助教师进行精确排版。

例如，李老师在修改第二张幻灯片时，想对齐幻灯片中的文本内容，具体操作步骤为：

单击【视图】选项卡，勾选【网格线】，版面中显示网格线后单击"显示"组的【对话框启动器】按钮；在弹出的"网格和参考线"对话框中，于"网格设置"微调框中调节"间距"为【每厘米5个网格】和【0.2厘米】，勾选【形状对齐时显示智能向导】，最后单击【确定】完成设置，如图8-2-1所示。

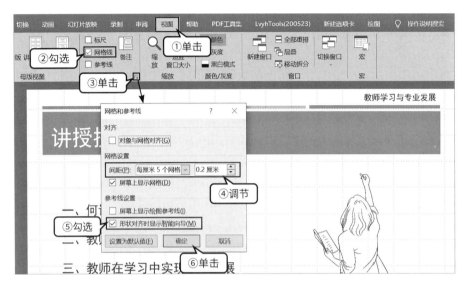

图8-2-1 设置网格线

鼠标移动右侧导航按钮进行排版时，借助网格线可轻松对齐，效果如图8-2-2所示。

图8-2-2 依据网格线排版

二、调整幻灯片显示比例

教师在编辑幻灯片的过程中，可以灵活调整幻灯片的显示比例，方便教师从整体和局部来编辑幻灯片内容。调整幻灯片的显示比例的方式有以下两种：

- 方式一:"视图"选项卡里的"缩放"按钮;
- 方式二:状态栏的缩放功能。

(一)"视图"选项卡里的"缩放"按钮

可以通过视图菜单的缩放功能实现幻灯片显示比例的调整,在缩放面板中可以将幻灯片页面按 33%、50%、66%、100% 或其他任意比例缩放。

单击【视图】选项卡,在"缩放"组中单击【缩放】按钮;在弹出的"缩放"对话框中单击勾选【33%】,再单击【确定】按钮,幻灯片被缩放至 33%,如图 8-2-3 所示。

单击【适应窗口大小】按钮,使幻灯片适应窗口的大小如图 8-2-4 所示。

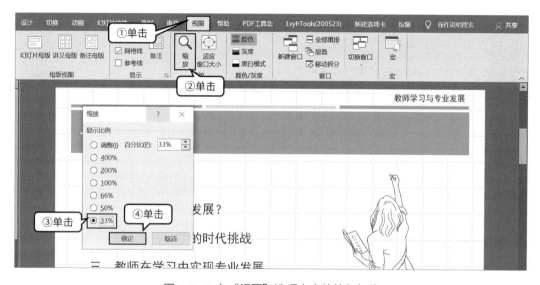

图 8-2-3 在"视图"选项卡中缩放幻灯片

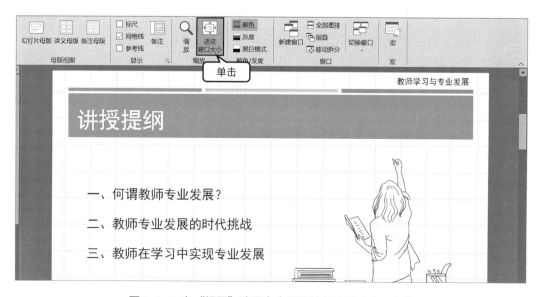

图 8-2-4 在"视图"选项卡中设置换灯片适应窗口大小

（二）状态栏的缩放功能

还可以在页面状态栏右下角滑动缩放条来实现幻灯片的缩放。

单击拖动页面右下角的【缩放条】，直至右侧的缩放级别为"50%"，效果如图 8-2-5 所示。

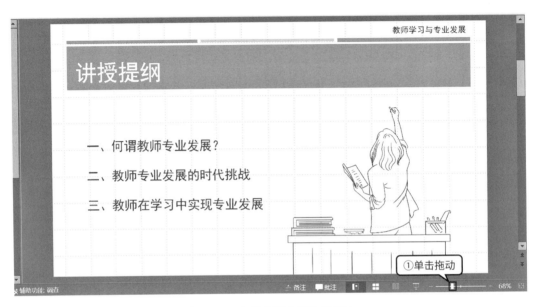

图 8-2-5 在状态栏中缩放幻灯片

单击状态栏最右侧的【适应窗口大小】按钮，即可按当前窗口大小调整幻灯片大小，效果如图 8-2-6 所示。

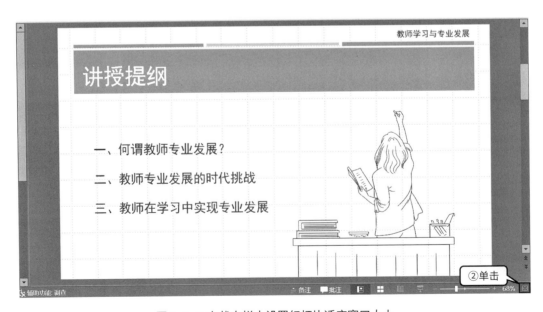

图 8-2-6 在状态栏中设置幻灯片适应窗口大小

三、设置视图颜色与灰度

颜色与灰度菜单栏常用于设置幻灯片的色调及亮度。"颜色"功能是通过色彩模式查看幻灯片,而"灰度"功能可以调节页面上所有对象的明亮程度,使用非彩色打印机时,可以使打印出来的图片、文字等对象更加清晰。

例如,李老师想使用打印机将制作完成的课件以黑白模式打印出来,为了避免打印的幻灯片太黑(如图8-2-7所示),李老师需要修改幻灯片的灰度成图8-2-8所示的效果,具体操作步骤为:

图 8-2-7 "黑色"样式

图 8-2-8 "黑中带灰"样式

单击【视图】选项卡,单击"颜色/灰度"组中的【灰度】选项,如图8-2-9所示。

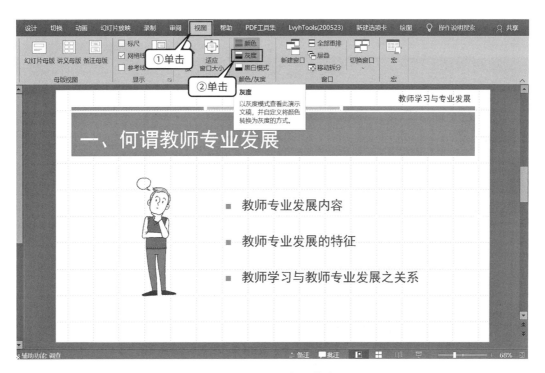

图 8-2-9 设置灰度模式

进入"灰度"选项卡，选中幻灯片中的图片对象，选择【黑中带灰】样式，单击【返回颜色视图】按钮，即可切换回彩色模式，最后单击【文件】选项卡，如图8-2-10所示。

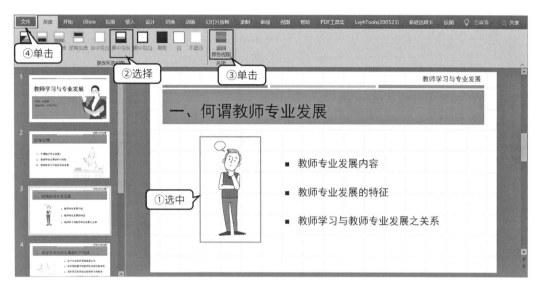

图 8-2-10 选择"黑中带灰"样式

在弹出页面的左侧菜单中单击【打印】选项，在打印设置页面中单击【灰度】，再单击【打印】按钮，即可打印已设置好的灰色模式幻灯片，如图8-2-11所示。

图 8-2-11 打印幻灯片

第三节　母版版式类型

在 PowerPoint 中，母版的作用是统一幻灯片的版式设计。母版版式类型有：幻灯片母版、讲义母版和备注母版，通过"视图"选项卡里的"母版视图"组即可切换母版视图，如图 8-3-1 所示。

图 8-3-1　母版视图

一、幻灯片母版

幻灯片母版是存储模板信息的幻灯片，可以统一演示文稿的形式，包括字体、颜色、占位符大小或位置、背景设计和配色方案等，如图 8-3-2 所示。

图 8-3-2　幻灯片母版功能栏

在幻灯片母版视图左侧的缩略图中（如图 8-3-3 左侧白框所示），第一页是"母版式"，其下方的都是"子版式"。在母版式中添加的任何元素都会出现在子版式中，而在子版式中添加的元素需要在"开始"选项卡的"版式"中予以选择后才会显示。幻灯片母版版式中共有标题、文本、日期、幻灯片编号、页脚与占位符五种元素，如图 8-3-4 所示。

二、讲义母版

讲义母版是存储讲义外观模板信息的页面，如图 8-3-5 所示，在讲义母版中可以预览和编辑页眉、页脚和页码等信息。打印演示文稿，即按讲义的格式来打印演示文稿（页面可以设置成包含一、二、三、四、六或九张幻灯片）。例如，李老师想以每张A4纸显示6页幻灯片的方式打印课件，如图8-3-6所示。

图8-3-3 幻灯片母版视图缩略图

图8-3-4 母版版式占位符

图8-3-5 讲义母版

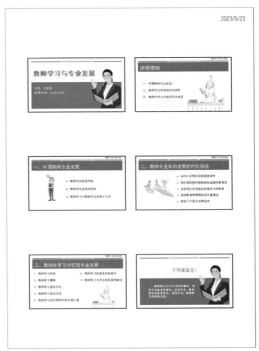

图8-3-6《教师学习与专业发展》讲义母版

具体操作步骤如下：

在"讲义母版"选项卡中，单击【每页幻灯片数量】下拉键，在其下拉菜单中选择【6张幻灯片】，单击【关闭母版视图】，如图8-3-7所示。

第八章　教学PPT视图与模板

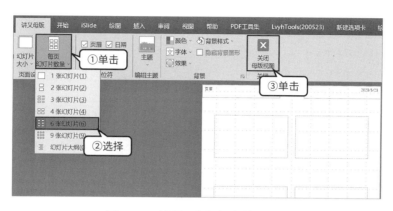

图 8-3-7　设置6张幻灯片讲义母版

单击左侧菜单中的【打印】选项，在打印设置界面中单击【6张水平放置的幻灯片】，再单击【打印】按钮，即可以设定好的讲义母版形式打印出演示文稿，如图8-3-8所示。

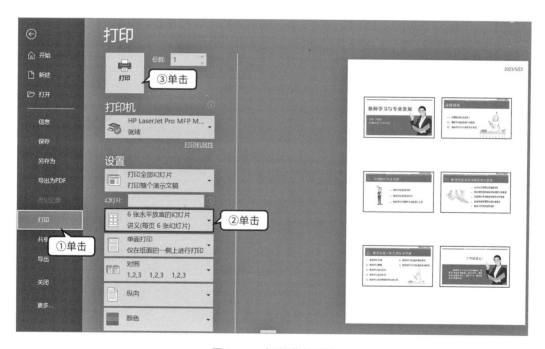

图 8-3-8　打印讲义母版

三、备注母版

备注母版是存储和备注了视图外观模板信息的页面，如图8-3-9所示。备注母版中可以设置主题样式、幻灯片大小、插入日期、幻灯片图像、页眉页脚等信息。页面中包含一张幻灯片的母版样式和一个备注输入母版框，幻灯片的内容为观众可见，而备注页中的内容只有演讲者可查看。

图 8-3-9 备注母版

打印演示文稿时可按备注视图的格式打印演示文稿，具体操作步骤如下：

在"备注母版"选项卡中，单击【备注页方向】下拉键，在其下拉菜单中选择【横向】选项，扩大备注页版面，再单击【关闭母版视图】，如图 8-3-10 所示。

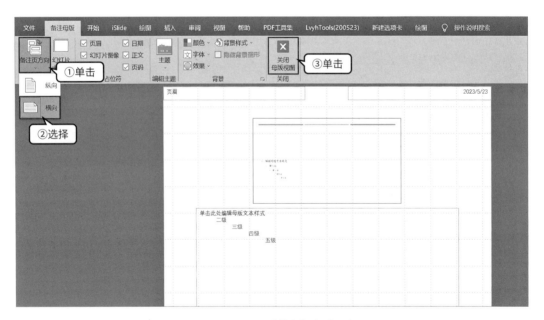

图 8-3-10 设置"横向"备注母版

单击左侧菜单中的【打印】选项，在打印设置页面中单击【备注页】选项，再单击【打印】按钮，即可选择已设定好的备注母版形式打印出演示文稿，如图 8-3-11 所示。

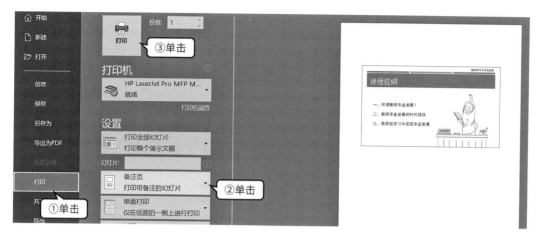

图 8-3-11 打印备注母版

第四节 自定义母版版式

PowerPoint 中提供了常规的母版版式供教师使用，教师也可以根据实际需求自行设计演示文稿的母版版式，具体操作包括插入幻灯片母版、插入版式、插入占位符、设置版式样式以及插入通用元素。

一、插入幻灯片母版

在 PowerPoint 中插入幻灯片母版，即可创建用户自定义的母版样式，插入的母版无背景样式，但包含默认的版式。插入幻灯片母版的具体操作步骤如下：

在"幻灯片母版"选项卡中，单击"编辑母版"组中的【插入幻灯片母版】，如图 8-4-1 所示。

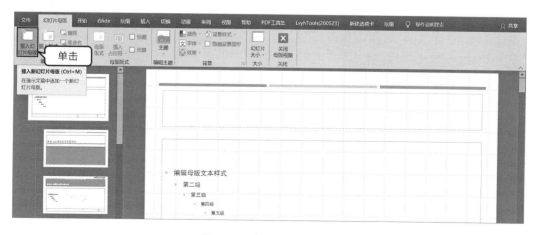

图 8-4-1 插入幻灯片母版

在母版视图中可以自行整理母版界面。可以鼠标选中左侧预览板式，按键盘上的【delete】键，按需将多余无用板式删除，并删除模板里自动放入的文字。

小贴士

整理完母版后，要记得设置PPT的尺寸，否则会导致打印时出现尺寸不对的问题。打印建议设置尺寸为"A3/A4横版"，投影仪建议设置为"4∶3"，电脑/web建议设置为"16∶9"。

二、插入版式

插入幻灯片母版后，窗口左侧的缩略图窗格中已经新建了相关的幻灯片版式，常见的版式类型包括：标题幻灯片版式、标题和内容版式、节标题版式、两栏内容版式、空白版式等。若要再创建一页新的幻灯片版式，则需要使用插入版式功能。具体操作步骤如下：

在"幻灯片母版"选项卡中，单击【插入版式】选项，单击窗口左侧缩略图窗格中最后一页幻灯片，编辑区中显示的即为新插入的版式，如图8-4-2所示。

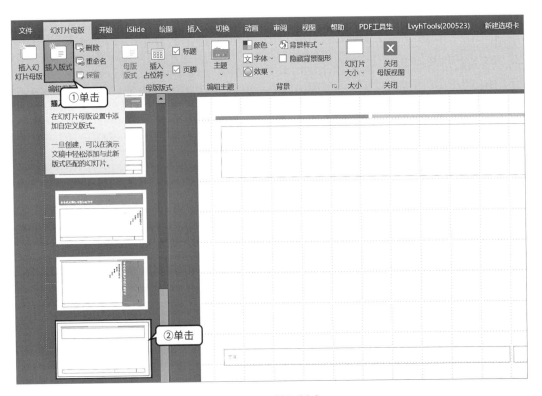

图8-4-2 插入版式

新插入的版式中包括标题占位符、页眉、页脚三个内容。关闭母版视图后，切换到"普通视图"，单击【开始】选项卡，选中【新建幻灯片】，即可选用新建的版式，如图 8-4-3 所示；然后单击【幻灯片版式】的下拉菜单，即可将当前的版式按需更换为新建版式，如图 8-4-4 所示。

图 8-4-3 新建目标版式幻灯片

图 8-4-4 更换幻灯片版式

三、插入占位符

PPT 的占位符包括内容、文本、图片、图表、表格、SmartArt、媒体、联机图像等类型，其作用是规划幻灯片的版面结构，为文本、图像和表格等预留位置，等待后期添加内容。下面以"一、何谓教师专业发展"页为例，介绍插入占位符的方法，具体操作步骤如下：

在"幻灯片母版"选项卡中，单击【插入占位符】下拉键，在其下拉菜单中选择【内容】选项，在幻灯片中按住鼠标左键拖动绘制一个内容占位符，如图 8-4-5 所示。最终效果如图 8-4-6 所示。

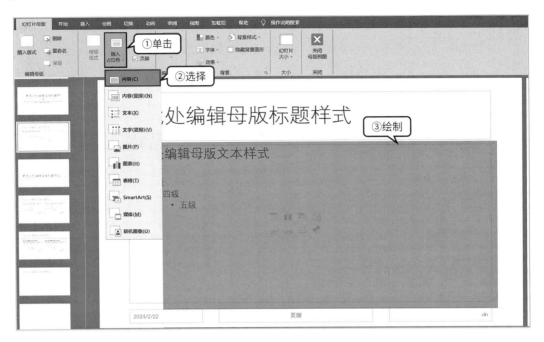

图 8-4-5 插入内容占位符

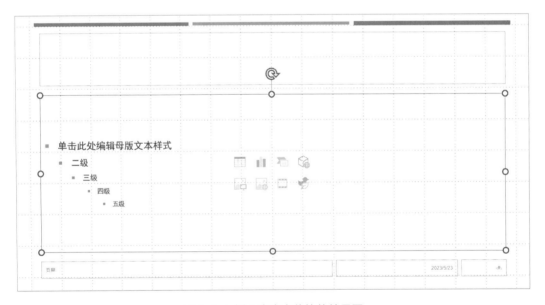

图 8-4-6 插入内容占位符的效果图

四、设置版式样式

为了统一幻灯片的颜色主题和字体效果,需要为新插入的版式设置版式样式,具体操作步骤如下:

在"幻灯片母版"选项卡中,单击【颜色】下拉键,在其下拉菜单中选择【蓝绿色】样式,为新插入的版式设置主题颜色,如图 8-4-7 所示。

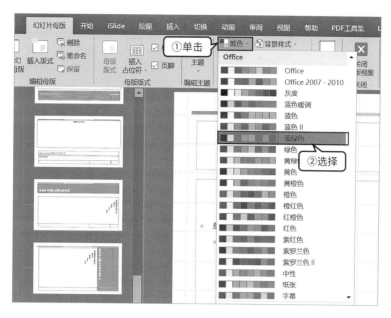

图 8-4-7 设置主题颜色

再次单击【字体】下拉键,在其下拉菜单中选择【黑体】样式,为新插入的版式设置字体样式,如图 8-4-8 所示。

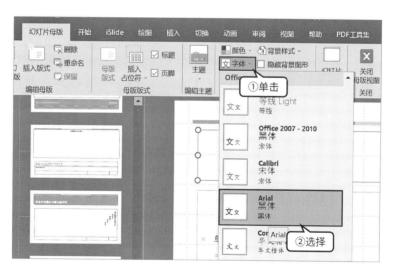

图 8-4-8 设置字体样式

选中标题【矩形框】,单击【形状格式】选项卡,单击【形状填充】下拉键,在其下拉菜单中选择【水绿色】,为矩形框添加与主题相似色系的背景颜色,如图 8-4-9 所示。

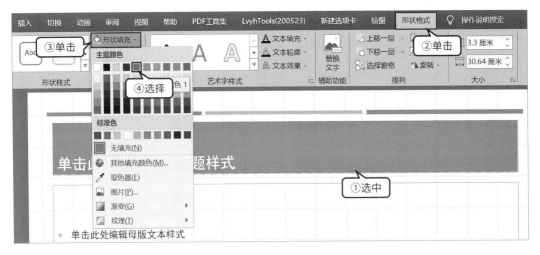

图 8-4-9 更改形状颜色

如图 8-4-10 所示,选中标题【矩形框】,单击【开始】选项卡,单击【字体颜色】按钮,更改字体颜色为"白色"。最终效果如图 8-4-11 所示。

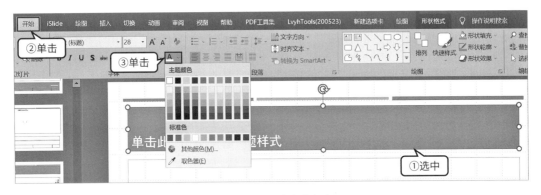

图 8-4-10 更改字体颜色

图 8-4-11 设置版式样式的效果图

五、插入通用元素

教师在制作课件时，可以借助母版的特性，将一些需要在每页幻灯片中显示的通用元素提前设置在母版的版式中，例如课程名称、项目名称等信息。如图 8-4-12 所示，在幻灯片母版的内容页版式右上角插入课程名称"教师学习与专业发展"，可使后续新建的所有内容页幻灯片在同一位置展示课程名称。

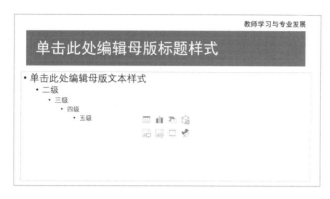

图 8-4-12 插入通用元素的效果图

具体操作步骤如下：

在母版视图中，定位到自定义版式幻灯片，单击【插入】选项卡，单击【文本框】下拉键，在其下拉菜单中选择【绘制横排文本框（H）】，输入文字"教师学习与专业发展"，将其拖动至幻灯片右上角，如图 8-4-13 所示。设置字体为"黑体"，字号为"24"，字体颜色为"黑色"。

图 8-4-13 设置通用文本样式

在普通视图中，单击【开始】选项卡，单击【新建幻灯片】下拉键，在其下拉菜单中选择新建的【自定义版式】，如图 8-4-14 所示，新建的幻灯片的右上角呈现课程名称。

图 8-4-14 选用自定义版式

第五节 选用与设计模板

在 PowerPoint 中，幻灯片模板指幻灯片母版样式已设计完成且具有一定风格特色的演示文稿。用户可选择使用 PowerPoint 中的内置模板，也可以直接下载网络上的模板来使用，还可以将下载的模板根据需求进行再次加工后使用。

一、选择系统内置模板

PowerPoint 软件内置的模板来自微软网站，涵盖了多种主题风格，能满足教师的常规制作需求。例如，李老师想下载 PowerPoint 中有关教学主题的内置模板使用，具体操作步骤如下：

打开 PowerPoint 软件，单击【文件】选项卡，在左侧菜单中单击【新建】选项，在【新建】界面的搜索框中输入"教学"，如图 8-5-1 所示。

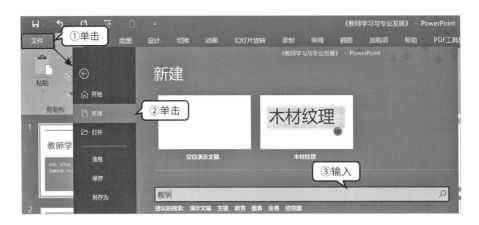

图 8-5-1 搜索系统内置模板

第八章 教学 PPT 视图与模板

在"新建"界面的模板列表中单击【教育主题演示文稿,黑板插图设计】模板,如图 8-5-2 所示;在弹出的窗口中单击【创建】按钮,如图 8-5-3 所示。

图 8-5-2 选择系统内置模板

图 8-5-3 创建系统内置模板

小贴士

系统内置模板除了可在"文件"选项卡中选择外,还可在"设计"选项卡中选择,如图 8-5-4 所示。

图 8-5-4 "设计"选项卡中的系统内置模板

二、下载和设置模板

PowerPoint 内置的模板数量和样式都很有限，用户还可以通过网络下载的方式选用模板。例如，李老师想下载有关文化相关的模板以备后续使用，下面以第一PPT网中下载模板为例，介绍其具体操作步骤。

（一）网络下载模板

打开第一PPT网（https://www.1ppt.com/），单击导航中的【PPT模板】选项，如图 8-5-5 所示；在新跳转的页面中单击想要的模板，如图 8-5-6 所示。

图 8-5-5 打开第一PPT网的"PPT模板"界面

图 8-5-6 选择模板

在新弹出的页面中单击【点击进入第一PPT素材下载页面】，如图 8-5-7 所示；随即在弹出的窗口中单击其中一个下载通道（如图 8-5-8 所示），即可下载模板。

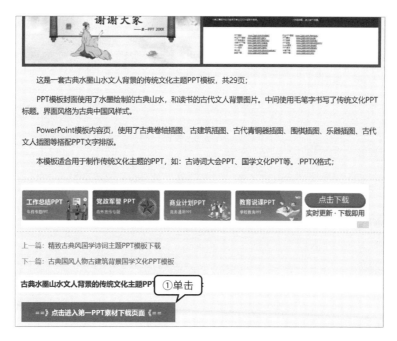

图 8-5-7 进入下载页面

图 8-5-8 选择下载通道

双击文件夹中下载好的 PPT 模板（如图 8-5-9 所示），即可编辑使用该模板。在 PowerPoint 中将其打开的界面如图 8-5-10 所示。

图 8-5-9 打开模板文件

图 8-5-10 在 PPT 中打开模板的效果图

（二）编辑网络下载模板

网络上下载的模板，可能存在不完全符合使用者要求或者照搬使用会与他人雷同的现象，这就需要对下载的模板再次加工，使其拥有个人的特色。常见的加工方法有改变外形，如：添加图片形状、修改背景样式等。下面以第一PPT网下载的模板为例讲解如何修改背景样式，具体操作步骤如下：

打开PPT模板后，单击【设计】选项卡，单击【设置背景格式】按钮；在右侧弹出的"设置背景格式"窗口中，单击勾选【隐藏背景图形】和【图片或纹理填充】，再单击【插入】按钮，在弹出的"插入图片"窗口中选择【来自文件】，如图8-5-11所示。

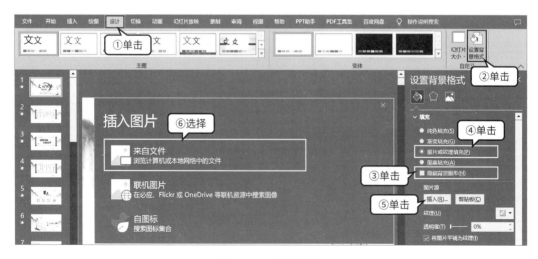

图 8-5-11 插入图片

在弹出的对话框中单击"背景"图片，再单击【打开】，如图 8-5-12 所示。

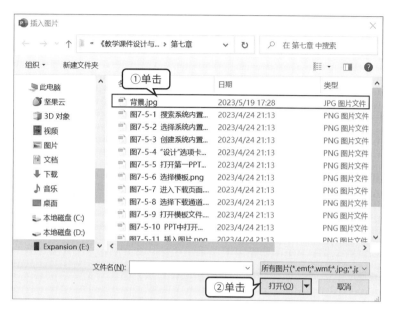

图 8-5-12 选择目标图片

在"设置背景格式"窗口中单击【应用到全部】按钮，即可更换所有幻灯片的背景图片，将封面页的标题移动至正中，如图 8-5-13 所示，随后按照需求修改标题名称即可。

图 8-5-13 设置幻灯片背景图应用到全部

本章彩图
扫码可看

第九章　教学 PPT 的审阅

学习目标

- 举例说明演示文稿中文本内容校对的方法和相应的步骤；
- 能为指定的文本内容添加外国语言翻译或繁体中文；
- 能为幻灯片添加批注，并能自主查阅、删除、显示或隐藏批注；
- 审阅幻灯片的修订结果，能够利用接受修订和拒绝修订功能来优化幻灯片的设计。

知识图谱

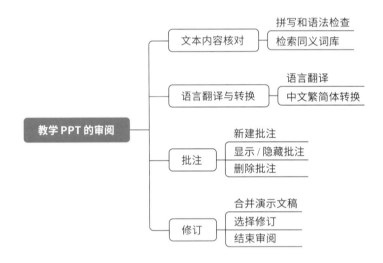

教学情境

　　孙老师正在制作一份教学 PPT，主要内容是介绍国际交流的打招呼用语以及一些国家的名胜景点，其中涉及法语、德语、英语等外国语言的翻译，考虑到教学对象中包含港台学生，因此也涉及中文繁简体的转换。为了让演示文稿更加完善，他还邀请其他同事帮助共同修订。PowerPoint "审阅"选项卡中的 "校对" "翻译" "中文繁简体转换"以及 "批注" "修订"功能可以帮助孙老师提高课件制作效率，孙老师具体该如何操作呢？

第九章　教学 PPT 的审阅

📺 **案例效果图**

第一节　文本内容校对

教学 PPT 审阅中最基本的操作就是文本内容校对，即对课件中的内容进行拼写和语法检查，通过检索同义词库选择更确切的文字表达。

一、拼写和语法检查

PowerPoint 提供了拼写和语法检查的功能，可以自动检查文本中的拼写错误和语法错误，有效提高课件内容的校对效率。拼写和语法检查的具体操作步骤如下：

单击【审阅】选项卡，单击【拼写检查】，如图 9-1-1 所示。PowerPoint 在检查完毕后会在右侧显示"拼写检查"操作栏，并跳转到出现拼写错误的对应页面，在本案例中孙老师误把"法国"的英文"France"拼写成"Frence"，如图 9-1-2 所示。

图 9-1-1　检查演示文稿中的拼写错误

193

图 9-1-2 拼写检查的结果

在右侧"拼写检查"操作栏中，选择正确的更改选项并单击【更改】，即可更正错误，如图 9-1-3 所示。

图 9-1-3 更正错误

小贴士

如果某种特殊拼写方式被 PowerPoint 认为拼写错误，教师单击【忽略】按钮，即可保留原来的拼写方式。

如果演示文稿中没有出现拼写错误，此时 PowerPoint 会弹出窗口，告知教师"拼写检查已完成"，如图 9-1-4 所示。

图 9-1-4 拼写检查已完成

二、检索同义词库

PowerPoint 还提供了同义词库，教师可以利用该功能选择其他多种表达方式。例如孙老师在编辑文本时，觉得"tall"这个单词不合适，就可以用同义词库检索功能，选择其他更加贴切的表达方法。检索同义词库的具体操作步骤如下：

在幻灯片中选中想要检索的原词"tall"，单击【审阅】选项卡，在"校对"组单击【同义词库】，如图 9-1-5 所示；PowerPoint 检索完毕后的结果会显示在右侧"同义词库"操作栏中，如图 9-1-6 所示。

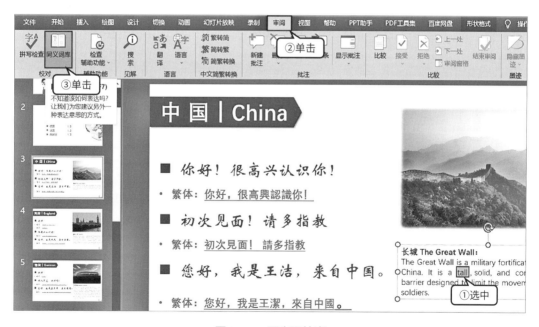

图 9-1-5 同义词检索

将鼠标移动到所选定的同义词上，如"high"，然后单击右侧下拉键并选择【插入】，如图 9-1-7 所示；此时原词"tall"即被替换为另一种表达方式"high"，如图 9-1-8 所示。

图 9-1-6 同义词检索后的结果　　　　图 9-1-7 插入同义词检索结果

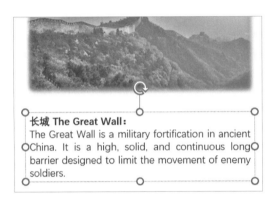

图 9-1-8 同义词替换

第二节　语言翻译与转换

PowerPoint 还提供语言翻译与转换功能，帮助用户快速实现不同语言之间的转换以及中文繁简体之间的转换。

一、语言翻译

PowerPoint 自带翻译功能，并且内置英、法、西、德等多门外国语言，可以快速实现不同语言之间的翻译。例如孙老师利用该功能直接将 PPT 中的中文翻译为不同国家的语言，提高了课件制作效率。语言翻译的具体操作步骤如下：

选中想要翻译的原词"你好"，单击【审阅】选项卡，单击【翻译】，在右侧"翻译工具"栏中单击【目标语言】下拉键，选择翻译目标语言【法语】，最后单击【插入】，如图 9-2-1 所示，即可完成翻译。效果如图 9-2-2 所示。

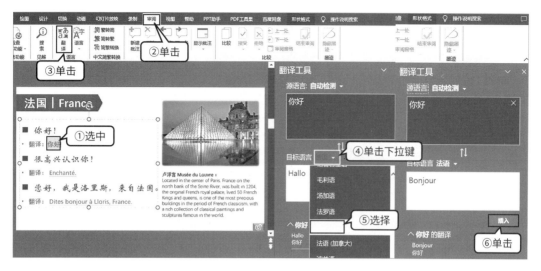

图 9-2-1 选择翻译目标语言

图 9-2-2 翻译效果

二、中文繁简体转换

针对汉语,PowerPoint 还提供了"中文繁简体转换"的功能,教师可以利用该功能轻松将一段中文简体字文本转化为中文繁体字文本,最终效果如图 9-2-3 所示。中文繁体转换的具体操作步骤如下:

选中需要转化为繁体的原文本"你好,很高兴认识你",单击【审阅】选项卡,在"中文简繁转换"组中单击【简转

图 9-2-3 简体转为繁体后的效果

繁】，如图 9-2-4 所示。

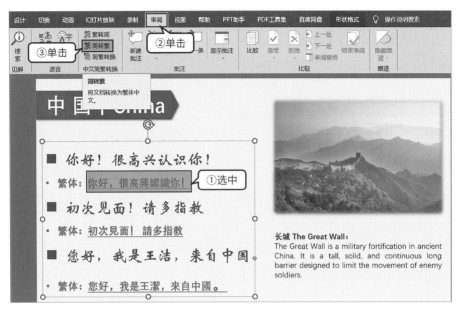

图 9-2-4 简体转繁体操作过程

小贴士

如果想要从繁体转换为简体，单击【繁转简】即可实现。

第三节 批注

在教学 PPT 的审阅中，PPT 还提供添加批注的功能，可以帮助用户进行意见反馈或备注提醒。

一、新建批注

批注是审阅 PPT 中所创建的反馈或备注，常用于针对演示文稿提出修改意见。新建批注的具体操作步骤如下：

在幻灯片中选中想要新建批注的对象"How do you do"，单击【审阅】选项卡，在"批注"组中单击【新建批注】，如图 9-3-1 所示；在右侧"批注"操作窗口中输入批注内容"保留一处'你好'的翻译就足够了"，如图 9-3-2 所示。

当批注新建完成后，被批注的位置会显示对话框形状的【批注】按钮，如图 9-3-3 所示。该按钮只会出现在演示文稿的编辑页面中，当演示文稿处于播放状态时该按钮会消失。

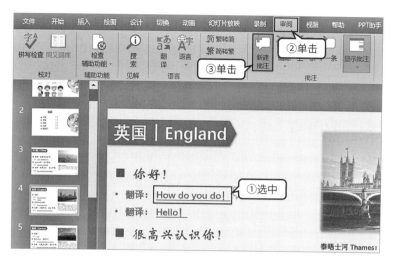

图 9-3-1 选择批注对象并新建

图 9-3-2 输入新批注内容

图 9-3-3 出现批注按钮

小贴士

当"批注"操作窗口打开后,后续可以单击新建按钮 继续新建批注。

二、显示/隐藏批注

新建的批注默认隐藏了批注内容，需要教师自己打开批注内容。

（一）显示批注

显示批注的方法较为灵活，本节中为教师列举三种显示批注的方法，如表9-3-1。任意一种都可以打开右侧的"批注"操作栏并查看对应批注，教师可以根据实际情况采用。

表9-3-1 显示批注方法

方法	图示
单击PowerPoint底部【批注】按钮	方法一
切换至"审阅"选项卡，在"批注"组中单击【显示批注】按钮。	方法二
单击幻灯片页面中的【批注】按钮。	方法三

小贴士

一页幻灯片中或者整个演示文稿中可能存在多个批注。除了以上方法外，教师还可以通过点击【审阅】选项卡中或右侧"批注"操作窗口中的【上一条】或【下一条】按钮来查看各条批注，如图9-3-4所示。

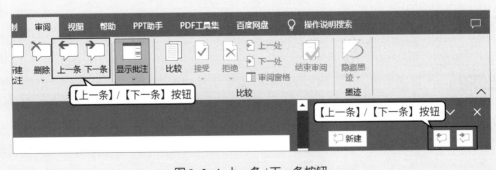

图9-3-4 上一条/下一条按钮

（二）隐藏批注

隐藏批注的操作步骤具体如下：

单击【审阅】选项卡，单击【显示批注】下拉键，取消勾选【显示标记】，如图 9-3-5 所示。

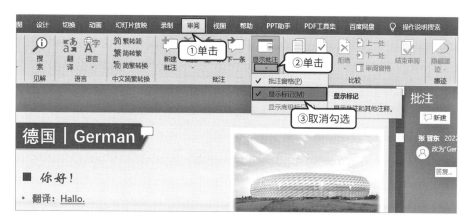

图 9-3-5 隐藏批注操作

三、删除批注

教师在阅读完批注内容或按照批注的内容完成教学 PPT 的修订后，可将批注删除，使编辑界面更加整洁。删除批注的具体操作步骤如下：

单击需要删除的批注按钮，单击【审阅】选项卡，在"批注"组中单击【删除】下拉键，单击【删除】即可删除所选中的批注，如图 9-3-6 所示。若需删除本页所有批注，完成①至③步之后，单击【删除幻灯片上的所有批注】即可。

图 9-3-6 删除批注

> **小贴士**
>
> 右击【批注】按钮，选择【删除批注】也可以将批注删除，如图 9-3-7。

图 9-3-7 右击删除批注

第四节　修订

当课件被其他人修改之后，用户可以通过合并原版演示文稿和修改后的演示文稿来快速了解有哪些内容被更改，审阅并判断是否接受这些修订结果。

一、合并演示文稿

合并修改前后演示文稿的具体操作步骤如下：

打开原版未修订的演示文稿后，单击【审阅】选项卡，在"比较"组中单击【比较】按钮，在弹出的窗口中选择修订后的演示文稿，单击【合并】，如图 9-4-1 所示。

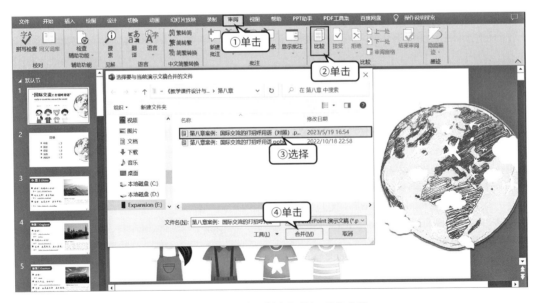

图 9-4-1 合并原版本与修订后的文稿

这时两个版本的演示文稿会合并成一份包含修订内容的完整演示文稿，修订的内容包含两类，分别是【幻灯片更改】和【演示文稿更改】。前者包含任意一张幻灯片中的修改内容，如文本的增删、图片的调整或者字体的变更等，而后者是哪些幻灯片在整个演示文稿中被添加或删除。如图9-4-2所示，在右侧"修订"操作窗口中可以观察到，在该张幻灯片中并未出现修订内容，整个演示文稿中也未出现添加或删除幻灯片。在此基础上教师可以继续完成"接受修订""拒绝修订"以及"结束审阅"的操作。

图9-4-2 修订内容分类及其显示方式

二、选择修订

将原版演示文稿和修订后的演示文稿合并后，教师可依次查看修订意见，选择同意修订或拒绝修订。

（一）同意修订

当同意修订内容时，即可选择接受修订，对原演示文稿进行优化。接受修订的具体操作步骤如下：

单击【审阅】选项卡，在"比较"组中单击【审阅窗格】按钮；选中修订条目，PowerPoint会自动跳转到对应对象的所在位置；勾选【删除","】和【插入"！"】修订痕迹条目，如图9-4-3所示，"文本框13"中的文本内容"你好，很高兴认识你！"即被替换为"你好！很高兴认识你！"。

图 9-4-3 接受修订

（二）拒绝修订

拒绝修订的具体操作步骤如下：

若想更改已接受的修订，单击【审阅】选项卡，在"比较"组中单击【审阅窗格】按钮，选中修订条目，取消勾选【删除","】和【插入"！"】修订痕迹条目，如图 9-4-4 所示。若不接受任何修订，保持原稿件内容，则不进行如图 9-4-4 的操作。

图 9-4-4 拒绝修订

三、结束审阅

当审阅完所有的修订内容后，此时经过修订的演示文稿已经较为完善，可以选择结束审阅工作，返回到幻灯片的一般编辑模式。结束审阅的具体操作步骤如下：

单击【审阅】选项卡，在"比较"组中单击【结束审阅】按钮，在弹出窗口中单击【是】，如图 9-4-5 所示。

第九章 教学PPT的审阅

图9-4-5 结束审阅

205

第十章　教学 PPT 的播放

学习目标

- 掌握教学 PPT 的不同放映方式；
- 学会选择教学 PPT 的放映类型和范围，并能为幻灯片选择合适的推进方式；
- 掌握幻灯片录制和屏幕录制方法去录制教学 PPT 的演示过程；
- 学会应用教学 PPT 播放界面中的交互操作辅助授课。

知识图谱

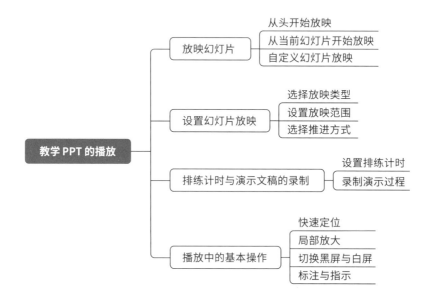

 教学情境

陈老师已制作完成《做情绪的主人》的课件。在上课之前，陈老师需要提前了解每张幻灯片的讲解时间；根据不同班级的上课进度，陈老师需要设置不同的放映范围；在讲课的过程中，陈老师需要用一些工具进行指示、标注幻灯片。针对以上需求，陈老师需要掌握哪些 PPT 的播放技巧？

案例效果图

第一节　放映幻灯片

不同的教学场景对幻灯片的播放要求不同，因此幻灯片的放映要根据教学场景的需求灵活设置。

如图 10-1-1 所示，放映幻灯片的方式有三种，分别是：

- 方式一：从头开始放映；
- 方式二：从当前幻灯片开始放映；
- 方式三：自定义幻灯片放映。

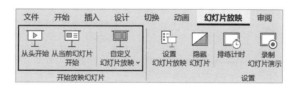

图 10-1-1　PowerPoint 放映方式

一、从头开始放映

从头开始放映幻灯片是指从第一张幻灯片开始放映。选择这种放映方式后，无论当前界面位于哪一张幻灯片，系统都会直接从第一页幻灯片开始放映。从头开始放映幻灯片的具体操作步骤如下：

单击【幻灯片放映】选项卡，单击"开始放映幻灯片"组中的【从头开始】选项，如图 10-1-2 所示。

图 10-1-2 设置从头开始放映

二、从当前幻灯片开始放映

从当前幻灯片开始放映是指从当前界面所展示的幻灯片位置开始放映。当教师修改某页幻灯片后想直接查看该页的播放效果即可选择该方式。从当前幻灯片开始放映的具体操作步骤如下：

单击第 2 页幻灯片，单击【幻灯片放映】选项卡，单击"开始放映幻灯片"组中的【从当前幻灯片开始】选项，如图 10-1-3 所示。此时 PPT 会从鼠标所处位置，即第 2 张幻灯片开始放映。

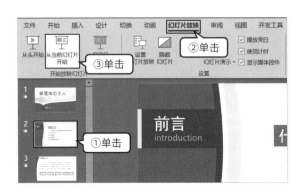

图 10-1-3 设置从当前幻灯片开始放映

三、自定义幻灯片放映

自定义放映是指用户根据教学的需求或自己的意愿，相对灵活自主地设定幻灯片的放映方式。它可以将演示文稿中的所有幻灯片进行重组，无须新建幻灯片就可以生成新的放映内容组或放映顺序。自定义放映幻灯片的具体操作步骤如下：

单击【幻灯片放映】选项卡，单击"开始放映幻灯片"组中的【自定义幻灯片放映】选项，单击【自定义放映】按钮，如图 10-1-4 所示。

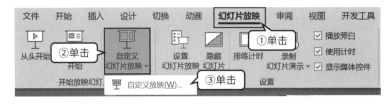

图 10-1-4 打开"自定义放映"对话框

在弹出的"自定义放映"对话框中单击【新建】按钮，随后在弹出的"定义自定义放映"对话框中的"幻灯片放映名称"后的文本框中输入放映名称，在"在演示文稿中的幻灯片"列表框中勾选【3.幻灯片3】，再单击【添加】按钮，将其添加到右侧的"在自定义放映中的幻灯片"列表框，继续将"2.幻灯片2"和"1.幻灯片1"添加到右侧的"在自定义放映中的幻灯片"列表框，最后单击【确定】按钮即可。如图10-1-5所示。

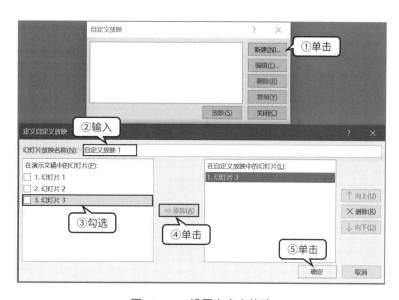

图10-1-5 设置自定义放映

返回"自定义放映"对话框，此时文本框中显示了新建的幻灯片放映名称"自定义放映1"，单击【放映】按钮预览幻灯片，如图10-1-6所示。

图10-1-6 放映预览幻灯片

小贴士

自定义幻灯片顺序：在"自定义放映中的幻灯片"列表框中可以通过【删除】、【向上】或【向下】继续调整幻灯片的顺序，如图10-1-7所示。

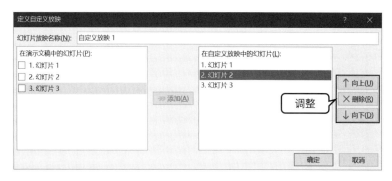

图 10-1-7 自定义幻灯片顺序

第二节　设置幻灯片放映

教师不仅可以灵活选择幻灯片放映的起始位置，而且可以对幻灯片的放映类型、放映范围进行设置，还可以选择幻灯片的推进方式。本节将从这三方面详细介绍设置幻灯片放映的方法。

一、选择放映类型

幻灯片放映类型有三种，分别是演讲者放映（全屏幕）、观众自行浏览（窗口）和在展台浏览（全屏幕），如图 10-2-1 所示。三者的介绍具体如表 10-2-1 所示。

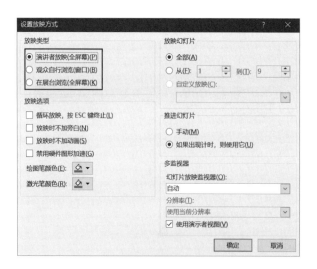

图 10-2-1 "设置放映方式"对话框

表 10-2-1 放映方式

放映方式	使用情境	放映特点	效果图
演讲者放映（全屏幕）	系统默认的放映类型，主要用于演讲者亲自播放演示文稿。	幻灯片放映时呈全屏显示，演讲者具有完全的控制权，可以选择手动或自动的方式切换幻灯片，还可以进行暂停、回放、录制旁白以及添加标记等操作。	
观众自行浏览（窗口）	适用于小规模演示，例如个人通过局域网络进行预览等。	演示文稿在标准窗口中放映，观众可以通过提供的菜单进行移动、编辑、复印和打印幻灯片的操作；虽然不能通过单击鼠标放映，但可以通过鼠标滚动或单击幻灯片左下方的切换按钮来放映幻灯片。	
在展台浏览（全屏幕）	是一种自动全屏循环放映的放映方式，需要与"排练计时"搭配使用。	自动播放的时间将与排练计时的时间一致。在此种放映方式下，教师无法对幻灯片进行操作，只能通过按下键盘上的【Esc】键来控制放映的结束。	

二、设置放映范围

在放映幻灯片时，如果只需选择某个范围内的幻灯片进行播放，可利用 PowerPoint 提供的"设置放映方式"来实现，如图 10-2-2 所示。

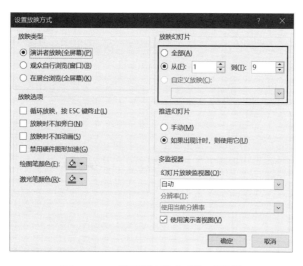

图 10-2-2 "设置放映方式"对话框

设置放映范围的具体操作步骤如下：

单击【幻灯片放映】选项卡，单击"设置"组中的【设置幻灯片放映】选项。弹出"设置放映方式"对话框，在"放映幻灯片"栏中选择【"从……到……"】左侧的单选按钮，选择数值框的范围为【1-5】，单击【确定】按钮即可，如图 10-2-3 所示。

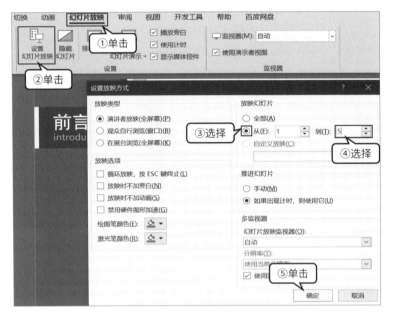

图 10-2-3 选择幻灯片放映范围

三、选择推进方式

推进幻灯片即切换幻灯片有两种方式，分别是"如果出现计时，则使用它"和"手动"。如图 10-2-4 所示。二者的介绍具体如表 10-2-2 所示。

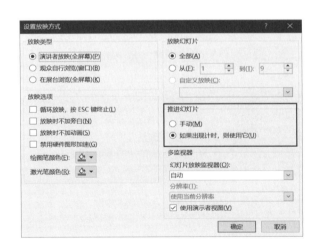

图 10-2-4 "设置放映方式"对话框

表 10-2-2 推进方式

推进方式	放映特点
如果出现计时，则使用它	需提前设定幻灯片内容的出现时间，幻灯片将按照设定时间出现，无须人为触发。
手动	通过鼠标单击幻灯片，完成动画、视频的播放，以及幻灯片的放映。

第三节　排练计时与演示文稿的录制

本节介绍演示文稿的排练计时与录制功能。排练计时可以用于演示文稿录制，方便学生自学。录制功能可以将课件的演示过程、演讲者的旁白、激光笔手势等同时录制下来，并保存为视频文件。

一、设置排练计时

PowerPoint 提供的"排练计时"功能是实现课件自动播放的工具，常见于需要将课件转换为视频或置于网页中供学生自主学习的情况。利用"排练计时"功能，教师能够对课件的播放过程进行预演排练。排练过程中，PowerPoint 会自动记录每张幻灯片的放映时长，教师可以在排练结束后清晰了解讲解每张幻灯片所需的时间，并按需调整讲解时长。使用排练计时的具体操作步骤如下：

单击【幻灯片放映】选项卡，在"设置"组中勾选【使用计时】，设置 PPT 使用先前录制的计时时长，如图 10-3-1 所示。

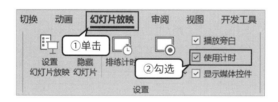

图 10-3-1　使用计时

单击【幻灯片放映】选项卡，单击【排练计时】按钮，如图 10-3-2 所示。然后 PPT 自动进入放映状态并开始计时。

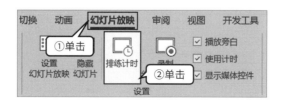

图 10-3-2　排练计时

左上角出现"录制"工具栏，中间的时间表示演示完成当前幻灯片所需的时间，右边的时间表示所有幻灯片累计放映的时间。如图10-3-3所示，单击 → 图标按钮可以播放下一张幻灯片，单击 ⏸ 图标按钮可以暂停录制，单击 ↺ 图标按钮可以重新开始当前幻灯片的计时。

图10-3-3 排练计时的"录制"工具栏

按下键盘上的【Esc】键退出排练计时。在退出放映时弹出的提示框中单击【是】按钮，即可完成排练计时设置，如图10-3-4所示。

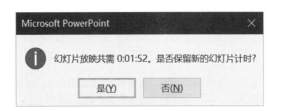

图10-3-4 结束排练计时

小贴士

自动放映：在预演排练后保存排练计时，设置幻灯片放映方式为"在展台浏览"后，即可根据排练时的时长自动播放幻灯片。设置幻灯片放映方式为"演讲者放映"或"观众自行浏览"时，则需"推进幻灯片"设置为"如果出现计时，则使用它"，以实现根据排练时长自动播放。

单击【幻灯片浏览】按钮即可查看保存后的每张幻灯片排练时间，如图10-3-5所示。

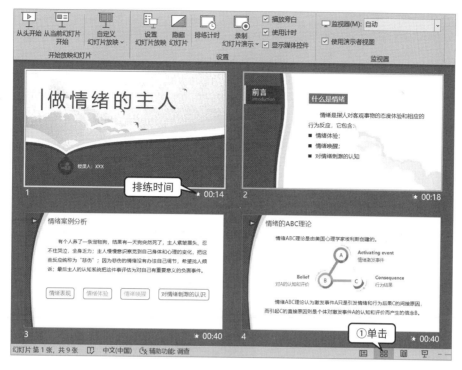

图 10-3-5 每张幻灯片的排练时间

二、录制演示过程

Powerpoint 提供了两种录制演示过程的方法，如图 10-3-6 所示。两种录制方式都可以将教师在演示幻灯片中的所有操作过程录制并保存下来，包括幻灯片中的演示动画、翻页、演讲者音频、画笔的标注等。

- 方法一：通过【屏幕录制】功能录制；
- 方法二：通过【录制】功能录制。

图 10-3-6 录制方式

（一）通过【屏幕录制】功能录制

PowerPoint 提供的"屏幕录制"功能可以将电脑屏幕的所有操作过程，包括人声的讲解录制下来，还可以通过录制区域的选择，自定义选择录制的屏幕区域。使用屏幕录制的具体操作步骤如下：

单击【录制】选项卡,在"自动播放媒体"组中单击【屏幕录制】按钮,如图10-3-7所示。

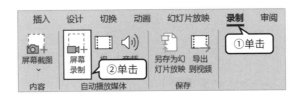

图 10-3-7 设置屏幕录制

在弹出的"录制"对话框中,单击【选择区域】按钮选择需要录制的区域,如图10-3-8所示。如图10-3-9所示,虚线框中为录制区域,可以通过拖拽虚线框调整大小。单击【录制】按钮开始录制,如图10-3-8所示。

图 10-3-8 设置屏幕录制区域

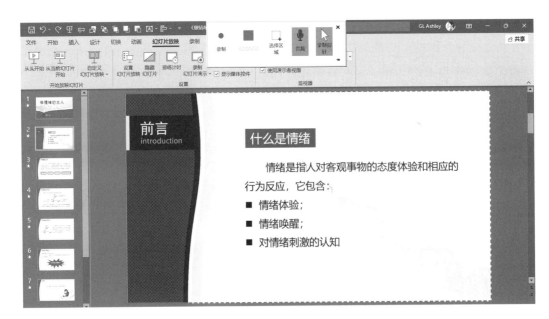

图 10-3-9 屏幕录制

若是直接播放幻灯片,则框选全屏为录制区域。录制过程中可以对幻灯片进行标注(具体操作见本章第四节的"四、标注与指示"),如图10-3-10所示。

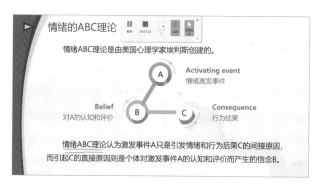

图 10-3-10 屏幕录制过程

通过单击【音频】可以录制演讲者的声音，单击【录制指针】可以选择录制时的显示鼠标。录制过程中，单击【暂停】即可暂停屏幕录制。录制完成后单击【停止】按钮 ■ 停止录制。如图 10-3-11 所示。

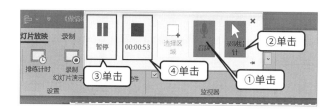

图 10-3-11 屏幕录制时的菜单栏

开始录制时位于哪一张幻灯片，录制完成的视频就会自动存储到该幻灯片中，如图 10-3-12 所示。

图 10-3-12 屏幕录制完成效果图

右击录制完成的视频，在出现的快捷菜单中单击【将媒体另存为】选项，弹出"将媒体另存为"对话框。在"将媒体另存为"对话框中选择视频存放位置后，单击【保存】按钮，即可将课件讲解的视频单独保存下来，便于学生观看学习，如图 10-3-13 所示。

图 10-3-13 屏幕录制视频另存为

小贴士

停止录制快捷键：在录制过程中可通过快捷键【Windows 徽标键 + Shift + Q】停止当前的视频录制。

清除录制：录制完成后，教师可以根据需要对录制的演示过程进行清除。可以通过单击【录制】选项卡下【录制幻灯片演示】，在其下拉菜单中单击【清除】命令，通过选择【清除】右侧列表中的【清除当前幻灯片中的计时】、【清除所有幻灯片中的计时】、【清除当前幻灯片中的旁白】或【清除所有幻灯片中的旁白】，删除相应的计时和旁白，如图 10-3-14 所示。"计时"指的是录制的每一页 PPT 的翻页时间、动画等效果的时间控制，"旁白"指的是录制的音频和墨迹等。

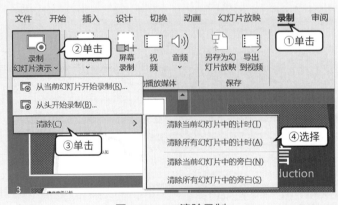

图 10-3-14 清除录制

（二）通过【录制】功能录制

PowerPoint 提供的"录制"功能也可以将幻灯片播放过程中的所有操作录制下来。区别于"屏幕录制"功能的是，该功能可以实现演讲者视频录制。录制幻灯片可以设置从当前幻灯片开始录制或从头录制。从当前幻灯片开始录制的具体操作步骤如下：

单击【录制】选项卡，之后单击【录制幻灯片演示】下拉键，单击【从当前幻灯片开始录制】按钮，如图 10-3-15 所示。

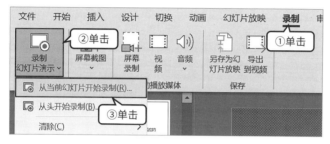

图 10-3-15 从当前幻灯片开始录制

开始录制的界面如图 10-3-16 所示。在该录制界面，可以通过单击【麦克风】图标来实现演讲者音频录制，即讲解幻灯片的人声或其他环境音的录制，可用于无须教师出镜的 PPT 讲解；单击【照相机】图标可以实现演讲者视频录制，即讲解幻灯片的人脸录制，可用于需要教师出镜的 PPT 讲解，此时教师形象会出现在屏幕右下角；在录制之前单击【照相机预览】图标可实现录制过程中操作界面无教师形象出现，但录制结束后生成包含教师形象的视频。当上述功能的图标上出现删除线时，表明该功能未启用。此外，【墨迹】选项区可以方便教师在讲解过程中的标注使用。

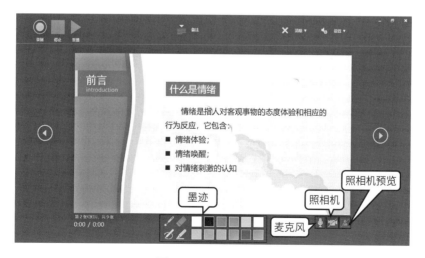

图 10-3-16 录制界面

设置完成后，单击【录制】按钮，即可开始录制，如图 10-3-17 所示。

图 10-3-17 开始录制

录制过程中可以通过单击【暂停】按钮暂停录制，之后再次单击【录制】按钮实现继续录制，如图 10-3-18、9-3-19 所示。

图 10-3-18 暂停录制

图 10-3-19 继续录制

录制完成后单击【停止】按钮，之后按下键盘上的【Esc】键即可退出录制界面，如图 10-3-20 所示。

图 10-3-20 停止录制

录制完成后，每页幻灯片右下角同一位置会有插入的视频，该视频默认设置为"自动播放"，此时放映幻灯片，即为刚刚录制好的效果。若是仅录制音频，则录制完成后，每页幻灯片右下角同一位置会有插入的音频，该音频默认设置为"自动放映"且"放映时隐藏"，如图 10-3-21 所示。需要注意的是，若是仅录制了部分页面的讲解，则在 PPT 播放过程中，没有录制的页面仍需手动播放。

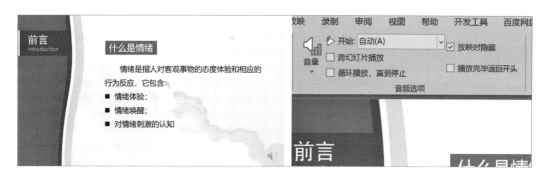

图 10-3-21 录制完成后的音频效果

若是需要以视频方式直接播放录制的讲解内容，可以将 PPT 导出为视频格式（详见第十一章第二节的"四、转换为视频文件"）。

小贴士

第一次开始录制整个 PPT 时会选择"从头开始录制"，即从第一页开始进行录制。全部录制结束后，如果需要对某些页的录制进行修改，可以选择"从当前幻灯片开始录制"，这样能覆盖前一次录制中当前页的录制内容。

第四节　播放中的基本操作

播放幻灯片时，系统预设了一些辅助教师演示的功能，例如快速定位目标幻灯片、局部放大幻灯片、将幻灯片屏幕设置为黑屏或白屏、在幻灯片上进行标注与指示等。教师掌握了这些基本操作就可以更好地展示 PPT 内容，灵活开展教学。

一、快速定位

教师在放映幻灯片时，如果想从当前页快速定位到某一页幻灯片，可以采用以下三种方式：

- 方式一：直接输入幻灯片编号；
- 方式二：进入缩略图快速定位；
- 方式三：使用超链接。

（一）直接输入幻灯片编号

在放映状态下，在键盘上按下【数字+Enter】快捷键即可跳转到目标页面。例如，教师在放映课件时想从当前页快速定位到第13页幻灯片，那么他只要在键盘上依次按下【1】和【3】数字，再按下【Enter】键就能完成跳转。

小贴士

采用直接输入幻灯片编号进行定位时，要求教师对放映的PPT课件足够熟悉，能将幻灯片编号与幻灯片中的具体内容一一对应。

（二）进入缩略图快速定位

在放映过程中，按下键盘上的【-】键，可以直接进入缩略图视角，如图10-4-1所示，单击目标幻灯片缩略图即可快速定位到目标幻灯片。

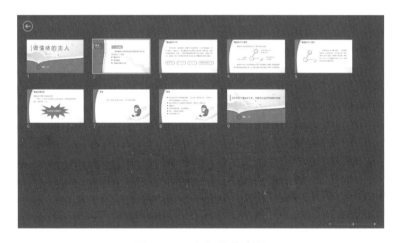

图10-4-1 幻灯片缩略图

（三）使用超链接

除了以上两种定位方式，教师也可以通过使用超链接的方式实现快速切换，但这种方式必须提前设置，且只能在两个页面之间跳转。超链接的设置方法请参考本书第七章的第四节。

小贴士

在放映状态下，同时按住鼠标左右键2秒以上，或者按下键盘上的【Home】键，即可快速定位至课件首页。按下键盘上的【End】键，可快速切换到幻灯片的尾页。

二、局部放大

播放教学 PPT 时，由于展示界面的大小有限，部分文字或图片内容可能会显示得不够清晰，这时教师可以局部放大幻灯片中的某些区域，使内容呈现得更清晰。局部放大的具体操作步骤如下：

在"演讲者放映"状态下，右击页面任意处打开快捷菜单，单击【放大】命令，如图 10-4-2 所示。之后屏幕中会显示一个半透明方框，如图 10-4-3 所示。将方框移动到目标位置，单击即可将目标区域放大显示，最终效果如图 10-4-4 所示。

图 10-4-2 局部放大操作

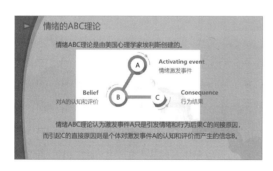

图 10-4-3 局部放大目标框选

图 10-4-4 局部放大效果图

局部放大后还可以按住鼠标左键朝任意方向拖动页面，改变局部放大的位置。局部放大或缩小的快捷键为按下【Ctrl】键的同时按下【+】或【-】键。观看完毕后，右击即可返回完整的幻灯片页面。

> **小贴士**
>
> 放映状态下，将鼠标放在想要放大的位置，按住【Ctrl】键的同时向上滚动鼠标滑轮，也可实现局部放大。观看完毕后，按住【Ctrl】键的同时向下滚动鼠标滑轮即可返回完整的幻灯片页面。

三、切换黑屏与白屏

教师在安排学生进行自主学习或进行讨论活动的时候，为避免幻灯片内容对学生产生干扰，可以将幻灯片设置为黑屏或白屏。

（一）设置黑屏

在放映状态下按下键盘上的【B】键，屏幕切换为黑屏，如图10-4-5所示。再次按下【B】键即可恢复正常放映状态。

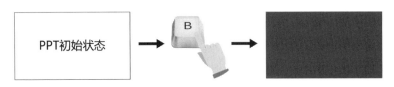

图10-4-5 设置黑屏

（二）设置白屏

在放映状态下按下键盘上的【W】键，屏幕切换为白屏，如图10-4-6所示。再次按下【W】键即可恢复正常放映状态。

图10-4-6 设置白屏

> **小贴士**
>
> 在黑屏或白屏状态下，教师可以将鼠标用作画笔进行课堂演示，如图10-4-7、9-4-8所示。具体操作详见本节的"四、标注与指示"。

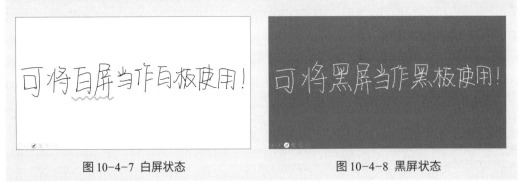

图10-4-7 白屏状态　　　　　　图10-4-8 黑屏状态

四、标注与指示

在放映PPT课件的过程中，教师根据演示需要既可以使用PPT指针选项中的激光笔进行指示，使用荧光笔进行标注，使用画笔进行书写和标记，还可以使用橡皮擦工具擦除书写和标注痕迹。

（一）激光笔工具

激光笔的作用相当于传统教学中教师手里的教鞭，能起到指示教学内容的作用。使用激光笔工具的具体操作步骤如下：

在放映状态下，单击页面左下角快捷菜单中的【指针】选项，在弹出的菜单里选择【激光笔】，此时鼠标变为红色的激光笔样式，如图10-4-9所示。

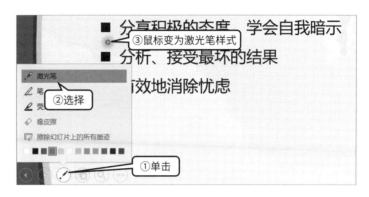

图10-4-9 设置激光笔

使用完毕后，按下键盘上的【Esc】键即可返回鼠标的指针样式。

（二）荧光笔工具

使用荧光笔工具可以对重点内容进行高亮标记，起到突出重点、吸引学生注意的作用。使用荧光笔工具的具体操作步骤如下：

在放映状态下，单击页面左下角快捷菜单中的【指针】选项，在弹出的菜单里选择【荧光笔】。荧光笔的默认颜色为黄色，但使用者可根据需要选择不同颜色。此时鼠标变为矩形形状，按住鼠标左键滑动即可对目标内容进行高亮标注，如图10-4-10所示。

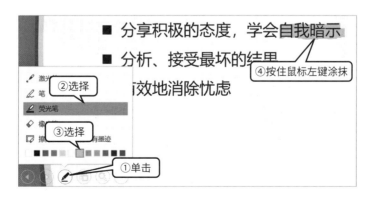

图10-4-10 设置荧光笔

结束放映时，幻灯片会自动弹出提示框，询问"是否保留墨迹注释"，如图10-4-11所示。如果需要保留墨迹，单击【保留】即可；如果不需要，则单击【放弃】。

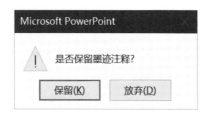

图10-4-11 "保留墨迹注释"提示框

（三）画笔工具

画笔工具相当于传统教学中教师手中的粉笔，它能直接在幻灯片中进行标记与书写。使用画笔工具的具体操作步骤如下：

在放映状态下，单击页面左下角快捷菜单中的【指针】选项，在弹出的菜单栏里选择【笔】。该笔的默认颜色为红色，但使用者可根据需要选择不同颜色。然后鼠标变为圆点，按住鼠标左键滑动即可标记或书写内容，如图10-4-12所示。

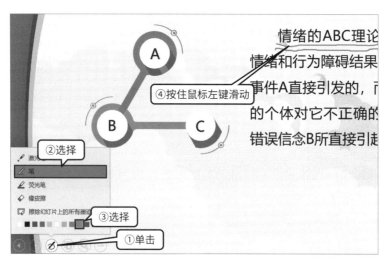

图10-4-12 设置画笔

结束放映时，幻灯片会自动弹出提示框，询问"是否保留墨迹注释"。如果需要保留墨迹，单击【保留】即可；如果不需要，则单击【放弃】。

（四）橡皮擦工具

在放映过程中，如果教师想擦除使用荧光笔或画笔后留下的痕迹，可使用橡皮擦工具。使用橡皮擦工具的具体操作步骤如下：

在放映状态下，单击页面左下角快捷菜单中的【指针】选项，在弹出的菜单栏里选择【橡皮擦】。此时鼠标变为橡皮擦样式，在需要擦除的墨迹上方单击鼠标左键进行拖动，即可将其擦除，如图10-4-13所示。

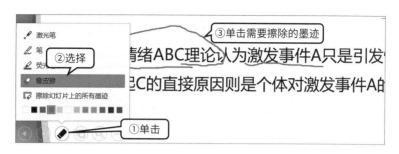

图10-4-13 使用橡皮擦工具

如果想要一次性擦除掉该页幻灯片上所有的墨迹，可以直接单击【指针】，再单击菜单栏中的【擦除幻灯片上的所有墨迹】选项，如图10-4-14所示。

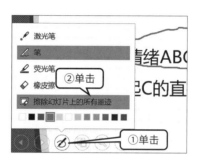

图10-4-14 一次性清除墨迹

本章彩图 扫码可看

第十一章　教学 PPT 的保护与发布

学习目标

- 描述保护演示文稿的两种方法；
- 独立完成打包演示文稿，转换为 PDF 文件、图片、视频文件等发布操作；
- 独立完成设置打印范围、打印版式、页眉与页脚等打印操作。

知识图谱

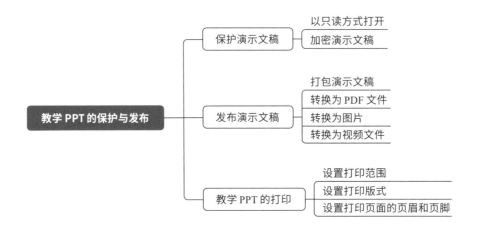

 教学情境

　　陈老师是一位教学经验丰富的生物教师，自行设计了许多高质量的教学课件。他目前面临的主要难题是：如何保护课件版权，防止被他人修改内容；如何将演示文稿转换为图片或视频格式上，传到课程学习网站；如何将演示文稿打印出来，在课堂上分发给学生进行阅览。陈老师的这些难题该如何解决呢？

案例效果图

第一节 保护演示文稿

对演示文稿实施保护措施，可以让其他人仅可观看文稿内容，但不能对内容进行修改，或者需要密码才能打开演示文稿，以保护演示文稿制作者的制作版权。

演示文稿的保护方式有两种，二者的区别如表 11-1-1 所示：

- 方式一：以只读方式打开；
- 方式二：加密演示文稿。

表 11-1-1 保护方式对比

保护演示文稿的方式	功能	特点
以只读方式打开	使用该方式后使用者不能对其进行编辑修改操作，只能对其进行打开、浏览、播放等操作。	可以打开文档，并通过单击提示栏中的【仍然编辑】按钮进行编辑，安全性不高。
加密演示文稿	使用该方式后需要输入密码才能打开文档，不仅可以避免演示文稿中隐私内容的泄露，还可以防止他人随意更改演示文稿内容。	安全性比"以只读方式打开"更高。

一、以只读方式打开

当演示文稿的属性被设置成"以只读方式打开"时，使用者不能对其进行编辑修改操作，只能对其进行打开、浏览、播放等操作，这样可以起到保护演示文稿的内容和版权的作用。以《鸟类与栖息地》演示文稿为例，讲解以只读方式打开的操作。

打开《鸟类与栖息地》演示文稿,单击【文件】选项卡,如图 11-1-1 所示。在弹出的新页面中,单击左侧栏的【信息】选项,之后在中间窗格中单击【保护演示文稿】下拉键,在下拉菜单中单击【始终以只读方式打开】命令,如图 11-1-2 所示,然后保存即可。

图 11-1-1 单击【文件】选项卡

图 11-1-2 始终以只读方式打开

再次打开该演示文稿时,页面会显示一条提示栏,这表示制作者为演示文稿设置了以只读方式打开,此时可以通过单击提示栏中的【仍然编辑】按钮来进行编辑,如图 11-1-3 所示。因此,将演示文稿设置为以只读方式打开的安全性不高。

图 11-1-3 在只读状态下仍然编辑

二、加密演示文稿

用密码对演示文稿进行加密,不仅可以避免演示文稿中内容的泄露,还可以防止他人随意更改演示文稿内容。"加密演示文稿"这种方法的安全性比"以只读方式打开"更高。对演示文稿进行加密的方式有两种:

- 方式一:直接加密演示文稿;

■ 方式二：为文件设置打开和编辑权限。

（一）直接加密演示文稿

以《鸟类与栖息地》演示文稿为例，讲解直接加密演示文稿的操作。

打开《鸟类与栖息地》演示文稿，在单击文件选项卡后弹出的新页面中，单击左侧栏的【信息】选项，之后在中间窗格中单击【保护演示文稿】下拉键，在下拉菜单中选择【用密码进行加密】命令，如图11-1-4所示。在弹出的"加密文档"对话框中输入密码，单击【确定】，如图11-1-5所示；在弹出的"确认密码"对话框中重新输入密码，单击【确定】即可，如图11-1-6所示。

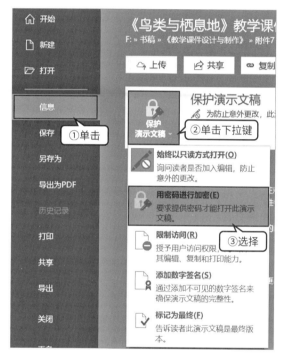

图11-1-4 用密码进行加密

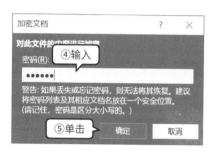

图11-1-5 输入加密密码

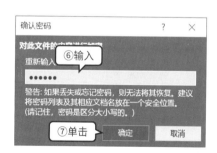

图11-1-6 重复输入加密密码

再次打开加密PPT课件时，弹出如图11-1-7所示对话框，正确输入密码，单击【确定】按钮后即可成功打开加密PPT课件。

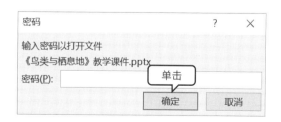

图11-1-7 输入密码打开加密PPT

> **小贴士**
>
> **删除密码**：若想删除演示文稿的密码，可重新单击【信息】中【保护演示文稿】下拉菜单中的【用密码进行加密】，在弹出的"加密文档"对话框中将输入的密码删除即可。

（二）为文件设置打开和编辑权限

这种加密方法是在保存文档时为演示文稿设置打开权限密码与修改权限密码。下面以《鸟类与栖息地》演示文稿为例，讲解为文件设置打开和编辑权限的操作。

打开《鸟类与栖息地》演示文稿，在单击文件选项卡后弹出的新页面中，单击左侧栏的【另存为】选项，在出现的"另存为"菜单中选择【浏览】选项，在"另存为"对话框中选择目标位置，单击对话框右下角的【工具】下拉键，在下拉菜单中选择【常规选项】命令，如图 11-1-8 所示。然后在弹出的"常规选项"对话框中分别输入打开权限密码与修改权限密码，单击【确定】，重复一遍两次输入的密码即可，如图 11-1-9 所示。

再次打开加密 PPT 课件时，弹出如图 11-1-10 所示对话框，输入打开权限密码，单击【确定】。之后又弹出如 11-1-11 所示对话框，输入修改权限密码，单击【确定】后打开该课件，能够对该课件进行编辑操作。在不知道修改权限密码的情况下，单击【只读】按钮也可以打开该 PPT 课件，但不能对该课件进行编辑操作。

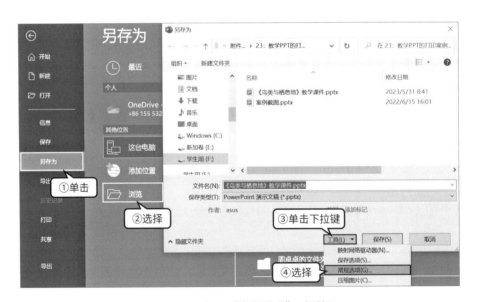

图 11-1-8 打开"常规选项"对话框

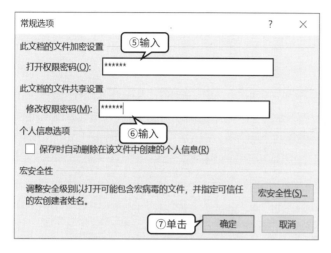

图 11-1-9 "常规选项"对话框

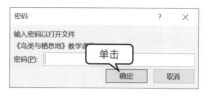

图 11-1-10 "密码"对话框

图 11-1-11 选择对加密文件进行编辑或只读

第二节　发布演示文稿

演示文稿制作完成之后，教师可以选择不同的方式进行发布。常用的方式包括打包演示文稿、转换为 PDF 文件、图片文件以及视频文件。

一、打包演示文稿

打包演示文稿是指将演示文稿的播放器及其支持文件连同演示文稿一起保存在一个文件包中。它可以保障演示文稿的无环境播放，避免演示文稿因位置移动而导致素材缺失，无法正常播放。因此，为提高演示文稿的普遍适用性，在完成演示文稿的制作后，打包演示文稿是一个必要的过程。打包演示文稿的具体操作步骤如下：

打开教学 PPT，单击【文件】选项卡，如图 11-2-1 所示。在弹出的新页面中，单击左侧栏的【导出】选项，在出现的"导出"菜单中单击【将演示文稿打包成 CD】选项，再单击【打包成 CD】按钮，如图 11-2-2 所示。

图 11-2-1 单击"文件"选项卡

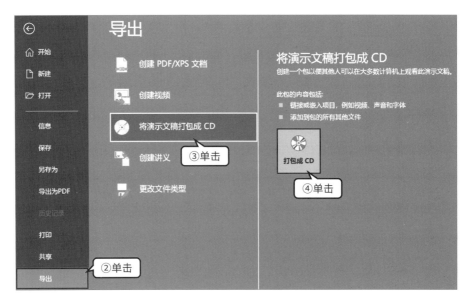

图 11-2-2 打包成 CD

在弹出的"打包成 CD"对话框中单击【复制到文件夹】按钮,在弹出的"复制到文件夹"对话框中输入文件夹名称并选择存储位置,单击【确定】,在弹出的"Microsoft PowerPoint"对话框中单击【是】即可,如图 11-2-3 所示。

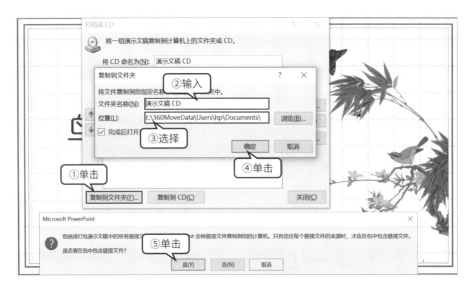

图 11-2-3 打包演示文稿成 CD

二、转换为 PDF 文件

PowerPoint 支持将 PPT 课件转换为 PDF 文件,其他人将不能对文档内容进行编辑与修改,这有利于保护课件的版权。需要注意的是,打开 PDF 文件前必须确保计算机

第十一章 教学 PPT 的保护与发布

安装了阅览 PDF 文件的相应程序。将 PPT 课件转换为 PDF 文件的具体操作步骤如下：

打开教学 PPT，在单击文件选项卡后弹出的新页面中，单击左侧栏的【导出为 PDF】选项即可，如图 11-2-4 所示。最终效果如图 11-2-5 所示。

图 11-2-4 导出为 PDF

图 11-2-5 导出 PDF 文档效果图

小贴士

导出的 PDF 文件会与原 PPT 课件存储在同一位置，且该文件成功导出后会自动打开。

三、转换为图片

PowerPoint 支持将 PPT 课件以图片形式导出，以便在智能手机等移动终端进行查看、传播，需要注意的是，转换为图片的教学 PPT 只能显示课件中的内容，无法显示动画等效果。将教学 PPT 转换为图片的具体操作步骤如下：

打开教学 PPT，在单击文件选项卡后弹出的新页面中单击左侧栏的【导出】选项，在中间窗格中选择【更改文件类型】选项，在右侧窗格中的"图片文件类型"下双击【PNG 可移植网络图形格式】或【JPEG 文件交换格式】，即可将教学 PPT 转换为 PNG 或 JPEG 格式的图片，如图 11-2-6 所示。最终效果如图 11-2-7 所示。

图 11-2-6 导出为图片

图 11-2-7 导出图片效果

四、转换为视频文件

PowerPoint 支持将 PPT 课件转换为视频文件，不仅便于在没有安装 PowerPoint 软件的情况下播放，还方便教学内容以视频形式在网络上传播。转换为视频文件的教学 PPT 不仅能显示课件中的内容和动画效果，也能自动播放其中的音视频文件。将教学 PPT 转换为视频文件的具体操作步骤如下：

打开教学 PPT，在单击文件选项卡后弹出的新页面中，单击左侧栏的【导出】选项，在中间窗格中选择【创建视频】选项，在右侧窗格中的"创建视频"栏中对将要创建的视频进行个性化设置，即选择【全高清】选项，选择【不要使用录制的计时和旁白】选项，选择放映每张幻灯片的秒数，最后单击【创建视频】按钮即可将教学 PPT 转换为视频文件，如图 11-2-8 所示。最终效果如图 11-2-9 所示。

第十一章　教学 PPT 的保护与发布

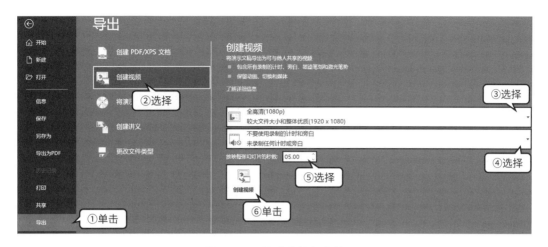

图 11-2-8　导出为视频文件

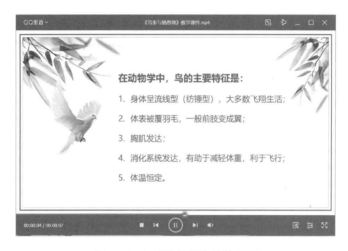

图 11-2-9　导出视频文件效果图

第三节　教学 PPT 的打印

除了上述的发布方式，教师还可以将教学 PPT 打印成纸质教学材料。打印教学 PPT 时，涉及设置打印范围、打印版式以及页面的页眉和页脚。

一、设置打印范围

电脑连接打印设备后，在 PowerPoint 中单击【文件】选项卡，之后单击页面右侧菜单栏中的【打印】选项，即可设置打印演示文稿的参数，如图 11-3-1 所示。

PowerPoint 提供了几种不同的打印范围，操作者可根据实际需求选择相应的范围选项，各打印范围的含义如表 11-3-1 所示。

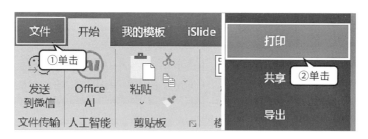

图 11-3-1 选择【打印】命令

表 11-3-1 打印范围

打印范围	含义
打印全部幻灯片	打印整个演示文稿
打印选定区域	打印演示文稿中选定的幻灯片
打印当前幻灯片	打印当前界面所显示的这一页幻灯片
自定义范围	输入要打印的幻灯片编号来自定义打印范围

默认情况下,"设置"下的选项为"打印全部幻灯片",如何选择其他打印范围呢?以设置"自定义范围"为例,讲解设置打印范围的操作。

单击"设置"下方的【打印全部幻灯片】,在出现的下拉菜单中选择【自定义范围】,如图 11-3-2 所示。

选择"自定义范围"后,在其下方"幻灯片"右侧输入框中出现输入光标,在输入框中输入要打印的幻灯片编号即可,如图 11-3-3 所示。

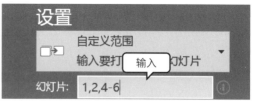

图 11-3-3 设置自定义范围

图 11-3-2 选择【自定义范围】命令

> **小贴士**
>
> 打印时若选择【自定义范围】，则其页面范围既支持单独的页码范围，又支持多个页码范围。连续的范围之间用短杠"-"连接。范围与范围之间用逗号隔开，也能以"单页面+范围"的形式进行组合，中间用逗号隔开。如表11-3-2所示。

表 11-3-2 自定义范围示例

示例	含义
6-12	打印第 6 页至第 12 页
3-8，12-24，29-32	打印第 3 页至第 8 页，第 12 页至第 24 页，第 29 页至第 32 页
3，12-18，22，30-39	打印第 3 页，第 12 页至第 18 页，第 22 页，第 30 页至第 39 页

二、设置打印版式

按照默认设置，演示文稿打印出来后一个页面只有一张幻灯片，若想将多张幻灯片打印在同一页面上，可以通过选择不同的打印版式来实现。下面以一个页面打印 4 张水平放置的幻灯片为例（效果如图 11-3-4 所示），讲解设置打印版式的操作。

图 11-3-4 打印版式效果图

打开《鸟类与栖息地》演示文稿，单击【文件】选项卡，之后单击页面右侧菜单栏中的【打印】选项，如图 11-3-1 所示。单击默认情况下"设置"中的【整页幻灯片】，在出现的下拉菜单中选择【4 张水平放置的幻灯片】，在新出现的菜单中单击【横向】下拉键，在下拉菜单中选择【纵向】，如图 11-3-5 所示。

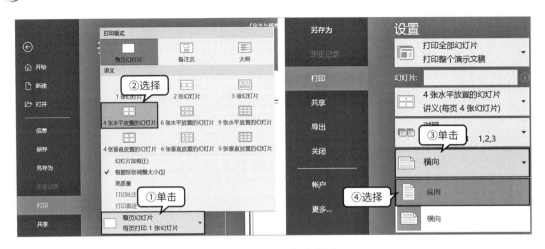

图 11-3-5 设置打印版式

> **小贴士**
>
> 为了保证打印内容清晰，推荐设置一页纸打印 4 张幻灯片。
>
> 如果教师需要对每页幻灯片进行详细批注，可以在打印 PPT 时设置为"3 张幻灯片"与"纵向"打印版式，既可以浏览幻灯片内容，又能阅读备注文字。

三、设置打印页面的页眉和页脚

对于打印出来的教学 PPT，教师可以根据需要设置页眉页脚，如添加制作时间与页码等。下面以页眉设置为"《鸟类与栖息地》教学 PPT"、页脚设置显示幻灯片编码与打印页码为例（效果如图 11-3-6 所示），介绍编辑页眉和页脚的操作。

图 11-3-6 设置打印页面的页眉和页脚效果图

第十一章 教学 PPT 的保护与发布

打开《鸟类与栖息地》演示文稿，单击【文件】选项卡，之后单击页面右侧菜单栏中的【打印】选项，如图 11-3-1 所示。然后单击"设置"中的【编辑页眉和页脚】选项，如图 11-3-7 所示。

在弹出的"页眉和页脚"对话框中单击【幻灯片】选项卡，勾选【幻灯片编号】。然后单击【备注和讲义】选项卡，勾选【页码】与【页眉】，并在页眉输入框中输入"《鸟类与栖息地》教学 PPT"文字，最后单击【全部应用】按钮，如图 11-3-8 所示。

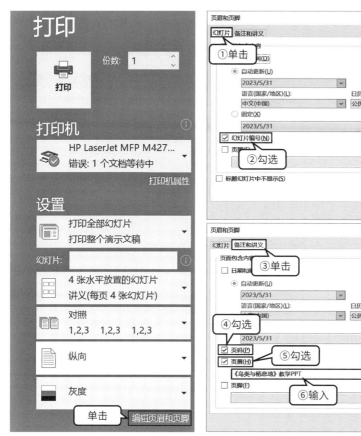

图 11-3-7 打开【编辑页眉和页脚】

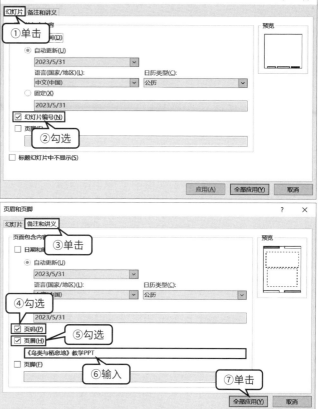

图 11-3-8 设置页眉和页脚

本章彩图
扫码可看

第十二章　教学PPT制作基础案例

教学情境

《合理营养与食品安全》是人教版七年级生物下册第二章第三节的内容。为了更好地呈现教学内容，辅助课堂教学，崔老师想通过PPT的文字、图片、图表、形状、视频、动画等元素对知识点进行讲解。崔老师在课件的制作中，涉及制作母版版式，插入与编辑文本、图片、视频等元素，设计并制作PPT动画，添加批注等操作，具体应该如何实施呢？

课件草图设计

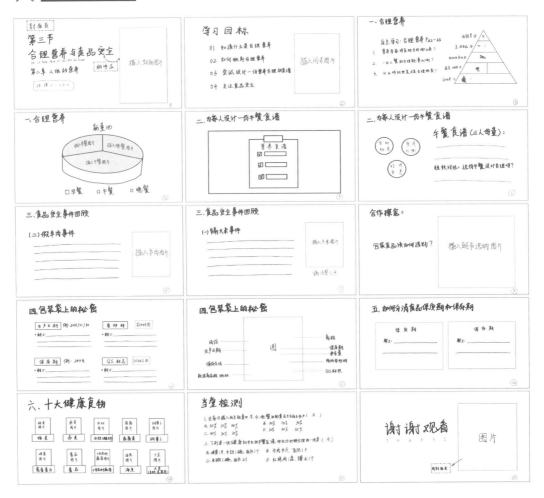

第十二章 教学PPT制作基础案例

素材收集

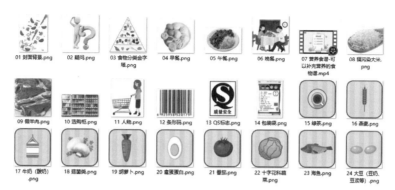

案例知识图谱

案例效果图

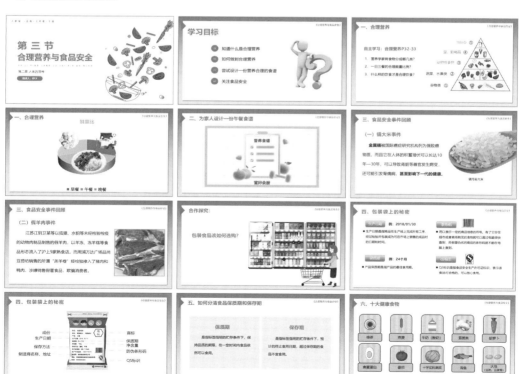

案例操作步骤

一、自定义母版版式

（一）设置母版效果

新建一个演示文稿，在幻灯片母版视图下将"背景样式"设置为【渐变填充】并应用到全部。效果如图 12-1-1 所示。

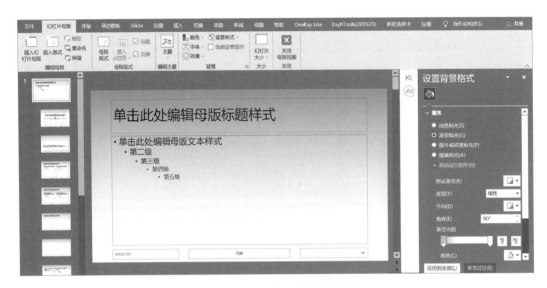

图 12-1-1 设置背景样式的效果图

在"幻灯片母版"（如图 12-1-2 所示）中插入矩形形状，并设置形状填充和形状轮廓为"白色"，设置对齐方式为"垂直居中"与"水平居中"，设置"置于底层"，并调整至合适大小；插入直角三角形，并设置形状填充和形状轮廓为"绿色"，设置"置于顶层"，调整至合适大小与位置。将标题占位符的字体设置为"微软雅黑"，字号设置为"28"，颜色设置为"绿色"并加粗，最后的效果如图 12-1-3 所示。

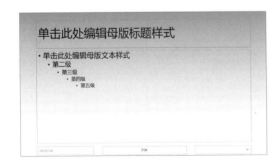

图 12-1-2 "幻灯片母版"

图 12-1-3 设置母版后的效果图

244

（二）插入通用元素

在幻灯片母版视图下，选中"幻灯片母版"的幻灯片，在右上角插入横排文本框，并输入文本"《合理营养与食品安全》"。字体设置为"微软雅黑"，字号设置为"14"，颜色设置为"灰色"。效果如图12-1-4所示。

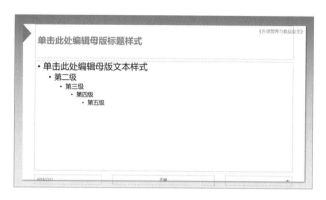

图12-1-4 插入通用元素的效果图

（三）新建幻灯片版式

本案例中需要如图12-1-5所示的文本版式，而该版式在预设的幻灯片母版中无法找到，因此需要新建幻灯片版式。

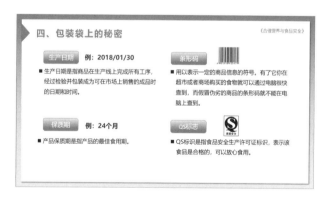

图12-1-5 含四栏内容的幻灯片

新建幻灯片版式的具体操作步骤如下：

在幻灯片母版视图下，插入版式，生成"自定义版式"幻灯片，插入内容占位符，字号设置为"18"，行距设置为"1.5"。

复制粘贴三次该内容占位符，并分别移动至目标位置，效果如图12-1-6所示。

选中新建的版式，单击【幻灯片母版】选项卡，单击【重命名】按钮，弹出"重命名版式"对话框，选中对话框，在版式名称输入"四栏内容"，单击【重命名】按钮，如图12-1-7所示。最后关闭母版视图，回到普通视图。

图 12-1-6 四栏内容占位符效果图

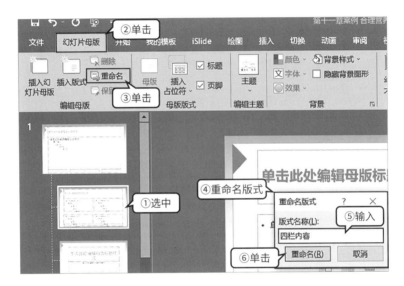

图 12-1-7 重命名版式

单击【插入】选项卡，单击【新建幻灯片】下拉键，在弹出的下拉菜单中选择【四栏内容】即可新建自定义的版式幻灯片，如图 12-1-8 所示。

图 12-1-8 新建自定义版式幻灯片

> **小贴士**
>
> 以上操作是对"幻灯片母版"进行的修改，因而在制作PPT时新建的幻灯片样式都如图12-1-4所示。而本案例中幻灯片首页与尾页样式不同于其他幻灯片，所以可以在幻灯片样式的基础上进行样式的修改。

二、文本的插入与编辑

文本元素是本案例中教学信息传达的主要方式，为了方便学生的阅读，本案例中注重文本元素的条目化、层级化显示。下面以图12-1-5所示的幻灯片文本占位符中的文字制作为例，讲解文本的插入与编辑。

编辑内容占位符。在幻灯片的四栏文本占位符中，输入文本内容，并将文本的字体设置为"微软雅黑"，字号设置为"18"，颜色设置为"黑色"，行距设置为"1.5"。效果如图12-1-9所示。

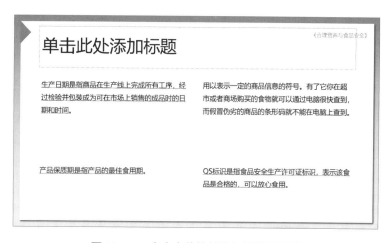

图12-1-9 文本占位符编辑与设置效果图

文本框及形状文字输入与设置。在幻灯片标题占位符中输入文本"四、包装袋上的秘密"；在小标题位置插入"矩形：圆角"形状，形状格式设置为"细微效果－绿色，强调颜色6"，并输入文本内容，例如"生产日期"，将字体设置为"微软雅黑"，字号设置为"20"，颜色设置为"白色"。在举例说明的目标位置插入横排文本框，并输入对应文本内容，例如"例：2018/01/30"，将字体设置为"微软雅黑"，字号设置为"20"，颜色设置为"棕色"并加粗；效果如图12-1-10所示。

添加项目符号。选中目标文本框，为其添加项目符号样式"带填充效果的大方形项目符号"，效果如图12-1-11所示。

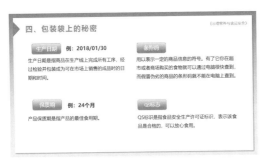 

图 12-1-10 文本框及形状文字编辑与设置效果图　　图 12-1-11 添加项目符号效果图

三、图片与形状的插入与编辑

（一）图片的插入与编辑

本案例中使用了形式多样的图片来辅助文本信息的表达，如图 12-1-12、11-1-13 所示；另外还可以使用图片美化幻灯片，如图 12-1-14、11-1-15 所示，增加图片使得页面更加饱满，富有表现力。

 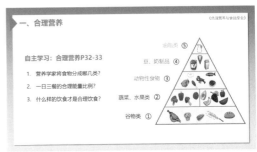

图 12-1-12 辅助文字讲解的图片（1）　　图 12-1-13 辅助文字讲解的图片（2）

图 12-1-14 美观性图片（1）　　图 12-1-15 美观性图片（2）

1. 插入图片

在插入图片时，若涉及在同一张幻灯片中插入多张图片的情况，可以同时将多张图片导入，而非单张图片依次插入，以提高课件制作效率。下面以图 12-1-13 所示幻灯片为例，讲解多张图片同时插入的操作：

插入本机图片。在 PPT 中弹出的"插入图片"对话框中找到并打开图片所在文件夹，按下键盘上【Ctrl】键的同时鼠标依次单击所需的所有图片，即可全部选中，如图 12-1-16 所示，单击【插入】即可。然后移动图片到合适位置，如图 12-1-17 所示。

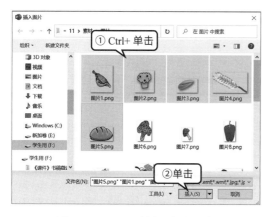

图 12-1-16 同时插入多张图片

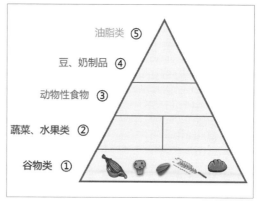

图 12-1-17 图片插入效果图

小贴士

选择图片时，若是该文件夹下所有图片均需导入，可以使用【Ctrl+A】快捷键实现全选。若所需图片是连续的序列图片，可以先单击第一张图，然后按下键盘上的【shift】键，鼠标再单击最后一张图片，即可完成序列图片的选择。

2. 添加边框

为图片添加边框不仅可以增加图片的艺术感，还可以使图片所在幻灯片的版面设计更加美观。下面以图 12-1-12 所示幻灯片为例，讲解为图片添加边框的操作。

选中需要进行处理的图片，单击【图片格式】选项卡，在"图片样式"组中单击【图片边框】下拉键，选择颜色为"白色，深色 25%"，选择【粗细】命令，在其右侧列表中选择"3 磅"，如图 12-1-18 所示。

3. 更改图片层级

插入多张图片后，可能会出现位置不合理的情况，如图 12-1-19 所示，"11 人物"图片位于"10 选购柜"图片下方，此时需要更改图片层级，得到如图 12-1-15 所示图片。

更改图片层级的具体操作步骤如下：

右击"11 人物"图片，在弹出的快捷菜单中鼠标移过【置于顶层】的按钮▶，单击【置于顶层】命令。如图 12-1-20 所示。

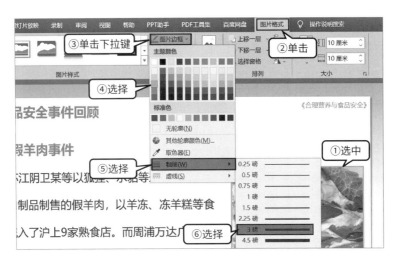

图 12-1-18 添加边框

图 12-1-19 不合理的图片层级

图 12-1-20 更改图片层级

4. 删除图片背景

为了使插入的图片能更好地突出图片主体，或更好地与幻灯片相融合，可以删除图片的背景，如图 12-1-21 所示，黑色背景不能很好地与幻灯片相融合。

图 12-1-21 图片的黑色背景显得突兀

删除图片背景的具体操作步骤如下：

选中图片，单击【图片格式】选项卡，单击"调整"组中的【删除背景】按钮，如图 12-1-22 所示。最后的效果如图 12-1-14 所示。

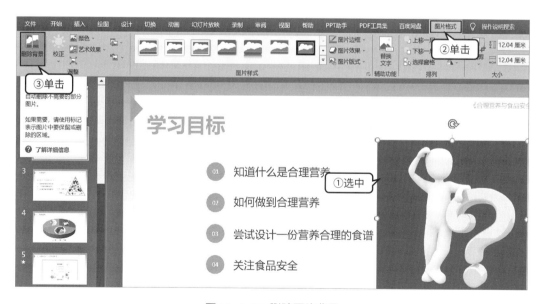

图 12-1-22 删除图片背景

（二）形状的插入与编辑

在"学习目标"页幻灯片中，为了使学习目标更加有条理，为编号添加了圆形背景，如图 12-1-14 所示。其中，圆形的插入与编辑的具体操作步骤如下：

插入形状。在目标幻灯片中插入一个圆形，直径设置为"1.5 厘米"。

自定义形状样式。将插入的圆形的"形状填充"和"边框填充"都设置为绿色。

复制形状。复制三次圆形，并将其排列在一条竖线上。

形状中输入并编辑文本。单击各个正圆形状，分别输入"01""02""03"和"04"编号，字体设置为"Calibri"，字号为"14"。效果如图 12-1-23 所示。

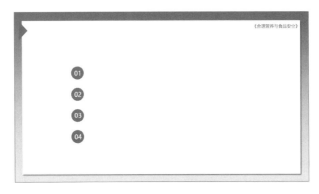

图 12-1-23 插入圆形效果图

四、图表的插入与编辑

本案例在讲解"合理营养"部分时插入了三维饼图。饼图通过扇形的大小表示各部分占总体的比例，相较于柱形图，数据更为清晰，且各部分占总体的比重大小更为直观。三维饼图相较于二维饼图更加立体。插入与编辑三维饼图的具体操作步骤如下：

（一）插入图表

在目标幻灯片中插入图表。在"插入图表"对话框中的"所有图表"选项卡下选择【饼图】，再在右侧选择【三维饼图】，单击【确定】，如图 12-1-24 所示。

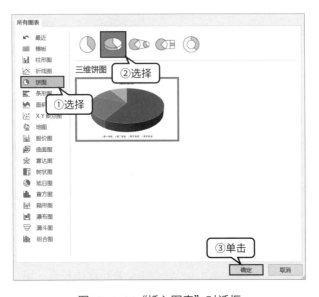

图 12-1-24 "插入图表"对话框

(二) 编辑图表数据

此时幻灯片中同时出现三维饼图与"Microsoft PowerPoint 中的图表"Excel 表格，选中"销售额"单元格并用键盘输入"能量比"。再依次选中"第一季度"单元格、"8.2"单元格，输入"早餐"和"30%"。依次选中"第二季度"单元格、"3.2"单元格输入"午餐"和"40%"。如图 12-1-25 所示。再依次选中"第三季度"单元格、"1.4"单元格，输入"晚餐"和"30%"。接下来选中"第四季度"，按下键盘上的【Backspace】键，选中"1.2"单元格，按下键盘上的【Backspace】键，最后单击表格右上角的【关闭】按钮，如图 12-1-26 所示。

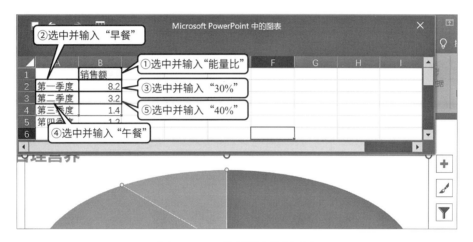

图 12-1-25 编辑图表数据（1）

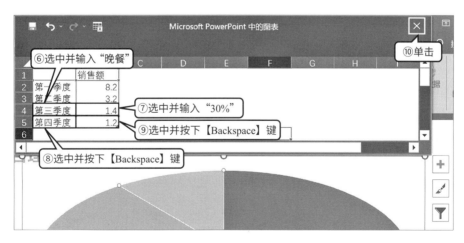

图 12-1-26 编辑图表数据（2）

编辑完成图表数据后，效果如图 12-1-27 所示。

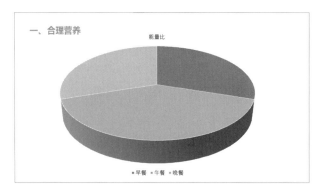

图 12-1-27 图表数据编辑效果图

（三）设置图表样式

选中图表标题，设置字体为"微软雅黑（正文）"，字号为"28"，颜色为"橙色"，并加粗。选中图例项，设置字号为"24"。在各部分插入对应的图片，效果如图 12-1-28 所示。

图 12-1-28 设置图表样式效果图

五、视频的插入与编辑

在讲解"设计午餐食谱"部分内容时，通过视频元素可以使知识的讲解更加直观形象，为了使视频元素能更好地融入幻灯片，增加艺术感，还可以给视频添加边框。插入与编辑视频的具体操作步骤如下：

插入视频。在"二、为家人设计一份午餐食谱"的幻灯片中插入"营养食谱"视频。

裁剪视频。设置视频的起始点和结束点，即可裁剪出所需的视频内容。

设置视频边框样式。为插入的视频添加"金属框架"边框样式，效果如图 12-1-29 所示。

图 12-1-29 视频的"金属框架"边框样式设置

六、PPT 动画设计

本案例中使用了形式多样的 PPT 动画效果,包括"随机线条""擦除""出现"等。"四、包装袋上的秘密"幻灯片中(如图 12-1-30 所示),线条设置"擦除"动画以模仿现实中的划线操作,文字设置"出现"动画,学生可以跟随线条所指文字明确包装袋上的内容。

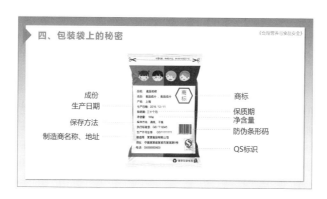

图 12-1-30 "四、包装袋上的秘密"幻灯片边框样式

下面以"包装袋上的秘密"幻灯片为例,讲解为目标对象设置动画的操作。

添加线条"擦除"动画。选中线条,单击【动画】选项卡,在"动画"组中单击【擦除】按钮,单击"高级动画"组中的【效果选项】下拉键,选择【自右侧】命令,如图 12-1-31 所示。若是为右侧线条添加动画,则需要选择【自左侧】命令。

添加文字"出现"动画。选中文字,在"动画"组中单击【出现】按钮。

批量设置动画效果。选中已有动画的对象,双击"高级动画"组中的【动画刷】按钮,然后单击需要添加相同动画的对象即可。

预览动画效果。在已设置好动画的幻灯片中单击预览按钮 ★ 即可。

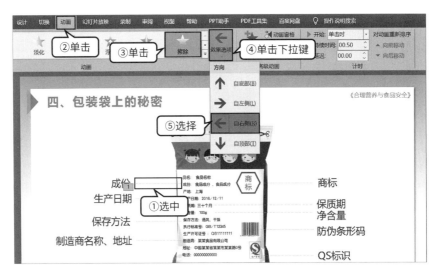

图 12-1-31 动画设置

七、隐藏幻灯片

教师制作完成课件后,在具体的上课过程中,根据不同班级的教学需求,可以选择隐藏部分幻灯片。隐藏幻灯片的具体操作步骤如下:

右击所需隐藏的幻灯片,在弹出的快捷菜单中选择【隐藏幻灯片】选项即可。此时在缩略图中,被隐藏的幻灯片页码上方会出现划线,效果如图 12-1-32 所示。

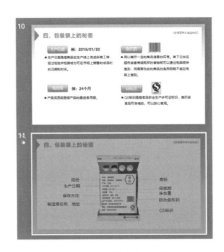

图 12-1-32 隐藏幻灯片效果图

八、转换为 PDF 文件

当教师需要分享自己的课件时,可以将 PPT 课件转换为 PDF 文件。一方面,可以保护课件的版权,防止他人对文档内容进行编辑与修改;另一方面,PDF 格式相较于 PPT 文档更适合在移动端浏览,且方便打印。将 PPT 转换为 PDF 文件的具体操作步骤如下：

单击【文件】选项卡，选择【导出】选项，弹出"导出"进度框、单击【创建 PDF】选项，如 12-1-33 所示。导出的 PDF 文档如图 12-1-34 所示。

图 12-1-33　导出为 PDF

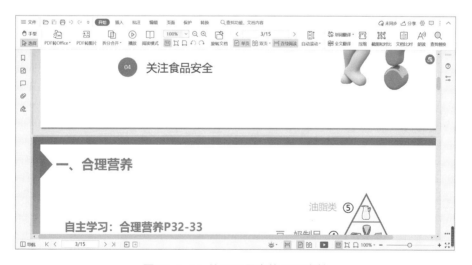

图 12-1-34　从 PPT 导出的 PDF 文档

本章彩图
扫码可看

第十三章 教学 PPT 元素设计

🎯 学习目标

- 举例说明文本、图片、音频、视频和动画等元素的设计要点和原则；
- 使用文本、图片、音频、视频和动画等元素设计与制作教学课件。

💡 知识图谱

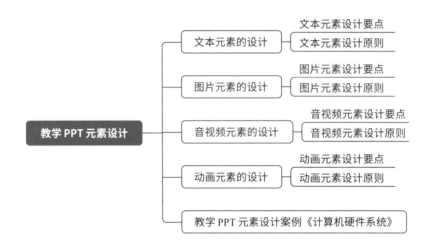

第一节 文本元素的设计

在演示文稿中，文本是呈现信息的基本元素。本节主要介绍文本元素在教学中的设计要点和原则，旨在为教师制作符合教学需求且美观实用的教学 PPT 打下基础。

一、文本元素设计要点

（一）字符设置

1. 字体

（1）少用宋体

宋体的笔画有粗细变化，一般是横细竖粗，末端有装饰部分（即"字脚"或"衬线"），点、撇、捺、钩等笔画有尖端，属于衬线字体，常用作杂志、书籍印刷的字体。但是，对于教学 PPT 而言，有粗细变化的宋体并不是一个友好的正文字体选择。PPT 的文字投影效果受到投影仪分辨率、设备老化程度、幕布清洁程度等因素的影响，投影出来的效果较之电脑屏幕通常都会有些损耗。如果在 PPT 的正文中采用宋体，较细的横线笔画往往不能清晰地显示出来，导致文字内容的识别度下降，会造成观看者的阅读障碍，如图 13-1-1 所示。

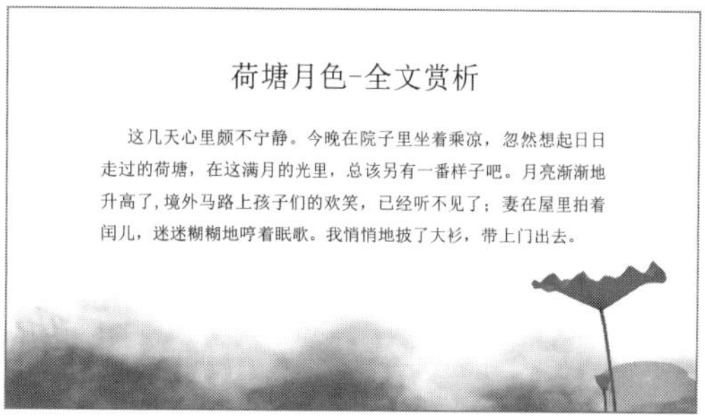

（2）多用黑体和微软雅黑

黑体、微软雅黑兼具衬线字体饱满的和非衬线字体醒目的特点，笔画的粗细相等，没有修饰，笔画简洁，容易辨认，如图 13-1-2 所示。将其"加粗"设置会有更好的视觉效果，如图 13-1-3 所示。此外，这两种字体都是软件自带的字体，在其他计算机上播放课件时，无须考虑打包字体的问题。所以，黑体和微软雅黑是制作教学 PPT 时较好的字体选择。

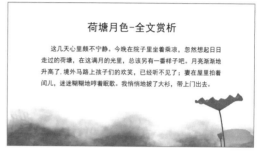

图 13-1-1 使用宋体

图 13-1-2 使用黑体

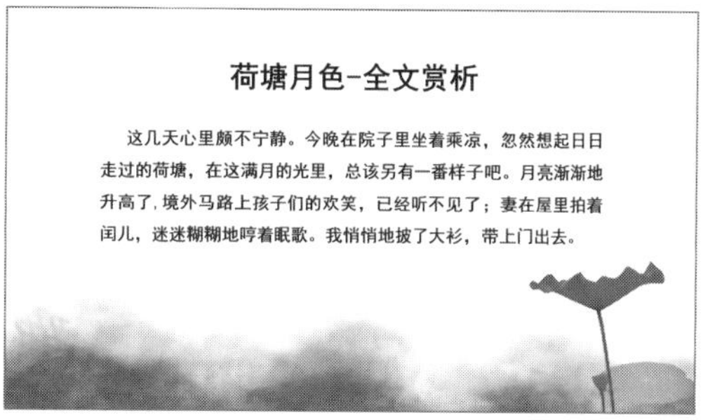

图 13-1-3 黑体加粗

小贴士

英文相对于汉字来说行文更流畅些，排列起来也更容易有节奏感和韵律感。常见的英文无衬线字体有 Arial Black、Impact、Segoe 等，衬线字体有 Times New Roman、Georgia 等。标题文字可使用醒目的 Impact 字体，正文可使用 Arial 字体，如图 13-1-4、图 13-1-5 所示。

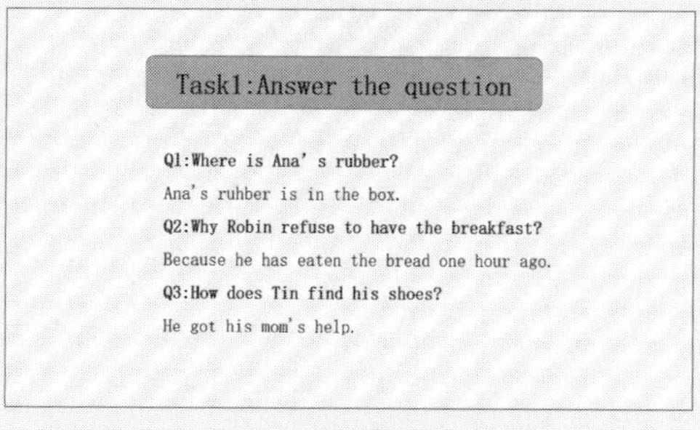

图 13-1-4 采用其他英文字体的 PPT

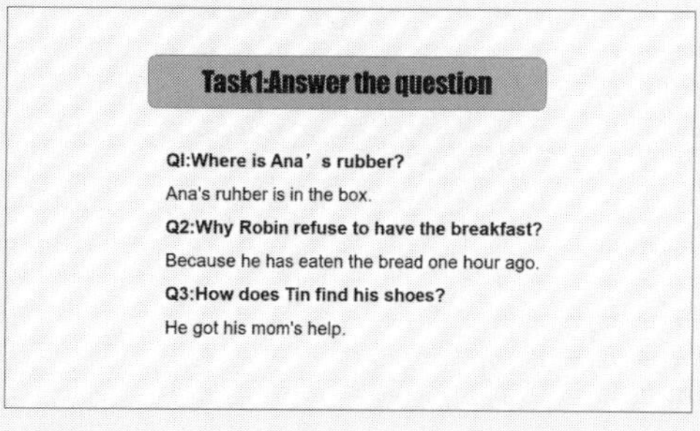

图 13-1-5 采用 Impact、Arial 字体的 PPT

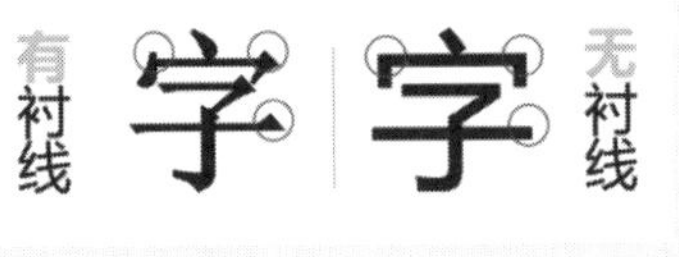

衬线字体：起笔和落笔处都有修饰的字体，笔画有粗细变化，例如宋体。

非衬线字体：起笔和落笔都没有修饰的字体，笔画没有粗细变化，例如微软雅黑。

（3）避免字体混乱

在教学PPT的制作中，并不是运用的字体越多效果就越好。字体太多容易导致页面框架松散，层级划分不明确，降低PPT的可读性，如图13-1-6所示。因此，在制作教学PPT时一般只用一到两种字体，最多不超过三种字体，否则会给人混乱的感觉。此外，相同层级的内容最好使用同一种字体，如图13-1-7所示。

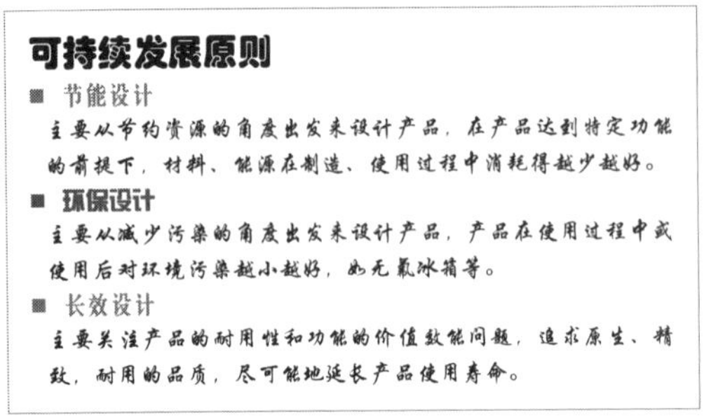

图13-1-6 多种字体组成的页面 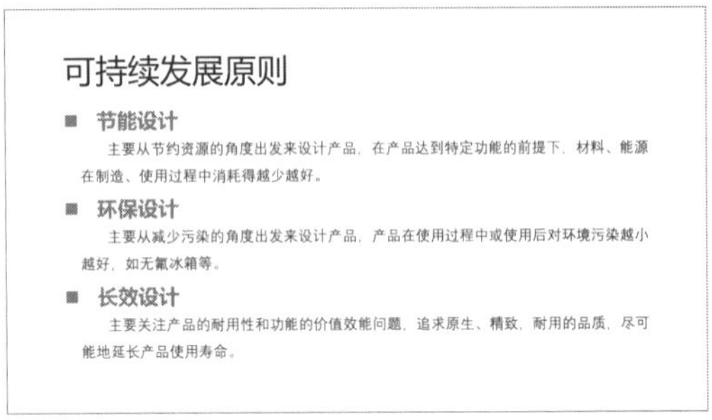　　图13-1-7 两种字体组成的页面

（4）少用艺术字

PPT软件提供多种艺术字，如果使用不当，呈现出来的效果会不尽如人意。如图13-1-8所示，该PPT中应用的艺术字不仅未增强画面的艺术性，甚至还降低了文字的可读性。因此不建议教师在制作教学PPT时随意使用艺术字。

图13-1-8 艺术字运用不当的PPT

2. 字号

适宜的文字大小比例是有效传达信息的保障。过小的文字容易导致学生难以看清课件内容，过大的文字则会使版面承载的信息量受到限制。因此 PPT 中的字号大小要适中，并可以通过使用不同的字号来体现文字内容的层次感。如图 13-1-9 所示幻灯片的所有文字字号偏小，不便于阅读，且未体现出内容的层次感，图 13-1-10 为调整字号并体现内容层次感的幻灯片。

图 13-1-9 未体现出层次感的 PPT　　　　图 13-1-10 用不同字号来体现层次感的 PPT

3. 间距

文字的间距包括字距和行距。字距是一行文字中字与字之间的间隔，行距是指每行文字相互间的距离。过小的字距或行距会给人拥挤的感觉；反之，过大的字距或行距则会使人产生一种松散的感觉。PPT 默认的字体行距是 1.0 倍，但是一般而言，1.2 倍行距文本的视觉效果更佳。如图 13-1-11 中展示的 PPT，标题与内容的字号跳跃性太大；正文部分行距过窄，字间距过密；整体版面头重脚轻，且不饱满。对文本的字号和间距进行调整后，如图 13-1-12 所示，整个页面自然饱满且方便阅读。因此在制作 PPT 时应注意使用合适的字号、间距，使 PPT 更加美观易读。

 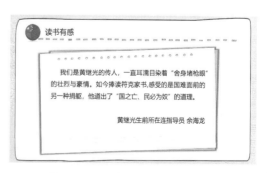

图 13-1-11 字距、行距过密　　　　图 13-1-12 字距、行距疏密有间

4. 文本动画

课件中常常涉及使用动画来展示文本内容的情境，例如为了引导学生跟随教师的

讲授进行思考，教师会使用动画来一一展示文本内容，留下内容悬念，而不是一次性将幻灯片中的内容全部展示出来，吸引学生的注意力。如图13-1-13所示为需要引导学生进行思考并填空的表格，教师不会一次性将答案全部展示出来，而是在学生思考回答后，通过文本"擦除"动画逐一地展示答案，如图13-1-14所示。

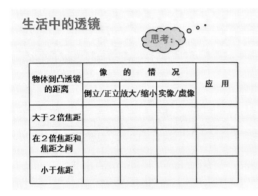

图13-1-13 需要填空的表格 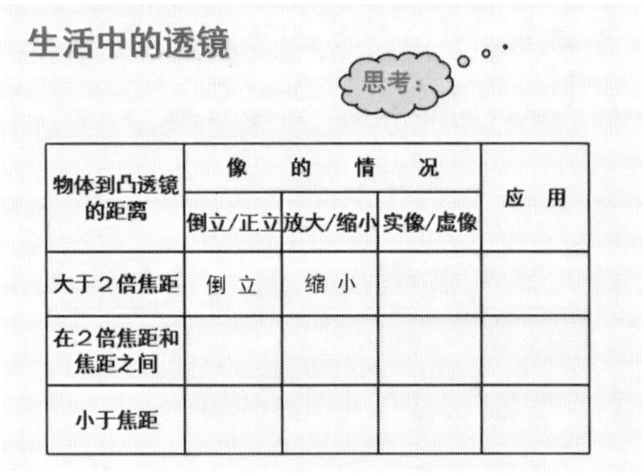　　　　　　图13-1-14 使用动画逐一展示结果

文本动画需要根据教学设计合理使用，在选择题、填空题中使用较多。动画效果如果太多、太杂，反而会分散学生注意力，影响教学效果。

（二）段落设置

1. 条目化

在教学中，通过PPT呈现大段的文字，往往会让学生找不到重点，增加视觉压力，甚至引起学生的反感，如图13-1-15所示。对于文字较多的幻灯片，应尽量提取其核心内容，并使用项目符号将其分为多个小段。通过精美的项目符号或统一的编号使幻灯片的内容重点突出、条理清晰，如图13-1-16所示，从而提高学生的阅读兴趣，促进学生对内容的记忆和理解。

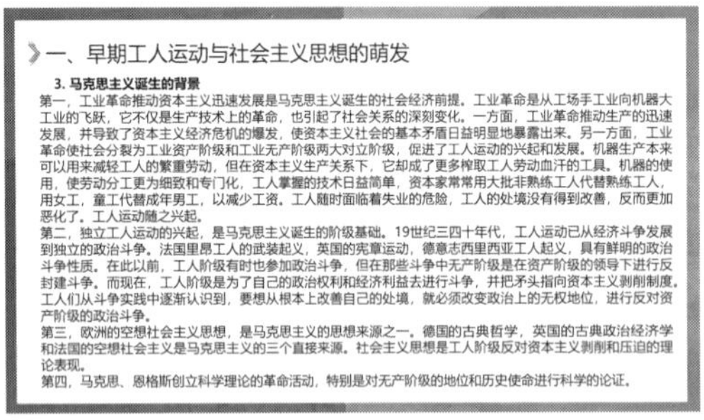

图13-1-15 成段文字的PPT 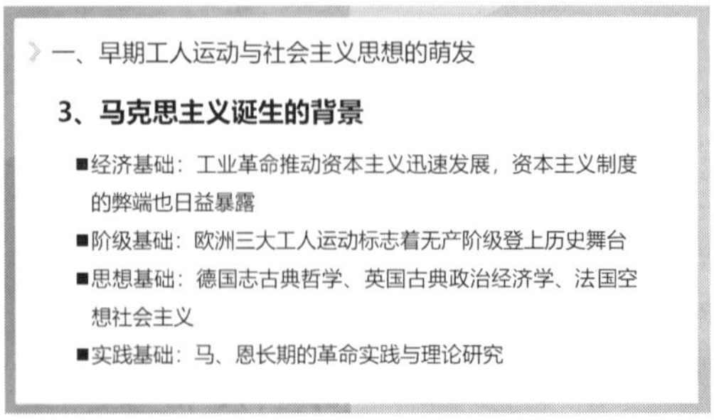　　　　　　图13-1-16 条目化后的PPT

项目符号和编号是有区别的，项目符号用以表示并列关系，编号又称顺序符号，用以表示顺序关系。通过添加项目符号或编号，可以方便地对并列关系或顺序关系的

内容进行标识，使整个文本的条理和逻辑更加清晰，如图13-1-17和图13-1-18分别为添加项目符号和编号的幻灯片。

图13-1-17 使用项目符号的内容

图13-1-18 使用编号的内容

小贴士

项目符号与顺序符号不可混合使用，如图13-1-19中，混合使用了项目符号与顺序符号，导致内容间的逻辑关系模糊不清。

图13-1-19 项目符号与编号混用的PPT

2. 层级化

在对教学PPT内容进行条目化处理的基础上，还需要对内容进行层级化处理，即体现内容间的层级关系。未层级化处理的PPT无法在结构上直接体现内容的层级关系，易造成学生对知识点间逻辑关系的认知混乱，如图13-1-20所示。对PPT内容进行层级化处理后，各段落间内容的层级关系一目了然，如图13-1-21所示。常用的层级表现策略为：同级内容的起始位置相同；低一级内容的起始位置向右移动；最多不应超过三级结构。

3. 组块化

文字组块化是指将幻灯片中的文字内容分块排版。使用组块方式排版内容，不仅能够清晰地区别不同内容的文本信息，还能提高学生的阅读速度。常见的组块方式有两种：创建文本框和添加分割线，如图13-1-22、12-1-23所示。

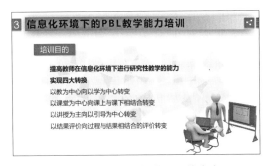
图 13-1-20 未层级化展示的内容

图 13-1-21 层级化展示的内容

图 13-1-22 添加文本框组块化文本

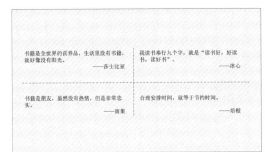
图 13-1-23 使用分割线组块化文本

（三）页面设置

1. 每页文字内容单纯

每页文字内容单纯是指每页呈现的主题内容不要太多，最好为一个较单纯的内容，这样可以减少学生的认知负荷，让学生能通过一页一页幻灯片中较单纯内容的学习逐步掌握所有教学内容。如图 13-1-24 所示。

图 13-1-24 每页文字内容单纯

2. 每页文字行数适中

每页文字行数适中是指每页呈现的文字行数不要太多。研究显示，大部分人在无指示情形下的阅读速度是 3~10 字符/秒，基于指示的阅读速度是 6.94 字符/秒。因此，教师在制作每页的幻灯片时，建议每页的文字不超过 10 行，最好是 7 行以下，若内容过多，应分为多页。每页文字的行数适中可以避免因大量文字的堆积而增加学生的阅读障碍，影响课件的展示效果。如图 13-1-25 所示为文字行数较多的页面，图 13-1-26 所示为修改后的对应页面，更为简洁易读。

图 13-1-25 文字行数较多的页面

图 13-1-26 文字行数适中的页面

3. 每页讲演时间适中

每页幻灯片讲演的时间不宜过长，一般 3~5 分钟比较适宜，每页讲演时间太长反而会影响学生的注意力集中。因此，教师在设计每页幻灯片的内容时，应注重内容的复杂程度或难易程度，尽量让学生能在 2~3 分钟之内学会当前幻灯片内容。

二、文本元素设计原则

（一）疏密有间

幻灯片以文字内容为主，且文字内容较多时，要特别注意文字内容的排版，如图 13-1-27 所示，文字内容堆积，行间距太小，不便于阅读，容易使人产生视觉疲劳。如果呈现较多文字不可避免，则需通过行间距调整、段落设置，做到文字内容疏密有间，页面饱满，方便阅读，如图 13-1-28 所示。

图 13-1-27 文字密集

图 13-1-28 文字疏密有间

（二）重点突出

对于以文字内容为主的幻灯片，应避免大段文字的呈现，尽量提炼关键信息，方便学生快速抓住重点信息，如图 13-1-29 所示的幻灯片文字内容太多，且重点不突出。

通过提炼关键信息，并进行条目化排列后，文本不仅重点突出，且方便学生阅读与记忆，如图13-1-30所示。

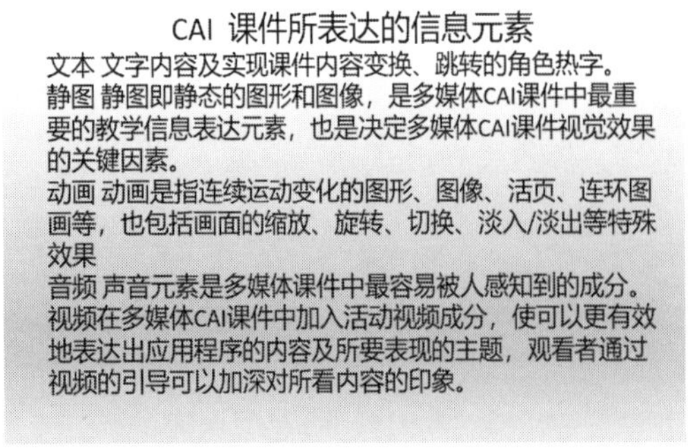

图13-1-29 重点不突出的幻灯片 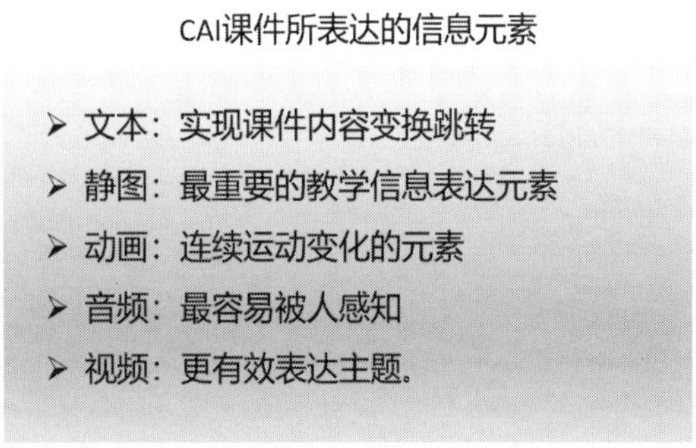　　　　　图13-1-30 重点突出的幻灯片

（三）层次分明

当一段文字的内容包含层次关系时，教师在幻灯片中就要尽量将层次关系体现出来，帮助学生厘清文字的层次关系，促进内容的深层次理解。如图13-1-31所示的文字虽然注重了条目化处理，但内容之间的层次关系未体现出来，此时条目化的方式反而会误导学生的理解。如图13-1-32所示，将文字内容的层次关系通过不同的项目符号体现出来，并用不同的颜色进行区别显示，显得层次分明，方便阅读理解。这里需要注意的是，文字的颜色设置要以能够清晰地呈现内容为根本出发点，如幻灯片背景为白底，则字体颜色可以设置为黑色，其他常见的设置是黑底白字、黄底黑字、黄底蓝字等。

图13-1-31 文字无差异化设置

图13-1-32 文字差异化设置

第二节　图片元素的设计

在演示文稿中，图片常用来配合文本呈现信息。本节主要介绍图片元素在教学中的设计要点和原则。

一、图片元素设计要点

（一）添加边框

为图片添加边框是一种简单易行的图片美化方式，可以使图片边缘清晰，与幻灯片背景区别开来。图片边框设置包括边框的颜色、粗细和线条样式等，如图13-2-1和如图13-2-2所示为图片添加边框前后的效果对比图。

图13-2-1 图片未经修饰的幻灯片　　　　图13-2-2 为图片添加边框的幻灯片

（二）添加阴影

阴影效果可以使图片从幻灯片中凸显出来，增强图片的立体感，提升页面视觉效果。图片阴影效果包括外部、内部和透视三种类型。如图13-2-3所示和12-2-4所示为图片添加阴影前后的效果对比图。

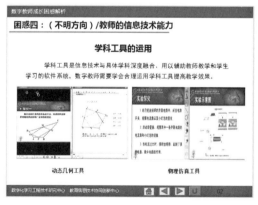

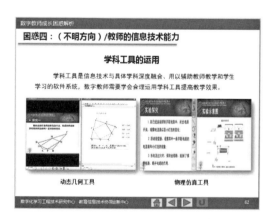

图13-2-3 图片未添加阴影的幻灯片　　　　图13-2-4 为图片添加阴影效果的幻灯片

（三）柔化边缘

为了使图片与幻灯片背景在视觉上更加协调，除了对图片添加边框、阴影外，还可以对图片做柔化边缘处理，使图片更好地与背景融合而不显得突兀，如图13-2-5和12-2-6所示为图片进行边缘柔化处理前后的效果对比图。

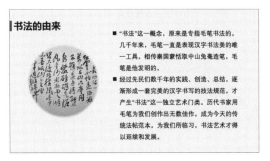

图 13-2-5 图片边缘未经柔化的幻灯片　　　　图 13-2-6 图片边缘柔化后的幻灯片

（四）去除冗余信息

在制作教学 PPT 的过程中，大部分教师使用的图片素材是直接从网络上下载的。若下载的图片上有水印等冗余信息，在教学过程中会大大分散学生的注意力，如图 13-2-7 所示。因此需要去掉图片中的冗余信息，让图片传达的信息更加准确、清晰，如图 13-2-8 所示。

图 13-2-7 图片未去版权信息的幻灯片　　　　图 13-2-8 图片去掉版权信息的幻灯片

（五）去除图片背景

图片通常带有不透明背景，有时会遮挡课件背景或课件中的其他内容，使得画面不够精致美观，如图 13-2-9 所示。教师可以使用 PPT 中抠除背景的功能将图片变成透明背景，以突出图片的主要内容，增强页面艺术感，如图 13-2-10 所示。

图 13-2-9 图片未经处理的幻灯片　　　　图 13-2-10 图片中去除背景的幻灯片

（六）设置多图呈现形式

教师常常需要在一张幻灯片中呈现多张图片，此时多图的呈现形式将直接影响幻灯片的画面效果以及学生的观看体验。常用的多图呈现形式分为同时呈现与动画依次呈现两种。如图13-2-11所示，多张图片同等比例大小同时呈现在幻灯片中；如图13-2-12所示，教师每单击一次鼠标出现一张图片，这种动画依次呈现图片的形式是为了最大化地展示每张图片的细节内容。

图13-2-11 同时呈现图片

图13-2-12 动画依次呈现图片

二、图片元素设计原则

（一）符合主题

一图胜万语，有图有真相。教师在选择图片时，需要选取与当前幻灯片文本内容表现主题一致的图片。如图13-2-13所示，幻灯片左侧的"人物"图片与文本内容所表达的主题不一致，不仅没有对文本内容的表达起到辅助作用，还容易分散学生的注意力。因此，需要替换为与计算机网络基础相关的图片，如图13-2-14所示。

图13-2-13 图片与表现主题不一致　　　　图13-2-14 图片与表现主题一致

（二）画面简洁

图片是辅助文字内容展现教学信息的重要元素。教师在选取图片资源时，应避免页面过于花哨、杂乱而分散学生注意力。图13-2-15所示幻灯片中的图片与主题不符，且颜色过于花哨，影响展示的效果；图13-2-16所示为修改后的简洁画面。

 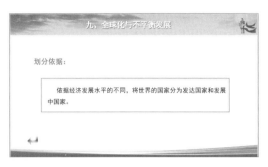

图 13-2-15 画面花哨　　　　　　　图 13-2-16 画面简洁清晰

第三节　音视频元素的设计

在演示文稿中，除文本与图片外，音视频也是常用的辅助教学元素，能够丰富教学课件，使课件更加生动、有吸引力。本节主要介绍音视频元素在教学中的设计要点和原则。

一、音视频元素设计要点

（一）裁剪音视频素材

在课件中使用音视频素材时，要根据教学的实际需求，将音视频素材加以裁剪，留下最能表达教学信息的内容，删除非必要的内容。这样既能突出教学重点，也能节约课堂展示的时间，如图 13-3-1 所示为使用 PPT 裁剪视频的画面。

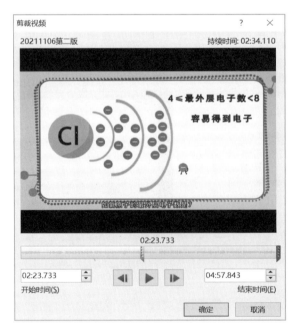

图 13-3-1　裁剪视频界面

(二) 视频去水印

从网络下载的视频素材常带有版权水印等无关的内容，如图 13-3-2 所示；为了避免冗余信息分散学生的注意力，教师需提前将视频的水印去除，如图 13-3-3 所示为去除视频水印后的效果图。

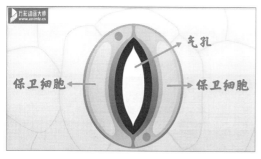

图 13-3-2 去除水印前

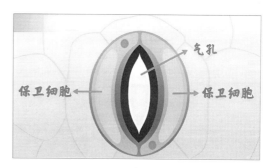

12-3-3 去除水印后

(三) 调整视频显示效果

为了提高视频内容的可读性与课件的艺术性，可以自主调整视频的显示效果，如对视频进行大小、旋转、加边框等设置。如图 13-3-4 和 12-3-5 所示为视频添加边框前后的效果对比图。

图 13-3-4 视频未添加边框

图 13-3-5 视频添加边框

(四) 设置播放方式

PowerPoint 提供了自动播放和手动播放两种主要的视频播放方式，手动播放的方式可以控制视频播放的时间，还可以实现多次播放。因此，教师需要结合自己的教学需要，提前设置视频的播放方式，使教学流程更加流畅。

二、音视频元素设计原则

(一) 内容贴切

音视频元素作为创设教学情景、传递教学内容、激发学生学习兴趣的有效手段，应该精选、精用与教学内容相贴切的音视频素材，从而更好地辅助教师的教学。如图

13-3-6 所示，教师在讲述"显微镜的使用"内容时，插入了一段演示显微镜操作方法的视频，学生可以反复观看和模仿。使用与教学内容不相符的素材，不仅不能辅助教学信息的传达，还可能对学生产生错误的引导，例如，教师在讲授《圆明园的毁灭》一课时，在 PPT 封面页中插入了一段旋律轻快的音频作为背景音乐，这显然不符合整篇课文感情基调，不利于学生把握课文所传达的思想感情。

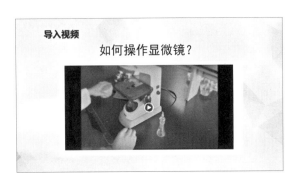

图 13-3-6 在 PPT 中插入符合主题的视频

（二）数量与时长适宜

音视频素材不是教学课件的主体内容，教师不应在 PPT 中大范围、长时间、高频率地使用音频素材，否则会产生喧宾夺主、分散学生注意力的不良效果。例如，有教师对 PPT 中每个元素的出现都设置了音效，在播放时声音效果混乱，造成学生的听觉压力。在教学过程中，播放 2~3 个视频已经足够，过多的视频会导致学生处于长时间被动接受的状态，影响学生思考的积极性，从而影响教学效果。每条音视频素材的时长控制在 1~2 分钟以内为宜，最长不超过 5 分钟。过短的音视频素材达不到教学目的，过长的音视频素材不仅容易使学生产生视听觉疲劳，还容易冲淡教学重点，从而影响学生对教学内容的学习。

（三）不用尖锐或夸张的音频效果

PPT 中的音频能够刺激学生听觉，吸引学生注意，但过于尖锐或夸张的音频会令学生产生不适感，影响教学效果。例如，有教师在历史课上讲解涿鹿之战时，通过 PPT 播放非常尖锐刺耳的兵器摩擦音频，让学生感到不适的同时又分散了他们的学习注意力。

第四节　动画元素的设计

在演示文稿中添加动画能让展示过程更富活力，更加精彩。然而，动画元素的添加也有注意事项：动画的添加要合理，切勿浮夸，徒有形式。本节主要介绍动画元素在教学中的设计要点和原则。

一、动画元素设计要点

动画元素在 PPT 中主要是以视频的形式呈现，所以动画的设计要点与视频的设计要点类似，主要是裁剪内容、去除无关信息画面、设置表现效果等，教师可参考本章第三节的内容，这里不再赘述。

二、动画元素设计原则

教师在制作或选择动画资源时，首先需要符合教学内容的主题。如图 13-4-1 所示，在讲解初中地理《海陆的变迁》一课时，教师利用三维动画将喜马拉雅山的形成过程直观地表现出来，使学生能穿越时空感受海陆变迁的过程，促进学生对相关知识点的理解。若选择与主题无关的动画，则容易分散学生的注意力，降低课程学习效果。如图 13-4-2 所示，小学数学课件中插入了色彩多样、形式丰富的卡通动画，这些动画虽然丰富了课件页面的视觉效果，但与教学内容无关，在很大程度上会分散学生的注意力，干扰学生的认知。这种影响对低年级的学生尤为明显。

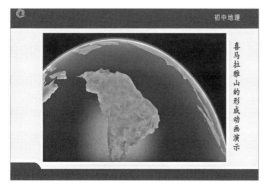
图 13-4-1 在 PPT 中插入符合主题的动画

图 13-4-2 在 PPT 中插入无关动画

虽然动画资源具有直观展示教学内容、突破时空限制、将抽象概念形象化等优势，但教师在制作教学 PPT 时，还应注意使用的动画资源数量不宜过多。过多的动画展示不仅增加学生的认知负荷，还会喧宾夺主，分散学生注意力，降低课件本身的知识传达。

第五节　教学PPT元素设计案例：《计算机硬件系统》

教学情境

"计算机硬件系统"是高校计算机基础课程中的内容，为了更加直观、形象地讲解计算机硬件系统的各个部分，曾老师想在PPT中通过文字、图片、音频等元素相结合的形式来呈现教学内容，并在最后通过视频的形式引导学生梳理、总结本节课的知识。因此，曾老师需要选择恰当的文本、图片、视频等素材，掌握教学PPT各元素的设计和操作要点。

案例效果图

案例操作步骤

一、文本元素设计

本案例中的文本内容在呈现时，注重提炼重点信息，避免大篇幅的文字堆砌，并通过添加项目符号，使内容条目化和层级化展现，方便学生理解内容的逻辑结构，如图13-5-1所示；另外，在讲解"存储器"内容时还使用表格对比展现高速缓冲存储器、内存储器和外存储器的功能，方便学生的知识理解与记忆，如图13-5-2所示。

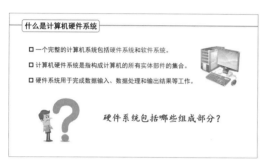
图13-5-1 内容条目化效果

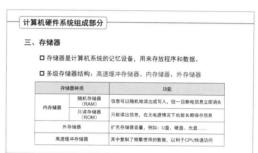
图13-5-2 表格对比设计

二、图片元素设计

本案例中的图片元素主要是辅助文本内容解释计算机硬件系统的各组成部分，因此，注重图片主题与文本内容相符。在图片的样式上，通过按形状裁剪（第3张幻灯片）、添加阴影（第4张幻灯片）、去除背景图片（第2、8、9、10张幻灯片）的方式丰富图片的表现形式，并使图片与幻灯片背景更加融合。下面以图13-5-3为例，展现按形状裁剪图片的具体操作步骤。

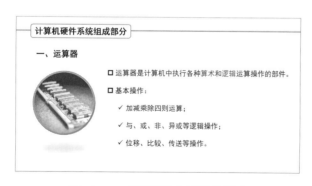
图13-5-3 裁剪图片为形状效果图

单击选中图片元素，单击【图片格式】选项卡，单击【裁剪】下拉键，单击【裁剪为形状】，单击【椭圆】，如图13-5-4所示。

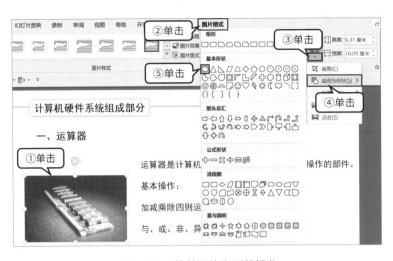

图 13-5-4 裁剪图片为形状操作

单击【裁剪】，拖动图片边缘黑色选框来调整椭圆形态，如图 13-5-5 所示。

图 13-5-5 裁剪为椭圆形操作

三、音频元素设计

本案例在第 8 页幻灯片中使用了"敲击键盘"的音频元素，并将"键盘"图片设置为触发器。教师单击"键盘"图片就能播放敲击键盘的音效，增强操作键盘的听觉体验，吸引学生注意力，如图 13-5-6 所示，下面介绍为音频播放添加触发器的具体操作步骤。

插入音频素材。单击"键盘"图片元素，单击【音频】下拉键，单击【PC 上的音频】，如图 13-5-7 所示。

在弹出的窗口中找到"敲击键盘 .mp3"的音频素材，单击【插入】，如图 13-5-8 所示，即完成触发效果的操作。

图 13-5-6 触发器效果

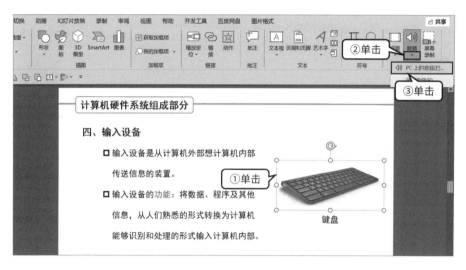

图 13-5-7 插入音频素材

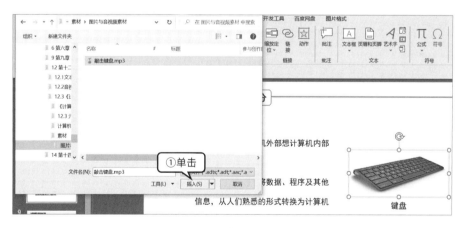

图 13-5-8 寻找目标音频素材

四、视频元素设计

本案例在第 11 页幻灯片中插入了一段时长为 1 分 43 秒的计算机硬件系统视频，系统地总结、回顾了计算机硬件系统的知识点，符合前文提到的"内容贴合"与"时长

适宜"原则,并为视频添加了灰色边框,美化了视频的视觉效果。为视频添加边框的具体操作步骤如下:

单击视频,单击【视频格式】选项卡,单击【视频边框】下拉键,单击【白色,背景1,深色15%】即完成视频边框设置,如图13-5-9所示。

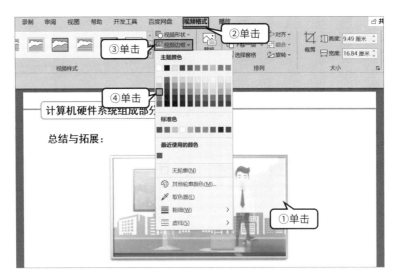

图 13-5-9 添加视频边框操作

第十四章　教学 PPT 版面设计

学习目标

- 举例说明教学 PPT 版式的主要类型；
- 分辨 PPT 多元素布局的四种形式，能为教学课件选择恰当的多元素布局形式；
- 掌握色彩搭配的原理与原则，熟悉色彩的常用搭配，能为教学课件设计合适的配色方案。

知识图谱

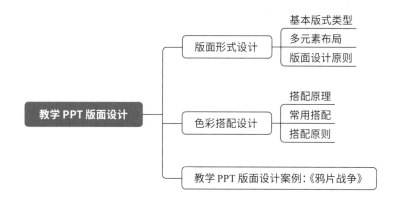

第一节　版面形式设计

版面设计是影响课件艺术性的关键因素。合理美观的版面设计，不仅能给人以美感，让人产生心理上的愉悦，而且能有效传递信息，激发学生的学习兴趣，提高学习的积极性。因此，课件的版面设计需要充分考虑观看者的普遍阅读习惯和认知特点，对各种元素进行合理安排，最大程度地传递知识信息，体现教学重难点，充分发挥多媒体课件的作用。

一、基本版式类型

PPT 的版式即幻灯片的排版形式。PPT 主要有以下八类基本排版形式：

（一）上下排列型

上下排列型版式属于竖向视觉流程，是指将版面中的元素以垂直的方式进行排列，一般是自上而下的顺序。该类视觉流程在结构上具备有序性与简洁性，符合人们认知的心理顺序和思维活动的逻辑顺序。

在上下排列型的幻灯片中，可以将整个版面分割为上、下两个区域，或者上、中、下三个区域，随后在各个区域放置文本、图片、表格等内容。因为人的视觉中心通常在页面中心偏左上方的位置，所以在进行PPT版面设计时，应将重点内容放在视觉中心的位置。如图14-1-1所示，除标题"三次教育革命"外，整个版面分为两个部分，上图下表，图片反映主体内容，表格辅助介绍图片内容。

上下排列型版面具有稳定、直观、整齐的感觉，但容易导致死板，没有生气。如果遇到文字较多的情况，很容易产生视觉疲劳。这时将文字由上往下分为两栏或三栏显示，并适当留白，可以使整个页面更加大气、简约，如图14-1-2所示。

图14-1-1 上图下文型PPT

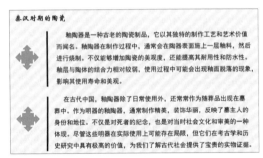

图14-1-2 将文字进行分栏

（二）左右排列型

左右排列型版式属于横向视觉流程，引导人们的视线左右移动。从左至右的顺序移动，符合人们的视线流动习惯，因此左右排列型是一种平缓的布局结构，在视觉上给人一种平静、稳定的感觉。

左右排列型将版面分割为左右两个区域，主要有左置型、右置型、左右对称型等形式。其中左置型排版指左边的区域面积大于右边，视觉中心在左侧，可以是左文右图，也可以是左图右文，如图14-1-3所示。右置型版面即右侧区域大于左侧区域，页面的视觉中心在右侧，如图14-1-4所示。

左右对称型版式是指幻灯片中左右两个区域面积几乎相等，构成对称效果。这种版式的特点是左右平衡，稳定感强，如图14-1-5所示。

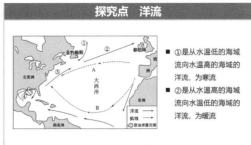

图 14-1-3 左置型版面　　　　　图 14-1-4 右置型版面

图 14-1-5 左右对称型版面

（三）中轴型

中轴型版式是一种对称的构成形态，具有良好的平衡感，通常用于展示几个不同事物或同一事物的几个方面。如图 14-1-6 所示是一页典型的中轴型版式幻灯片，它将整个版面横向均分为左、中、右三个区域，每个区域用相同的样式排列图片、文字等元素。

图 14-1-6 中轴型版面

（四）斜置型

斜置型版式属于斜向视觉流程，通常将一组文字、一组图像、一组图形等进行倾斜编排，以产生不稳定感和视觉动感，进而达到引人注意的效果。当课件主题要求风格活泼时，可以适量地使用斜置型的版式。如图14-1-7所示幻灯片中，将三组文字进行倾斜放置，倾斜的视觉流程是从左下角至右上角，契合文字内容和箭头形状所表达的不断提升的含义。

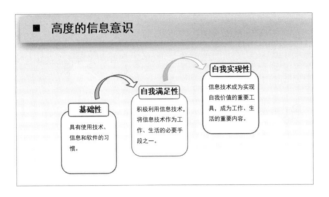

图14-1-7 斜置型版面

（五）圆圈型

圆圈型版式属于曲线视觉流程，以正圆或半圆划分版面，各元素跟随曲线排列。曲线型的视觉移动可以避免直线移动的僵硬感，比水平、竖直和斜向流程更具有节奏与韵律之美。如图14-1-8所示，图片位于圆弧形之中，文字按曲线排列，画面非常生动活泼。

图14-1-8 圆弧型版式

（六）棋盘型

棋盘型版式，顾名思义，是将版面全部或部分分割成若干棋盘一样的形态，用来放置多个并列的对象。在这种版式中，图片、文字、形状等元素可以被看作是一个个相互独立的棋盘格错落有致地排列开来。如图14-1-9所示，六个主题以棋盘式格式排列，版面工整但又蕴藏着变化。

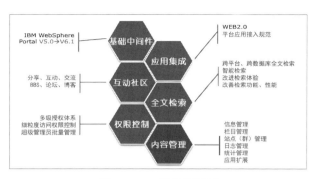

图 14-1-9 棋盘型版面

（七）文字型

在文字型版式中，文字是主体，图片、图形等其他元素仅仅是点缀。对文字型课件进行巧妙的排版，不仅能提升画面的美感，还能增强文字的可读性。如图 14-1-10 所示，使用矩形框来划分文字区域，幻灯片上方和中心有图片作为点缀，整个画面整齐简洁，方便阅读。

图 14-1-10 文字型版面

（八）全图型

全图型版式比文字型版式更有冲击力，图片占重要部分，一般只在图片留白位置添加少许文字信息作为说明或补充。如图 14-1-11 所示，这幅全图型幻灯片重点突出了图片内容以及整个 PPT 课件的主题。

图 14-1-11 全图型版式

二、多元素布局

当一页幻灯片中有多项元素时，按照各元素的布局方式可以将 PPT 版面分为以下四类：

（一）基本式

基本式是最常见的布局形式，其基本结构主要包括课程及章节窗口、内容窗口和操作窗口，如图 14-1-12、13-1-13 所示。

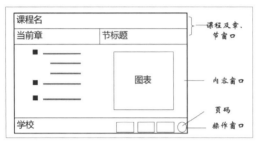

图 14-1-12 基本式版面结构示意图

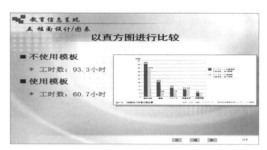

图 14-1-13 基本式版面结构的 PPT

（二）菜单式

菜单式版面在基本式版面的基础上新增了目录菜单窗口，用来显示 PPT 课件的目录，其基本结构如图 14-1-14 所示。图 14-1-15 为典型的菜单式幻灯片，方便教师和学生明晰当前内容在整个课件中的位置，有利于学生掌握 PPT 课件的整体框架。

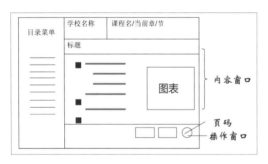

图 14-1-14 菜单式版面结构示意图

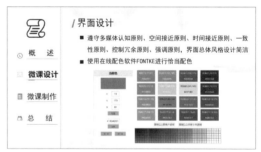

图 14-1-15 菜单式版面结构的 PPT

（三）网页式

网页式版面在基本式版面基础上增加了导航窗口和页面跳转窗口，其基本结构如图 14-1-16 所示。网页式版面结构清晰，跳转灵活，适合于学生自学，图 14-1-17 为学生自主学习 DHCP 服务原理的课件。

（四）电子课本式

电子课本式版面在基本式版面的基础上增加了导航窗口，且导航窗口一般位于页面下方，如图 14-1-18 所示。这类版面多用于演示型课件，如图 14-1-19 所示。

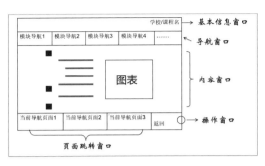
图 14-1-16 网页式版面结构示意图

图 14-1-17 网页式版面结构的 PPT

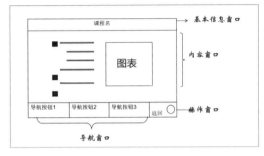
图 14-1-18 电子课本式版面结构示意图

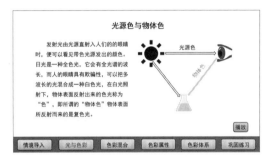
图 14-1-19 电子课本式版面结构的 PPT

三、版面设计原则

（一）主题突出，条理分明

为了突出 PPT 的主题，在设计和制作 PPT 时需注意将元素色彩与背景颜色形成反差，重要的部分可以使用与背景色有较大反差的颜色标示出来，引起学生的注意，如图 14-1-20 所示，给序号 1、2、3 添加矩形框，突出条理性。除此之外，还可以通过增加字号来突出显示，字号越大越清晰，如图 14-1-21 所示。

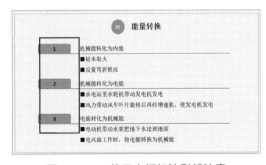
图 14-1-20 使用方框标注引起注意

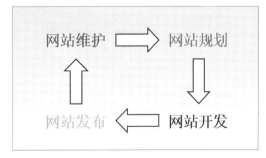
图 14-1-21 增大字号突出显示

（二）内容提炼，详略分明

因幻灯片的版面有限，放置在幻灯片中的元素都要经过精细选择与提炼，页面只保留那些绝对必要的部分，尽量去掉分散注意力、与教学无关的视觉内容。如图

13-1-22 所示，PPT 中有与主题内容无关的元素——"计算机"的 GIF 动图。它不仅与主题无关，还会干扰学生的注意力。因此，这种元素应该删除，如图 14-1-23 所示。

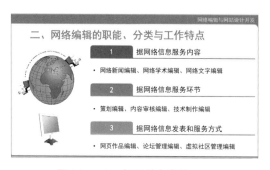

图 14-1-22 有无关内容的 PPT

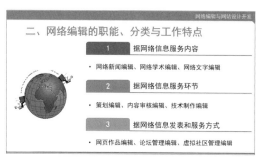

图 14-1-23 删除无关内容的 PPT

（三）通用元素，固定统一

一个完整的 PPT 课件是一个连续的整体，因此，一个 PPT 课件应采用统一的主题风格和通用元素。幻灯片中的标题、菜单、页码等通用元素应保持在固定的位置，保持阅读的流畅性，能使学生将注意力放在教学 PPT 的内容上，提高学习效率。如图 13-1-24 所示，幻灯片使用相同的导航形式，使用统一样式的项目符号，让前后幻灯片的界面连贯一致，没有跳跃感。

图 14-1-24 采用通用元素的 PPT

第二节　色彩搭配设计

PPT 作为一种注重视觉化表达的信息呈现方式，对颜色搭配的需求可以说是不言而喻的。恰到好处的 PPT 配色，不仅能让人心生愉悦，还能影响知识的可视化和学生的认知效果。因此，在设计与制作 PPT 课件时，如何合理配色是课件版面设计必须考虑的因素。

一、搭配原理

（一）色彩三要素

1. 色相

色相是各类色彩的相貌称谓，如大红、普蓝和柠檬黄等。色相是色彩的首要特征，是区别各种不同色彩的最准确的标准。它表示色彩的相貌差异，与色彩的强弱、明暗等无关。在图14-2-1所示的色相环中，三原色分别是红、黄和蓝，这三种颜色相互混合可以得到其他任意颜色；二次色为橙、紫和绿；三次色为黄绿、青绿、蓝紫和紫红。按照光谱的顺序依次为：红、橙红、橙、橙黄、黄、黄绿、绿、绿蓝、蓝、蓝紫、紫和紫红，共12种，如图14-2-2所示。

图14-2-1 色相环

图14-2-2 十二色相图

2. 明度

明度即色彩的亮度，不同的颜色具有不同的明度，其中黄色明度最高，紫色明度最低，绿、红、蓝、橙的明度相近，为中间明度。另外在同一色相的明度中还存在深浅的变化，如绿色中由浅到深有粉绿、淡绿、翠绿等明度变化。在一个画面中安排不同明度的色块可以帮助表达画面的情感，如果天空比地面明度低，就会产生压抑的感觉。图14-2-3可看出不同颜色的明度对比，以及同一色相的明度由亮到暗的变化。

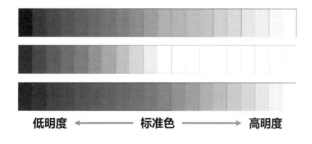

图14-2-3 色彩明度变化

3. 纯度

彩色系中，纯度是指鲜艳度或者饱和度，而黑白的纯度，则可以称之为灰度。不同的色相不仅明度不同，纯度也不相同。一般来说，红、黄、蓝三原色的纯度最高，二次色纯度相对弱一些，三次色纯度非常低。图14-2-4显示了3种颜色纯度的变化，纯度变化会导致颜色发生较明显的改变，如红色可变为深红、洋红、砖红和褐红等。高纯度色相加白或黑，可以提高或减弱其明度，但都会降低它们的纯度。

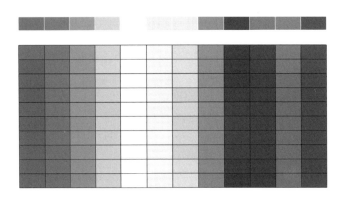

图14-2-4 色彩纯度变化

（二）色系

色系是指颜色所属系别。色彩，可分为无彩色和有彩色两大类，前者如黑、白、灰，后者如红、黄、蓝等七彩。人们常常根据生活习惯、风俗等赋予色彩意义，经过长时间的发展和影响，人们会自然地把某些意义和色彩联系起来。

1. 红色系

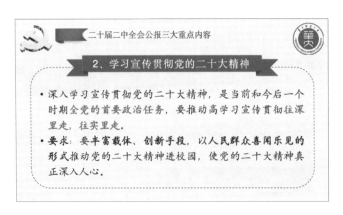

图14-2-5 红色系的PPT

红色是代表血与火的颜色，它象征着热情、奔放、喜庆、革命、危险等，是一种比较醒目的颜色，对人眼的刺激作用大，具有很高的注目性，因此常被用于警示标识，代表危险、禁止等。红色除了容易引起关注外，还可以对人的心理产生鼓舞作用。红色系的PPT常用于党政主题或者表达节日喜庆的主题，如图14-2-5所示。

2. 橙色系

图 14-2-6 橙色系的 PPT

橙色也是一种明度很高的颜色，故常被用作警戒色，如消防员、火车头、救生衣等。此外，橙色还代表力量、智慧和荣耀。在 PPT 课件的设计中，橙色因其醒目的特点，常被用来作为强调色出现，尤其是与明度较低的颜色搭配使用，如图 14-2-6 所示。

3. 黄色系

黄色是人眼最容易注意到的色彩之一，比纯白色的明度还要高。黄色带给人积极、乐观、明快、前途光明的感觉，也是希望和荣誉的象征，但明亮的黄色也是所有颜色中最容易让人产生视觉疲劳的颜色。在 PPT 课件的制作中，由于黄色明度高，所以黄色背景上的文字易读性不强，如图 14-2-7，故不提倡大面积使用黄色，但小面积地搭配其他适当的颜色使用时，黄色会立即提升整个版面的视觉效果，如图 14-2-8 所示。

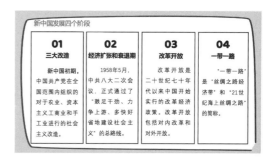

图 14-2-7 可读性不强的 PPT　　　　图 14-2-8 小面积使用黄色的 PPT

4. 绿色系

绿色是大自然的颜色，有希望、清爽、环保、理想、生长等含义。绿色能缓解视觉疲劳，有较为舒适的视觉感受。在 PPT 课件的设计中，绿色也是具有安静功能的色彩，如图 14-2-9 所示，绿色给人稳定、沉静、清爽的视觉感受。

图 14-2-9 绿色系 PPT

5. 黑白灰色系

黑色具有高贵、稳重、科技、神秘的意象，PPT 课件中的文字一般都使用黑色，作为背景色使用时，一般与其他颜色搭配使用，常用于商业 PPT 制作中，如图 14-2-10、13-2-11 所示。

图 14-2-10 黑色系 PPT

图 14-2-11 黑色与其他颜色搭配

白色代表纯洁、高贵、科技的意象，给人简洁、大方的感觉，可以与任意颜色进行搭配。在 PPT 课件制作中，白色常用于背景色使用，可以清晰地凸显幻灯片中的元素，如图 14-2-12 所示。

灰色具有高雅、柔和、沉稳的意象，是一种中性色。灰色是无彩色，即没有色相和纯度，只有明度。因此，在 PPT 课件的制作中，灰色需要与其他颜色搭配使用，或是利用不同亮度的灰度展现层次变化，使版面不会过于呆板，如图 14-2-13 所示。

图 14-2-12 白色与任意颜色搭配

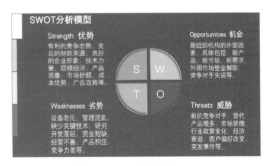

图 14-2-13 灰色系 PPT

二、常用搭配

（一）单色搭配

单色搭配是指将相同色调的不同颜色搭配在一起而形成的一种配色关系。如图14-2-14所示，色相环中同一色相不同深浅的颜色搭配在一起，便是单色搭配。

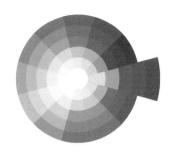

图 14-2-14 色环上的同一色

单色搭配可以产生极其微妙的韵律美，同时也是一种较为保守的色彩搭配方法。同一色调风格的PPT整体上会给人统一、协调的感觉，如图14-2-15所示。

单色搭配的方法比较简单，只需先选定主题色，再选择主题色所属的同一色相的颜色进行搭配。但当PPT课件页面较多时，单色搭配会给人单调乏味的感觉，所以可以适当加入其他颜色作为调节。如图14-2-16所示，该绿色系的PPT采用单色搭配，除了不同深浅的绿色外，还搭配了少量的灰色、黄色等其他颜色。

图 14-2-15 采用单色搭配的PPT

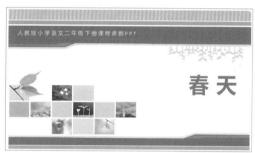

图 14-2-16 搭配其他颜色的单色搭配PPT

（二）类似色搭配

类似色搭配又称为邻近色搭配，指在色相环上任选三个连续的色彩，或者其中任意一种颜色的明色和暗色进行搭配。如图14-2-17所示，在色相环上，橙色、黄橙和黄色是一组邻近色。可以任意选择这三种颜色里的所有明暗色进行搭配，如图14-2-18所示。

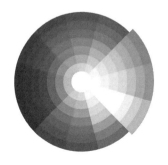

图 14-2-17 色环上的类似色

图 14-2-18 采用类似色的PPT

在 PPT 中应用邻近色进行搭配，不仅使版面的色彩具有层次感，而且邻近色之间的过渡比较自然，搭配在一起不会有跳跃感。如图 14-2-19 所示，这些图表型的 PPT 采用邻近色搭配，PPT 页面给人和谐统一、清爽感舒的感觉。

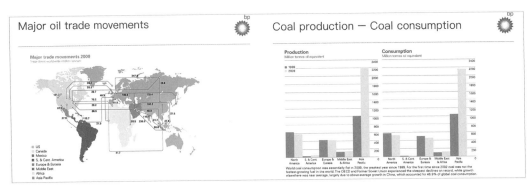

图 14-2-19 采用类似色的 PPT

（三）互补色搭配

在色相环的组成中，相隔 180 度的色彩称之为互补色，如图 14-2-20 所示，蓝色与橙色互补。互补色的对比效果强烈、响亮、极有力，但也需要慎用，使用不当易产生粗俗、炫目、不安定、不协调等不良感觉。尤其是当互补色各占 50% 时，画面的冲突性比较大，这样的配色对比给人极其不舒服的感觉。使用互补色时，在互补色中间加一个无彩色过渡，比如加一个白色做协调，会使得整体的过渡更加柔和，这样的搭配是最舒服的。

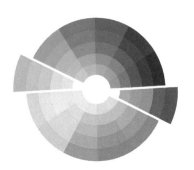

图 14-2-20 色环上的互补色

如图 14-2-21 所示的封面页中，PPT 中的蓝色与橙色形成鲜明的色相对比，白色作为调节色，让互补色过渡自然。此外，利用互补色对比效果明显的特点，可以使用互补色突出幻灯片中的重点内容，如图 14-2-22 所示。需要注意的是，在为课件搭配色彩时，应尽量少用互补色，因为这些对比强烈的色彩放在一起，学生注视太久会产生视觉闪烁，从而影响观察力。

图 14-2-21 互补色的点缀作用

图 14-2-22 使用互补色突出重点

(四)冷暖色调搭配

冷暖色的存在是人们在长期生活实践中感受生成的,虽然颜色的冷暖是一种心理错觉,但这种错觉在PPT设计中却起着很重要的作用。比如红色、橙色、黄色通常让人联想到火焰、太阳,所以称为暖色;蓝色则会让人想到水、冰,所以蓝色给人的感觉是比较冷的;绿色、黄绿色容易让人想到夏天的树荫、草坪等,可以给人凉快、镇定、舒适的感觉。

在PPT的设计过程中要注意冷暖色调的平衡,这样才能增强画面的表现力。如图14-2-23所示,图片中蓝色是冷色系,橙红色为暖色系,深绿色偏中性,几种颜色结合以后在视觉上就达到了冷暖色调的平衡。如图14-2-24所示,暖色系的橙色与冷色系的蓝色搭配在一起也达到了平衡。

 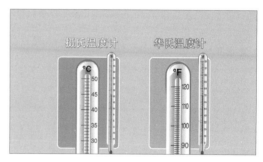

图14-2-23 色调对比搭配　　　　　　　图14-2-24 冷暖色调平衡

(五)无彩色搭配

无彩色指除了彩色以外的其他颜色,常见的有黑、白、灰。给人以冷静、理智的感觉,通常用于比较庄重、严谨或者怀旧风格的PPT。这三种颜色还能与其他颜色进行无缝衔接,包容度非常高,因为它们缺乏情绪的表达,与其他颜色搭配在一起后,不仅使画面有了重心,也能相互衬托,如图14-2-25所示。

图14-2-25 无彩色PPT

三、搭配原则

（一）与主题契合

不同的颜色给人带来的心理感受是不一样的，如红色象征着热情、奔放、喜庆、革命、危险等；黄色象征光明、希望、明朗、温暖等；绿色象征着青春、生命、健康、新生与希望等。因此，在 PPT 的设计与制作中，如果想要传达特定的情感，达到预设的效果，最好选择一种能反映这种情感的色彩。如图 14-2-26 所示，关于党的专题 PPT 选择象征着革命精神的红色。

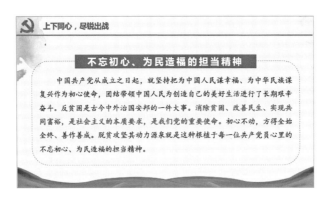

图 14-2-26 与主题契合的 PPT 色彩搭配

（二）辨识度高

传递教学信息是 PPT 课件的主要功能，因此，配色时要充分考虑课件内容的易识别性，不要给观看者增加阅读难度。例如突出课件中文字的方法主要是使文字颜色和背景色产生明显的对比，前文所述的使用互补色是一种不错的方法，如图 14-2-27 所示，蓝色的背景、黄色的文字，可以使文字更加清晰易读。除此之外，还有一些常用的文字和背景的配色方案，如图 14-2-28 所示。

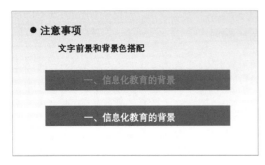

图 14-2-27 与主题契合的 PPT 色彩搭配

图 14-2-28 十大色彩可视度清晰的配色搭配

需要注意的是，在 PPT 课件中应避免使用亮度太高的颜色和对比强烈的互补色。如图 14-2-29 所示，背景和文字的颜色虽然能形成强烈对比，但因亮度太高，对比性太强，不仅不美观，而且容易让学生产生视觉疲劳，影响学习效果。

图 14-2-29 色彩对比强烈的 PPT

（三）色调统一

PPT 课件是一个系统性的整体，因此，整个 PPT 课件应该有一个统一的主题色彩，保证幻灯片的视觉连续性。具体的统一性体现在：PPT 主色调统一、主标题文字色彩统一以及内容文字的色彩统一。如图 14-2-30 所示，该 PPT 的主色调为蓝色，主标题文字统一为蓝色，内容文字统一为黑色。

图 14-2-30 色调统一的 PPT

第三节　教学 PPT 版面设计案例：《鸦片战争》

教学情境

《鸦片战争》是统编版历史八年级下册第一单元第一课。为了更好地传达教学内容，刘老师准备制作课件来辅助教学。完整的课件包含封面页、导航页、转场页、内容页和尾页，还需要将各个页面的文本、图片、表格等元素进行合理排版。这不仅能影响课件的美观性，还会影响教学信息的传达。刘老师应该怎样设计各个页面的版式呢？

案例效果图

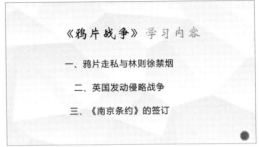
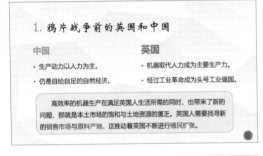

案例操作步骤

首先参考本书第八章选择并设置课件主题和母版。系统主题选择"木材纹理"，主题颜色设置为"黄橙色"，标题字体设置为"华文新魏"，正文字体设置为"微软雅黑"，设置好系统主题的效果如图14-3-1所示。在幻灯片母版选项卡中根据案例插入、删除或重命名母版，在母版的元素中取消勾选"日期""幻灯片编号"和"页脚"，并按需插入并排列占位符。例如，插入三个内容占位符的版式，效果如图14-3-2所示。

图 14-3-1 设置好系统主题的效果图

图 14-3-2 三个内容占位符版式的效果图

一、封面页版面设计

本案例的主题为"鸦片战争",课件封面的元素主要是"背景色+标题"的形式,采取上下排列的形式更显庄重肃穆。下面介绍《鸦片战争》封面页制作的具体操作步骤:

选择版式。新建幻灯片,选择"标题幻灯片"的母版版式,效果如图 14-3-3 所示。

输入文字。在主标题栏输入"鸦片战争",设置标题字号为"115",居中显示;在副标题栏中输入相关信息文字,设置字号为"22",加粗,左对齐,"1.5 倍"行距,最终效果如图 14-3-4 所示。

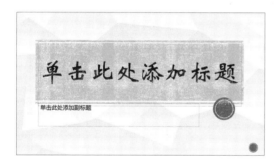

图 14-3-3 "标题幻灯片"版式

图 14-3-4 封面页效果图

二、导航页版面设计

由于封面页没有出现导航信息,那么就需要为课件制作专门的导航页,展示出课件的主要内容。本案例中的导航页是线性排列的目录形式,能清晰展现《鸦片战争》的学习内容和学习顺序。本案例导航页制作的具体操作步骤如下:

新建幻灯片,选择"标题和内容"版式,效果如图 14-3-5 所示。

制作标题信息。在标题占位符中输入"《鸦片战争》学习内容",设置字号为"54","居中"显示,设置"学习内容"的字体颜色为"橙色",效果如图14-3-6所示。

图14-3-5 "标题和内容"版式

图14-3-6 设置标题占位符的效果图

> **小贴士**
>
> 由于在"设计"选项卡下的"变体"组中更改过主题颜色为"黄橙色",因此在"字体颜色"下拉列表中出现的主题颜色是黄橙色系,与原始主题颜色不同,如图14-3-7、13-3-8所示。

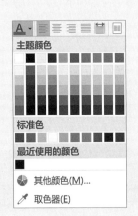
图14-3-7 "黄橙色系"主题颜色

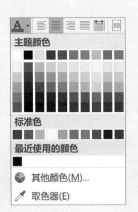
图14-3-8 原始默认主题颜色

制作导航信息。在内容占位符中输入"一、鸦片走私与林则徐禁烟""二、英国发动侵略战争"和"三、《南京条约》的签订",设置字号为"32",设置字体为"微软雅黑",设置字体颜色为"黑色",效果如图14-3-9所示。

格式排版。选中内容占位符,鼠标放至内容占位符左侧中间的控点上,此时鼠标变为十字,按住鼠标左键向右拖动至目标位置后释放左键,使其学习页面的中间位置显示出来,如图14-3-10所示。

图 14-3-9 设置内容占位符　　　　　图 14-3-10 格式排版设置

小贴士

这里的缩小内容占位符宽度与直接设置居中显示的结果不一样。缩小占位符宽度时，文本内容还是以左对齐显示；而设置居中显示时，占位符大小不会改变，占位符中的文本内容则会每行居中显示。图 14-3-11 所示为设置了居中显示后的效果。

图 14-3-11 居中显示的效果图

三、转场页版面设计

为了使 PPT 各部分内容过渡自然，本案例制作了转场页。为了保持转场页与封面页、目录页的整体风格一致，本案例转场页的设计只在目录页的基础上做了简单的修改，利用对比原则调整了标题与副标题的背景颜色与字体大小，层次分明，既方便学生明确转场后 PPT 将要展示的内容主题，还能促进学生对学习内容的整体把握。下面介绍制作本案例中转场页的具体操作步骤：

新建幻灯片，选择"节标题"版式，效果如图 14-3-12 所示。

制作标题。选中主标题占位符，输入标题文本"一、鸦片走私与林则徐禁烟"，设置字号为"48"。选中副标题占位符，输入目标文本内容，设置段前间距为"12 磅"，单倍行距，编号样式为"1""2""3"，最终效果如图 14-3-13 所示。

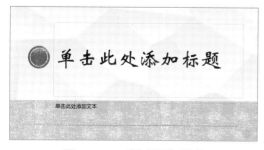

图 14-3-12 "节标题"版式　　　　　图 14-3-13 转场页效果图

> **小贴士**
>
> 占位符大小限制着占位符中文字的大小。如图14-3-14、13-3-15所示,当操作者拖动鼠标缩小占位符时,占位符中的文字字号会自动变小。

 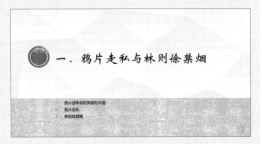

图14-3-14 缩小占位符前　　　　　　　图14-3-15 缩小占位符后

四、内容页版面设计

PPT课件内容页版面的设计要与课件整体风格保持一致,具体的内容排版主要由教学内容的特点决定,内容页中文字、图片和图表等元素的排列方式,应以能充分展示教学内容为出发点。本案例中的内容页版面设计共有以下四种类型。

（一）选用"比较"版式

当教师想对不同事物的同一方面或同一事物的不同方面进行比较分析时,可以选择"比较"版式。这有助于学生进行对比观看。例如本案例中的第4页幻灯片就是运用"比较"版式来对比鸦片战争前英国和中国的国内情况。下面以第4页幻灯片为例,展示"比较"版式制作的具体操作步骤：

新建幻灯片,选择"比较"版式,效果如图14-3-16所示。

制作内容文本。选中标题占位符,输入目标文本,设置字号为"44",其中"1.鸦片战争前的英国和中国"字体颜色为"橙色,个性色1"。再依次输入目标文本,设置"中国"和"英国"字号为"36","中国"字体颜色为"橙色,个性色1","英国"字体颜色为"褐色,个性色5",正文内容字号为"24","1.5倍"行距。效果如图14-3-17所示。

图14-3-16 "比较"版式　　　　　　　图14-3-17 设置文本格式的效果图

制作形状。用鼠标绘制一个圆角矩形的形状,将其"形状填充"的主题颜色设置为"浅黄,背景2","形状轮廓"的主题颜色设置为"褐色,个性色2",调整其大小和位置,如图14-3-18所示。

制作形状中的文本。选中形状,输入目标文本,选中所有文本,设置字体为"微软雅黑",字号为"24",左对齐,首行缩进,"1.5倍"行距;其中"销量市场""原料产地"和"殖民扩张"的文本字体颜色为"深红",设置完成的最终效果如图14-3-19所示。

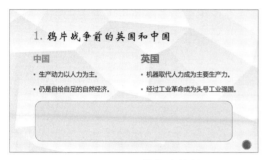

图14-3-18 设置形状格式的效果图

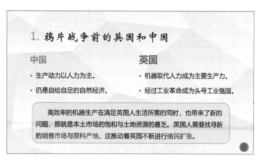

图14-3-19 设置形状中文本格式的效果图

(二)选用"仅标题"版式

当页面上元素数量较多时,建议教师选用"仅标题"版式,随后再根据预设效果手动插入所需元素。例如本案例中的第5页幻灯片,就是在"仅标题"版式的基础上,结合文本和形状元素来呈现教学效果。下面以第5页幻灯片为例,展示"仅标题"版式制作的具体操作步骤。

新建幻灯片,选择"仅标题"版式,效果如图14-3-20所示。

制作标题。输入标题文本,设置字号为"44",其中"2."的字体颜色为"橙色,个性色1",效果如图14-3-21所示。

图14-3-20 "仅标题"版式

图14-3-21 输入标题文本的效果图

制作"英国"和"中国"文本。插入两个文本框,分别输入"英国"和"中国",放至合适位置,设置字体为"华文新魏",字号为"40",形状填充为"无填充",轮廓粗细为"2.25磅";其中,"英国"文本框形状轮廓为"褐色,个性色3","中国"文本框形状轮廓为"橙色,个性色1",效果如图14-3-22所示。

制作箭头。插入两根"直线箭头",分别指向"英国"和"中国",粗细都为"2.25磅",其中指向"中国"的箭头颜色为"褐色,个性色3",指向"英国"的箭头颜色为"橙色,个性色1"。插入一根"箭头:上弧形",在上方由"英国"指向"中国"连接两个矩形,最终效果如图14-3-23所示。

 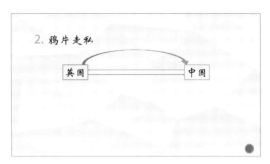

图14-3-22 制作"英国"和"中国"文本的效果图　　　图14-3-23 制作箭头的效果图

制作说明文本。插入两个文本框,分别输入"茶叶、生丝、药材"和"呢绒、棉纺织品、金属制品",设置字体为"微软雅黑",字号为"24",形状填充为"无填充无轮廓",分别放至箭头上下方,效果如图14-3-24所示。

制作"走私鸦片"文本。插入一个文本框,输入"走私鸦片",设置字体为"微软雅黑",字号为"28",字体颜色为"深红",形状填充为"浅黄,背景2",形状轮廓为"橙色,个性色1",放至"箭头:上弧形"形状的中间,效果如图14-3-25所示。

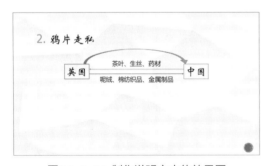 

图14-3-24 制作说明文本的效果图　　　图14-3-25 制作"走私鸦片"文本的效果图

制作引用的文本。插入一个"矩形:圆角",形状填充为"浅黄,背景2",形状轮廓为"褐色,个性色2";输入一段引用的文本,设置字体为"微软雅黑",字号为"24","1.5"倍行距,首行缩进,正文内容左对齐,文本来源信息右对齐;放至页面下方合适位置,效果如图14-3-26所示。

图 14-3-26 制作引用文本的效果图

（三）选用"两栏内容"版式

如果教师需要采用左右排版型版面，用以展示两个相关的元素内容，但不需要"比较"版面的左右对称形式，那么可以选用"两栏内容"版式，根据实际需要灵活调整左右版面的大小。例如本案例中的第 6 页幻灯片，就是运用"比较"版面展示与鸦片走私有关的原材料"罂粟"图和"英国向中国输入鸦片数量"的柱状图。下面以第 6 页幻灯片为例，介绍"两栏内容"版式制作的具体操作步骤。

新建幻灯片，选择"两栏内容"版式，效果如图 14-3-27 所示。

制作标题。输入标题文本，设置字号为"44"，其中"2."的字体颜色为"橙色，个性色 1"，效果如图 14-3-28 所示。

插入图片。单击左侧内容占位符中的【图片】按钮，插入"罂粟"图片，如图 14-3-29 所示；对图片进行适当裁剪，调整大小和位置如图 14-3-30 所示。

图 14-3-27 "两栏内容"版式

图 14-3-28 制作标题的效果图

图 14-3-29 单击"图片"按钮

图 14-3-30 插入"罂粟"图片的效果图

设置图片格式并添加图片标注。选中图片，选择"图片格式"选项卡中"图片样式"组的【映像圆角矩形】，如图 14-3-31 所示。插入文本框，输入"罂粟"，设置字体为"微软雅黑"，字号为"24"，放至"罂粟"图片正下方，效果如图 14-3-32 所示。

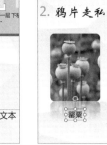

图 14-3-31 设置图片格式　　　　　图 14-3-32 设置图片格式的效果图

插入图表。单击内容占位符中的【插入图表】按钮，在弹出的"插入图表"对话框中选择【柱形图】，再单击【确定】，如图 14-3-33 所示。

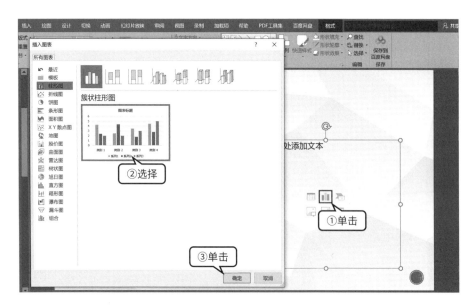

图 14-3-33 插入图表

更改数据。该占位符中出现柱形图，在弹出的"Microsoft PowerPoint 中的图表"Excel 表格中，更改数据如图 14-3-34 所示。

设置图表格式。设置完毕后，关闭"Microsoft PowerPoint 中的图表"Excel 表格，适当放大图表，其中图表中的字体设置为"微软雅黑"，标题字号为"19.2"，水平（类别）轴、垂直（值）轴与系列"英国向中国输入鸦片数量"图例项字号为"16"，效果如图 14-3-35 所示。

	A	B	C	D	E	F
1		英国向中国输入鸦片数量				
2	1799年	4000				
3	1820年	7889				
4	1825年	12576				
5	1830年	20331				
6	1835年	35445				
7	1838年	40200				
8						

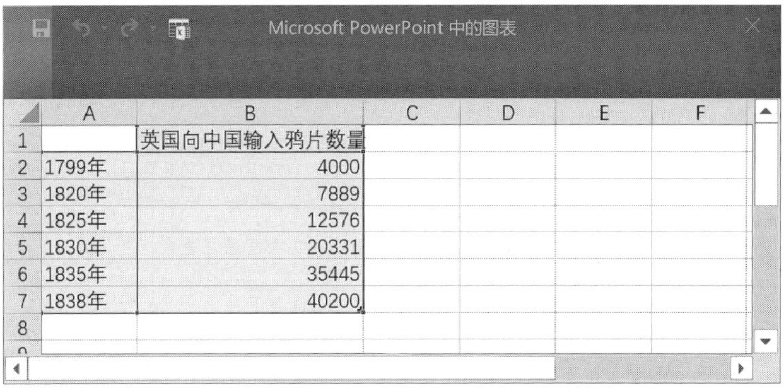

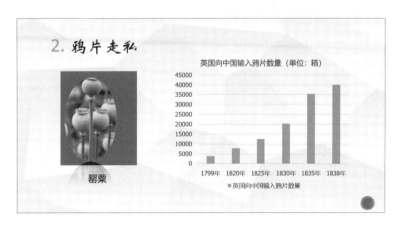

图 14-3-34 更改数据

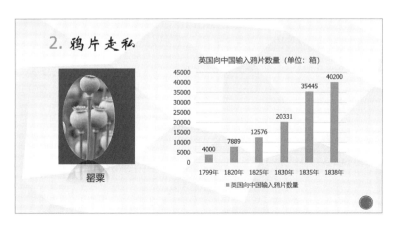

图 14-3-35 设置图表格式的效果图

设置数据标签。选中图表，设置“数据标签”为“数据标签外”；将图表中新添加数据的字号设置为“16”，最终效果如图 14-3-36 所示。

图 14-3-36 设置数据标签的效果图

小贴士

直接单击图表中的某一数据，同类数据都会被同时选中，如图14-3-37所示。若要修改现有数据，先选中图表，单击【设计】选项卡，再单击"数据"组中的【编辑数据】按钮，弹出 Excel 表，再根据需要进行相应修改即可，如图14-3-38所示。

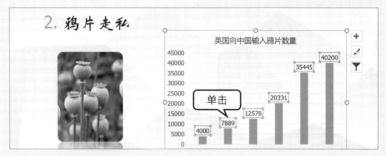

图 14-3-37 选中数据

图 14-3-38 编辑数据

（四）选用"自定义－三模块"版式

当教师不需要固定的版面模式，需要灵活调整版面元素时，可以选用"自定义－三模块"版式。例如本案例中的第7页幻灯片，就是运用"自定义－三模块"版式在左侧展示林则徐的人像图，右侧介绍与其相关的历史资料。下面以第7页幻灯片为例，展示"自定义－三模块"版式制作的具体操作步骤：

新建幻灯片，选择"自定义－三模块"版式，效果如图14-3-39所示。

制作文本。分别在标题占位符与右侧的内容占位符中输入相应内容，设置标题字号为"44"，"3."的字体颜色为"橙色，个性色1"，文本内容的字号为"24"，首行缩进，"1.5倍"行距，调整内容占位符的大小和位置，效果如图14-3-40所示。

图14-3-39 "自定义-三模块"版式

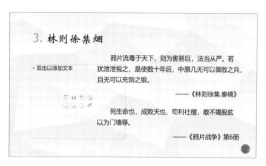
图14-3-40 制作文本的效果图

制作图片。插入"林则徐"图片，调整图片大小和位置，并删除图片背景，效果对比如图14-3-41所示。

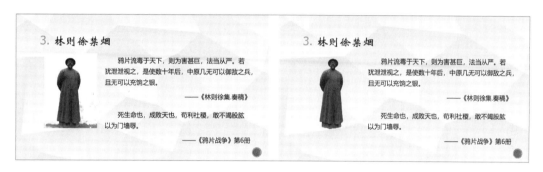
图14-3-41 删除图片背景前后的效果对比

制作图片标注。在图片下方插入一个文本框，输入"林则徐（1785—1850）"，设置字体为"微软雅黑"，字号为"20"，居中显示，"1.5倍"行距，效果如图14-3-42所示。

图14-3-42 "自定义-三模块"版式的效果图

设计思想

教师在制作内容页幻灯片时，教学内容占据幻灯片界面的主要部分，能够引起学生的关注和阅读。同时，教师在制作此类幻灯片时，应根据页面的预设效果来选择合适的版式。此外，本节内容只针对不同版式举了一页例，其余内容页的制作只需按照上述设计思路进行制作即可。

五、尾页版面设计

为了保证PPT课件的完整性，在课件的最后还应制作课件尾页。本案例中没有布置课后作业的教学需求，因此以简洁的方式结尾即可。本案例尾页制作的具体操作步骤如下。

新建幻灯片，选择"尾页"版式，效果如图14-3-43所示。

制作标题。在标题栏输入"谢谢观看"，设置标题字号为"115"，居中显示，效果如图14-3-44所示。

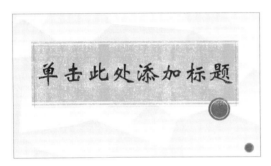
图14-3-43 "尾页"版式

图14-3-44 尾页效果图

第十五章 教学 PPT 结构设计

本章彩图
扫码可看

学习目标

- 举例说明直线式布局、分支式布局和菜单式布局应用的优势和局限性；
- 能根据教学内容选择合适的 PPT 课件结构。

知识图谱

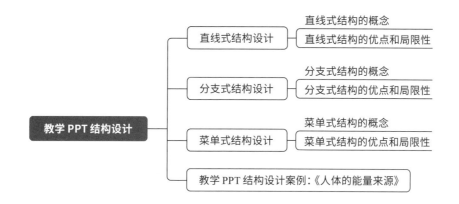

第一节 直线式结构设计

一、直线式结构的概念

直线式结构一般包括封面页、内容页和尾页三部分，如图 15-1-1 所示。封面页展示课题名称、年级、科目、教师姓名等基本信息，所有的教学内容都安排在内容页部分，按照知识的逻辑顺序和教师的授课流程依次编排幻灯片，直至尾页结束。

以《PPT 平面图形的绘制》内容为例，教学内容共分为三个部分，依次是：绘制矢量图、绘制剪贴画以及绘制立体图形。在介绍每一类图形绘制时，都是通过几个范例来讲解绘制方法，教学设计的流程图如图 15-1-2 所示。本节课的知识内容简单，知识点的授课方式相似，因此适合使用直线式结构。

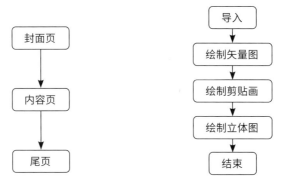

图 15-1-1 直线式结构示意图　　图 15-1-2 教学流程图

（一）导入部分

导入部分的第一页是封面页，展示了这节课的主题和授课教师信息。接着是主题导入，简单介绍 PowerPoint 软件并引出主题——图形的绘制，如图 15-1-3 所示。

图 15-1-3 课件导入部分

（二）教学内容部分

进入教学活动的主体部分，开始第一种平面图形——矢量图的绘制教学，如图 15-1-4 所示。

图 15-1-4 教学内容的第一部分

在这一部分，依次通过几个案例来讲解矢量图的绘制方法，如图 15-1-5 所示。课件的每个页面都是由标题、教学的主体部分以及翻页按钮三个部分组成。课件的每一页都只能通过单击页面下方的【BACK】和【NEXT】跳到上一页和下一页，而不能随意跳转到课件的其他页面。

教师依次介绍第二种和第三种图形绘制方法。教学方法同第一种平面图形类似，都是通过案例演示绘制方法，且页面的风格布局同上一部分保持一致，如图 15-1-6 所示。

图 15-1-5 案例讲解

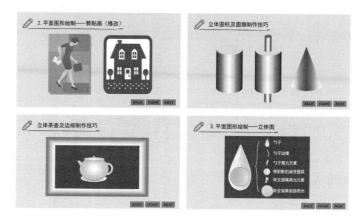

图 15-1-6 教学内容其他部分

（三）尾页

课件的最后一个部分是尾页，简要结束整个主题的教学，如图 15-1-7 所示。

图 15-1-7 课件尾页

二、直线式结构的优点和局限性

（一）直线式结构的优点

直线式结构PPT有利于内容的组织，操作简单，结构清晰，符合教师普遍的授课习惯，有利于直线式知识教学。因此，在制作PPT课件时，教师能根据自己的授课思路高效地组织教学内容。在授课过程中，PPT播放形式简单，教师只需按顺序播放PPT课件，因而能将更多注意力集中于知识的讲授。

（二）直线式结构的局限性

直线式结构也存在一些局限性，首先，直线式结构的课件容易出现"重局部轻整体"的情况。使用直线式结构时，教师不易掌控整体授课进度，容易出现在规定时间内提前完成或无法完成预计授课内容的情况。对于学生来说，容易"只见树木，不见森林"，无法系统了解完整的知识体系，以及各知识之间的逻辑关系。其次，直线式结构的PPT课件缺乏灵活性，幻灯片只能按照顺序播放，不能在页面间自由跳转。

第二节　分支式结构设计

一、分支式结构的概念

分支式结构常用于知识点较复杂的教学PPT，基于学习内容的逻辑结构将教学内容分为多个知识点，学生沿着知识点分支展开学习活动。如图15-2-1所示，主要包括封面页、目录页、各分支页以及尾页。封面页一般呈现课题名称、科目、教师姓名等信息；目录页呈现教学课件的完整知识框架体系或教学流程，如图15-2-2所示分别为生物和语文课件的目录页，生物课件目录页呈现了知识点和教学流程，语文课件目录页呈现了教学环节；每一知识点或教学环节即为分支，由子页呈现该分支的完整内容。

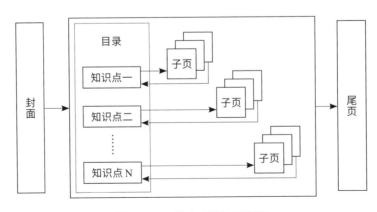

图 15-2-1　分支式结构示意图

图 15-2-2 分支结构目录页

以"细胞器——系统内的分工合作"内容为例,这节课的教学内容主要是介绍八种细胞器的特点及功能。八种细胞器依次是:线粒体、叶绿体、内质网、高尔基体、核糖体、液泡、溶酶体和中心体。在介绍每一种细胞器时,都是围绕形态结构、功能以及分布几个方面进行介绍,教学流程图如图 15-2-3 所示,知识点较多,且相对独立,因此课件采用分支式结构来制作。

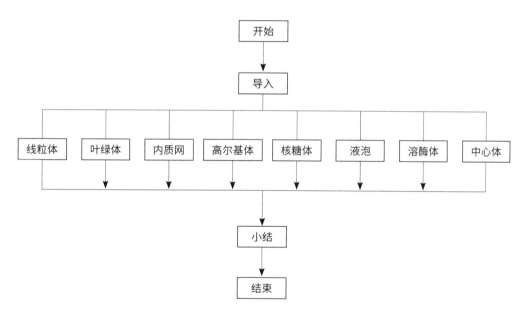

图 15-2-3 分支式结构教学流程图

（一）导入部分

本案例课件的首页既是封面也是目录,不仅呈现了课程的主题,也展示了该节课的主要内容,即八种细胞器。接着进行课程的导入,首先进行动植物细胞显微结构的对比,然后介绍了分离各种细胞器的方法——差速离心法,如图 15-2-4 所示。

 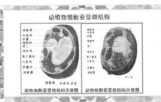 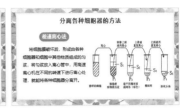

图 15-2-4 导入部分

（二）各分支页面

基于目录页中的标题顺序制作出各分支结构的幻灯片，每个分支的结构相同，排版风格相似。各分支的首页均为每个知识点的小节页，如图 15-2-5，呈现了分支知识点的主要学习内容。

"线粒体"的小节页中表明该节内容主要围绕四个方面展开教学，分别是形状、结构、功能和分布。小节页之后是各知识点的具体学习内容，如图 15-2-6 所示。

在介绍完第一种细胞器后，进入第二分支内容学习，即第二种细胞器——叶绿体。类似于第一分支的结构，首先是小节页，从形状、结构、功能和分布四个方面展开教学，如图 15-2-7 所示。

小节页之后是介绍具体内容，并在第二小节的末尾，对线粒体和叶绿体两种细胞器进行了比较，列出了二者的不同点与相同点，如图 15-2-8 所示。

之后几个细胞器知识都是按照相同的结构进行教学，每一部分都包括小节页与相应的内容页。

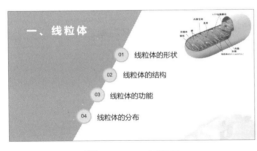

图 15-2-5 小节页

图 15-2-7 第二分支小节页

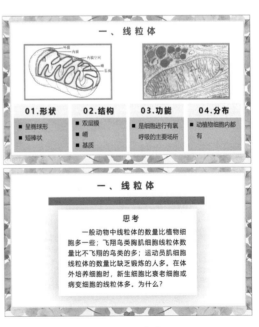

图 15-2-6 内容页

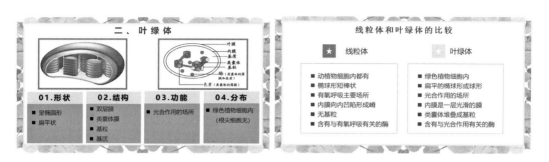

图 15-2-8 第二分支内容

（三）小结部分

小结部分是对前面介绍的八种细胞器在膜结构、分布、主要功能等方面的比较，以表格的形式呈现出来，如图 15-2-9 所示。课件的最后一页即是尾页，如图 15-2-10 所示。

图 15-2-9 小结页

图 15-2-10 尾页

二、分支式结构的优点和局限性

（一）分支式结构的优点

分支式结构相较于直线式结构，更利于学生把握知识点的逻辑关系和课件的编排结构，避免重复性的知识学习，例如在《细胞器——系统内的分工合作》案例中，各种细胞器之间的并列关系清晰呈现在目录中，教师的授课流程条理清晰，学生能快速了解整个知识结构，不会出现迷航。

（二）分支式结构的局限性

分支式结构虽然克服了直线式结构"重局部轻整体"的不足，但分支式的结构也因固定了教学顺序，难以适应灵活变化的课堂。例如在《细胞器——系统内的分工合作》课件案例中，教师一般只能按照设定好的顺序（即线粒体、叶绿体……中心体）来介绍几种细胞器，且需按照页面之间的跳转按钮来切换幻灯片，缺少一些灵活性。

第三节　菜单式结构设计

一、菜单式结构的概念

菜单式结构适用于以多知识点、多模块为中心建立的教学内容。以分支结构为基础，通过总目录菜单将各章的分支结构并联，教师可以在不同的章节单元间自由选择和跳转，没有预置路径的约束，使用灵活。

菜单式结构课件主要包括封面页、总目录页、教学内容页以及尾页，各个页面都有相应的导航菜单和动作按钮。通过"总目录"菜单和导航按钮构建了网状结构，可在不同的页面之间进行自由跳转，如图 15-3-1 所示。

图 15-3-1　菜单式结构示意图

以信息技术课程《拯救红红——椭圆工具》菜单式的课件为例。该课件共分为 5 个模块，分别是"情境导入""请跟我学""请你试试""玩玩乐乐"和"归纳小结"。课件在播放过程中不论处于哪一个环节界面，都可以根据教学需要随意地跳转到其他内容界面。课件跳转的网状图如图 15-3-2 所示。

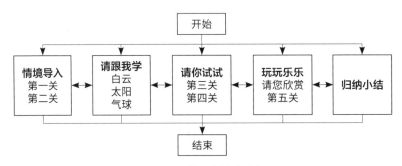

图 15-3-2　菜单式教学流程图

（一）情境导入

在首页之后，课件的第一个模块是"情境导入"，通过两个关卡的游戏导入课程的学习，如图 15-3-3 所示。

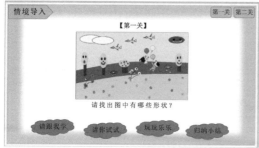
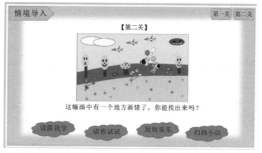

图 15-3-3 情境导入

（二）请跟我学

这一模块通过三个案例为学生演示使用椭圆工具绘制椭圆的方法，包含一个导航页和三个内容页。在导航页中，展示了"画白云""画气球""画太阳"三个案例，单击对应的名称即可进入该案例的教学页面。如图 15-3-4 所示。

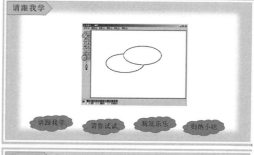
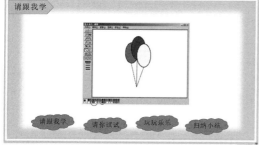
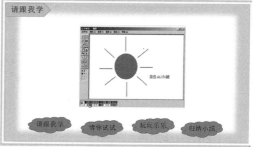

图 15-3-4 请跟我学

(三)请你试试

在第三个模块中设有两个页面,分别是"第三关"和"第四关"的挑战,如图15-3-5所示。

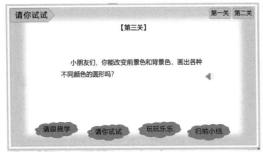 

图 15-3-5 请你试试

(四)玩玩乐乐

这一模块主要包括"请您欣赏"和"第五关"两个子内容,每个子页面的右上角都呈现了两个导航按钮,教师和学生可以在这两个内容单元之间随意切换,如图15-3-6所示。

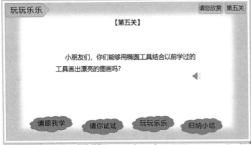 

图 15-3-6 玩玩乐乐

(五)归纳小结

课件的最后一部分是小结,总结了椭圆工具的三种用法以及绘图技巧,如图15-3-7所示。

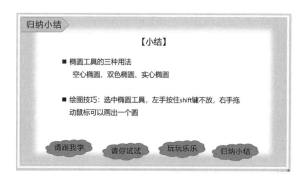

图 15-3-7 小结部分

二、菜单式结构的优点和局限性

（一）菜单式结构的优点

首先，菜单式结构的特点是在每个子页面都能显示整个课件的菜单目录，课件使用者可以随时在各个模块之间跳转，操作形式非常灵活，能适应多变的课堂教学，克服直线式结构和分支式结构预设播放顺序的不足。比如在上面的课件案例中，如果学生在闯关时遗忘了之前的操作方法或者遇到困难，可以快速跳转到"请跟我学"模块进行复习回顾。其次，菜单式结构将知识点予以模块化处理，不仅使知识点之间的逻辑关系清晰，还能引导学生层层递进地学习，符合科学的学习规律。最后，由于课件完整地呈现了教学内容，且逻辑关系清晰，操作方便，学生可在没有教师指导的情况下进行自主学习。

（二）菜单式结构的局限性

不同于直线式结构，学生在学习过程中可以集中注意力学习单一的知识点。在利用菜单式结构课件进行学习时，学习者在节点间来回跳转，容易分散注意力，学习内容不聚焦。例如在上面的《拯救红红——椭圆工具》课件中，当学生在"请跟我学"模块进行学习时，如果对后面的"玩玩乐乐"板块的内容感到好奇，就会中断当前的学习，转而浏览后面的学习内容。另外，菜单式结构课件导航栏的风格和位置固定，因此各页面的风格也就相对固定，学习者在长时间的学习中容易审美疲劳。

第四节　教学 PPT 结构设计案例：《人体的能量来源》

教学情境

《人体的能量来源》这节课的教学内容为糖类、脂肪、蛋白质的相关知识。杨老师计划在讲授每一种能量物质时，都围绕概念、功能以及食物来源等方面进行介绍。

在制作课件时，杨老师首先需要思考课件的结构形式，然后制作导入页面和各知识版块内容，最后将目录页和各个知识版块页面进行链接。具体应该如何操作呢？

案例效果图

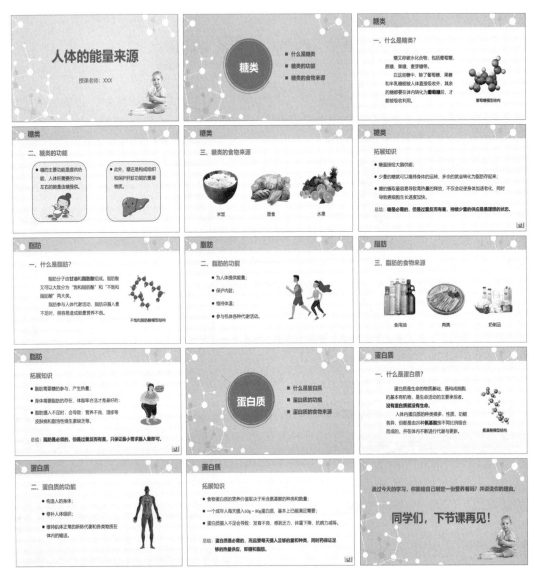

案例操作步骤

一、分析课件布局方式

《人体的能量来源》这节课的主要内容是介绍糖类、脂肪、蛋白质的概念、功能和食物来源，教学流程如图 15-4-1 所示。

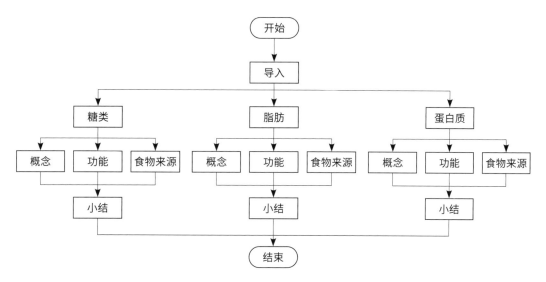

图 15-4-1《人体的能量来源》教学流程图

"糖类""脂肪""蛋白质"三个知识点之间是并列关系,且相对独立,各自的知识框架又具有一致性,故采用分支式布局设计该教学课件最为合适。

二、设计并制作导入部分

分支式布局课件的导入部分一般包含封面页、目录页以及课程导入部分。封面页一般呈现课题名称、教师姓名等信息;目录页根据知识的逻辑结构和讲课流程梳理标题。本案例课件的目录页除了呈现目录信息外,还包含了课程导入部分,如图 15-4-2 所示。该导入部分通过提问的方式引导学生对人体能量来源的思考,并罗列了该节课的主要内容,即三种人体能量来源。

图 15-4-2《人体的能量来源》PPT 导入部分效果图

三、设计并制作各分支部分

基于目录页中的标题顺序制作出各分支结构的幻灯片,每个分支的结构相同,排版风格相似。以"糖类"知识点为例,效果如图 15-4-3 所示。

图 15-4-3 《人体的能量来源》PPT"糖类"分支部分效果图

各分支内容的首页均为每个知识点的小节页，呈现分支知识点的主要学习内容，例如"糖类"的小节页表明该节内容主要围绕三个方面展开教学，分别是"什么是糖类""糖类的功能"和"糖类的食物来源"，如图 15-4-4 所示。

图 15-4-4 "糖类"分支部分小节页

小节页之后是各知识点的具体学习内容，分支的最后一页是对该分支教学内容的知识拓展和简要小结，且在右下角有一个返回目录页的按钮，如图 15-4-5 所示。

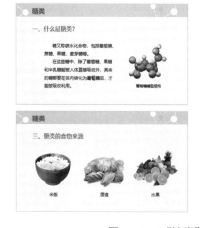
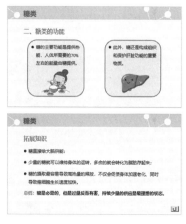

图 15-4-5 "糖类"分支部分内容页

四、设计并制作结束部分

课件的尾页就是结束页，风格可与封面页形成首尾呼应，如图 15-4-6 所示。本案例在结束页中对学生提出了课后思考问题，充分利用并丰富了结束页的作用。

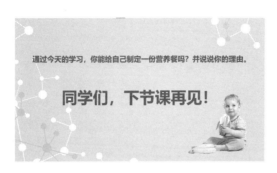

图 15-4-6 结束页

五、制作目录页与分支页链接

课件最后形成的"总－分"式分支结构需要将目录页和各分支进行交互链接，主要是将目录页中的标题和各分支的首、尾页幻灯片进行超链接，实现目录向各分支的切入和返回。具体结构如图 15-4-7 所示。

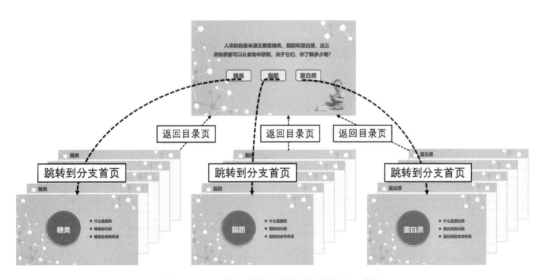

图 15-4-7 分支式结构课件交互链接示意图

本章彩图
扫码可看

第十六章 教学 PPT 导航设计

🎯 **学习目标**

- 举例说明目录式导航和菜单式导航的特征与应用方式；
- 举例说明局部导航的表现形式，掌握使用热区、热对象、动作按钮制作局部导航的方法。

💡 **知识图谱**

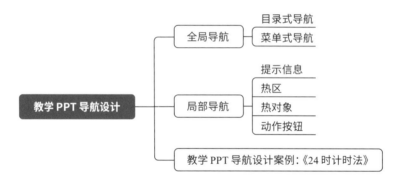

第一节 全局导航

全局导航是针对知识点之间的跳转，主要包括目录式导航和菜单式导航两类。

一、目录式导航

目录式导航是课件中最常用的导航形式，既可以以目录形式展示当前课件的内容要点，又可以通过单击相应的目录标题跳转到相应的内容页面。在课件中，如果封面页没有出现导航方式，就需要为课件制作专门的导航页。目录式导航的课件一般可以分为封面页、导航页和各个部分对应的内容页，目录一般放在封面页或者封面之后的第二页，结构如图 16-1-1 所示。

用来制作目录的元素可以是文本、图片、图形等，导航按钮除了常见的垂直布局外，还可以以斜向方式排列，如图 16-1-2 所示。从该目录页中可以看出，该课件依据教学环节来组织课件结构，此处作为目录对象的都是文本。目录页还可以弧线方式排列，如图 16-1-3 所示，目录中展示的均为细胞器。

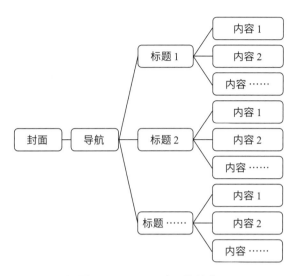

图 16-1-1 目录式导航结构

图 16-1-2 斜向方式排列的目录

图 16-1-3 弧线方式排列的目录

导航主要是通过超链接、动作按钮、触发器等交互技术来实现。单击目录中的选项，即可打开目标页。同时，每一部分内容结束时的幻灯片加上返回目录的按钮，就可以实现目录与各知识点之间的跳转。如图 16-1-4 所示，在课件的每个部分展示完后，都可以通过单击"返回目录"按钮来返回目录页，然后单击其他的选项跳转到其他知识点。

内容页除了页面标题、知识内容，还可以设计实现页面跳转的操作按钮；除了【返回目录】外，还可以有【上一页】、【下一页】、【开始播放】、【操作】等按钮。这些按钮根据需要放置在页面的适当位置，方便教师操作且不影响内容的显示。如图 16-1-4 所示，操作按钮放置在页面

图 16-1-4 内容页导航

的右下方。

二、菜单式导航

菜单是应用程序中常见的一种交互方式，菜单式导航源于网页设计中的导航栏。网页导航的目的是使网页浏览者能够在浏览的过程中通过任意跳转，找到自己需要的内容。

与目录式导航相比，菜单式导航更加灵活。在目录式导航中，目录一般只在课件开头和每一模块的开头呈现，而在菜单式导航中，导航栏在课件中的每一页都可以呈现。每一页幻灯片被划分为目录区和内容区，课件使用者可以直接单击目录区中的目录项，使对应的内容在页面的内容区中显示。为了防止迷航，页面中除了需要显示内容和导航栏，还应包含当前内容标题或指示信息。

菜单式导航栏有两种排列方式，分别是垂直排列和水平排列。

（一）垂直排列

垂直排列的导航栏，各目录项按竖直方向排列。导航栏一般在 PPT 课件页面的左侧，内容展示区在课件页面的中间及右侧，如图 16-1-5 所示。

图 16-1-5 竖直导航

（二）水平排列

水平排列的导航栏即各目录项按水平方向排列。导航栏一般在 PPT 课件页面的上方，内容展示区在课件页面的中间及下方，如图 16-1-6 所示。

图 16-1-6 水平导航

菜单式导航主要通过动作设置、超链接等交互技术来实现，为保证课件的整体风格一致，所有页面导航栏中的目录项都需要尽量统一。菜单式导航有其特点，为了提高制作的效率，我们可以使用母版来快速制作导航，具体制作方法请参考本章的第三节。

第二节　局部导航

局部导航是在课件的局部区域进行指示、跳转等交互操作，局部导航主要有以下四种形式：指示信息、热区、热对象和动作按钮。下面分别对这四种导航形式进行介绍。

一、指示信息

通常在PPT课件的内容页中，除了展示该页面对应的教学内容以及实现页面间跳转的动作按钮外，还应该有指示信息。指示信息可以指明当前页面内容的主题，也可指示当前的教学进度。如图16-2-1所示，"一、元素呈现/文本/锻炼表现策略"即为指示信息，展示了当前内容"段落表现策略"在PPT课件中所处的位置，即在"一、元素呈现"部分的"文本"内容中，便于观看者清晰了解知识结构；此外，"（条目化1/2）"也为指示信息，告知观看者"条目化"内容总共有2页幻灯片，目前处于第1张幻灯片中。指示信息一般放在页面的边缘部分，或通过减小字号来呈现。

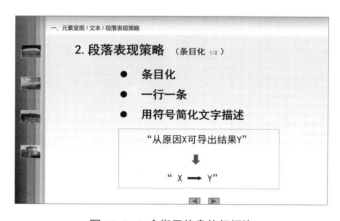

图16-2-1　含指示信息的幻灯片

二、热区

热区是一个特殊区域，这个区域能对鼠标的动作（单击或移过）产生相应的反馈，相当于一个隐形按钮，而且其形状可以根据需求自定义。如图16-2-2所示，鼠标移到热区上方时会变为手指指向的形状，此时单击鼠标后，界面会呈现所对应的文字，如图16-2-3所示。

图 16-2-2 鼠标移过热区进行交互的幻灯片　　图 16-2-3 鼠标单击热区进行交互的幻灯片

在 PPT 课件中，制作对鼠标动作产生响应的热区一般需要两个步骤。

绘制区域。绘制出不可见的响应区域，可直接使用 PPT 中提供的形状，也可使用绘图工具来绘制图形，将图形设置为无边框线、无填充，这样图形将不可见。

设置交互。将透明图形设定为触发器或者添加动作。

（一）设置触发器

点击大象的不同部位（即热区），就可以展示对应的标注信息，如图 16-2-4 所示。

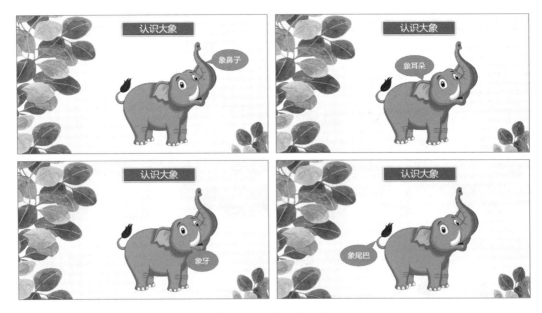

图 16-2-4 热对象交互

以上案例的具体操作步骤如下。

绘制热区区域。单击【插入】选项卡，单击"插图"组里的【形状】下拉键，在其下拉列表中选择【矩形】，如图 16-2-5 所示；在幻灯片中绘制一个矩形，将其设置为无填充、无边框，并将透明矩形复制多份，分别放置在需要标注的位置，效果如图 16-2-6 所示。

第十六章 教学PPT导航设计

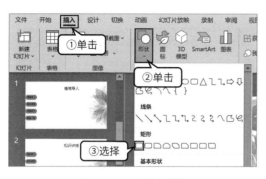

图16-2-5 选择形状

图16-2-6 添加透明形状的效果图

添加标注。为每个需要指示的部位添加文本标注，效果如图16-2-7所示。

添加热区触发器。选中【象鼻子】形状，单击【动画】选项卡，在"动画"组中选择【出现】，然后单击【触发】下拉键，在其下拉列表中选择【通过单击】选项，然后选择【矩形10】选项，该"矩形10"即为放置在象鼻子上方的透明矩形名

图16-2-7 添加文本标注的效果图

称。按照上述操作步骤，为每个标注的动画设置对应的热区触发器，如图16-2-8所示。

图16-2-8 添加热区触发器

小贴士

如果设置热区的区域是不规则形状，例如中国地图中的各个省，则需要利用"任意多边形"工具来绘制对应的形状，具体操作步骤如图16-2-9所示。

图 16-2-9 选择任意多边形

（二）设置动作

在 PPT 中，"超链接"和"触发器"功能都只能对鼠标的单击动作产生响应，只有"动作"功能才能对鼠标移过（悬停）动作产生响应。因此，要制作鼠标移动（悬停）动作产生响应的热区，应该在创建热区后为其添加动作。另外需要注意的是，由于动作实际上是一种超链接，若其目标对象就在本幻灯片中，那么产生响应的对象需要单独放置在另一页幻灯片中。

鼠标移过不同部位，即热区，就可以展示所对应的标注信息，如图 16-2-10 所示。

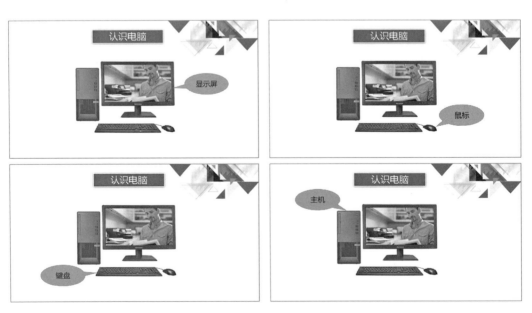

图 16-2-10 通过移动鼠标显示热区信息

具体操作步骤如下：

绘制热区。插入动作按钮，关闭弹出的窗口，调整按钮的大小和角度，使其覆盖目标区域，如图16-2-11所示；将其设置为无填充、无边框，并将透明形状复制多份，分别放置在需要标注的位置。

由于本案例中有四个热区，因此将添加完热区的幻灯片复制四张，分别在每张幻灯片中放置需要说明的文字。下面以"显示屏"为例（如图16-2-12所示）介绍具体制作步骤。

图16-2-11 绘制动作按钮

图16-2-12 在幻灯片中添加说明文字

设置动作。首先右击目标透明形状，在弹出的菜单中单击【编辑链接】选项，再在"操作设置"对话框的"单击鼠标"选项卡中单击【无动作】选项，取消该按钮的鼠标单击动作，如图16-2-13所示；然后单击【鼠标悬停】选项卡，单击【超链接到】选项，在其下拉列表中选择【幻灯片】选项，如图16-2-14所示。

图16-2-13 勾选"无动作"单选按钮　　　图16-2-14 选择"幻灯片"选项

添加超链接。在打开的"超链接到幻灯片"对话框中选择链接到的目标幻灯片，如图16-2-15所示。完成上述设置后，播放幻灯片，鼠标移入热区时，鼠标的图标将变成手状，并显示对应的提示信息，如图16-2-16所示。

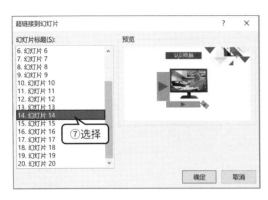

图 16-2-15 指定链接目标幻灯片　　　　图 16-2-16 热区交互

三、热对象

热区是指当鼠标点击或悬停在特定区域时能够触发响应事件；热对象是指当鼠标点击或悬停在特定对象（文本、图片、图形等）上时能够触发响应事件，如图16-2-17所示，点击文本"初读古诗"即可链接到对应的幻灯片。可作为热对象的元素有文本、图形、图片等，交互的实现形式是给对象添加超链接或者动作。

图 16-2-17 热对象

四、动作按钮

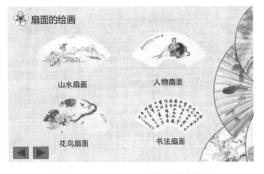

图 16-2-18 PPT 中的动作按钮

按钮交互是 PPT 课件中简单实用的一种交互形式，适用于幻灯片播放中的自由跳转，可避免使用者迷航。动作按钮可响应鼠标单击或鼠标移过的动作，通过超链接、动作和触发器来实现具体的交互功能。如图 16-2-18 所示，幻灯片左下角的动作按钮可实现"返回上一页"和"进入下一页"的操作。

在PPT的"形状"中，系统提供了动作按钮供直接使用，除此之外，文本、文本框、图像、图形等元素来也可作为动作按钮来使用，为元素添加"动作设置"即可。在PPT课件的设计和制作过程中，按钮使用哪种元素、按钮的样式以及采用哪种交互技术，都需要根据教学实际需要来设计。

第三节　教学PPT导航设计案例：《24时计时法》

教学情境

周老师在设计《24时计时法》教学PPT时，计划从"认识24时""两种计时法的比较""说一说""两种计时法的转换""了解更多"与"课堂小结"六个模块来组织教学内容。

周老师在制作好教学课件的内容后，为了方便在教学过程中清楚当前幻灯片页面位于课件的哪个模块，想要为课件添加全局式菜单导航，实现对教学过程的灵活控制。

案例效果图

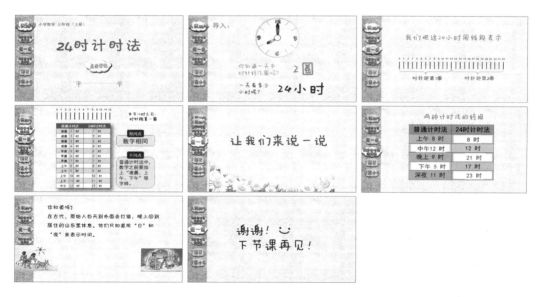

案例操作步骤

一、制作目录页母版

本案例中使用的是垂直排列的菜单式导航，教师在任意一页幻灯片中点击左侧的标题按钮，均可以跳转到对应标题版块的首页。最简洁的方法就是在母版中做好各个标题的超链接，用该母版的版式来新建幻灯片，实现标题的链接。在母版视图中，制作目录页母版并添加超链接的具体操作步骤如下。

设置幻灯片母版。切换到"幻灯片母版"视图，在母版页中插入背景图片和六个模块的灰色图片，效果如图16-3-1所示，母版所包含的其他版式均变为同样的背景样式。

图 16-3-1 幻灯片母版效果图

设置"认识24小时"目录项超链接。在幻灯片母版页中，选中"认识24时"灰色图片，单击【插入】选项卡，单击【链接】按钮；在弹出的"编辑超链接"对话框中单击【本文档中的位置】选项；由于"幻灯片1"是封面页，"幻灯片2"是导入页，"幻灯片3"才是"认识24小时"模块的首页，因此在"请选择文档中的位置"窗口中选择给"认识24时"灰色图片链接到【幻灯片3】，最后单击【确定】按钮，如图16-3-2所示。

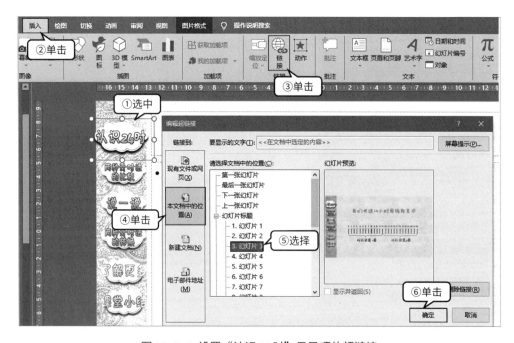

图 16-3-2 设置"认识24时"目录项的超链接

设置其他目录项超链接。按照上述步骤依次为剩余的 5 个目录项设置超链接，分别链接到其他模块的首页，其中"两种计时法的比较"灰色图片链接到"幻灯片 4"；"说一说"灰色图片链接到"幻灯片 5"；"两种计时法的转换"灰色图片链接到"幻灯片 6"；"了解更多"灰色图片链接到"幻灯片 7"；"课堂小结"灰色图片链接到"幻灯片 8"。

二、制作子目录版式

从案例效果图中可以发现，每页幻灯片左侧的目录文字会突出显示，以提示当前内容所在的目录版块。可以在母版视图中快速制作 6 个子目录的版式，具体操作步骤如下。

插入彩色图片并删除占位符。分别在幻灯片母版下的 6 个版式中插入 6 个目录项的彩色图片，由于该案例中课件的教学内容已制作完成，无须其他占位符，因此将母版和版式中所有自带的占位符删除，最终效果如图 16-3-3 所示。

图 16-3-3 插入彩色图片并删除占位符效果图

重命名版式。右击第一个版式，单击【重命名版式】，在弹出的窗口中输入"认识 24 时"，单击【重命名】，如图 16-3-4 所示。随后按照上述操作依次将剩余的 5 个版式命名为"两种计时法的比较""说一说""两种计时法的转换""了解更多"和"课堂小结"。

图 16-3-4 重命名版式

更换幻灯片版式。关闭"幻灯片母版视图",打开"普通视图",在"开始"选项卡的"版式"中,按照如图 16-3-5 所示的步骤,依次为 6 个模块的首页更换对应的版式,接着即可制作对应的内容页。

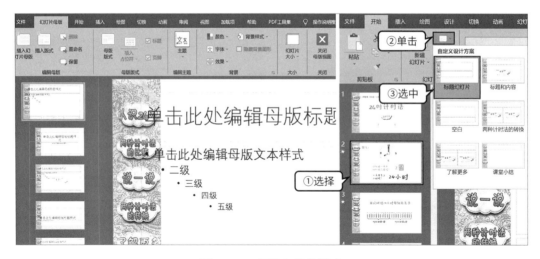

图 16-3-5 更换幻灯片版式

小贴士

在"幻灯片母版"视图中设置的导航栏超链接版式,会出现在"开始"选项卡里的"版式"中,且在母版的子版式中超链接会被复制。操作者可以随时添加同类版式的幻灯片，极大地节省制作课件的时间。

设计思想

　　课件采用全局式菜单导航设计，将教学内容分为六个模块。教师在教学过程中既可以清晰地知道目前幻灯片所在位置，还可以直接单击导航栏中的目录项，使对应的内容在页面的内容区中显示出来，满足教师不同的教学需求，实现课件的自由跳转。

本章彩图
扫码可看

第十七章 教学 PPT 播放设计

 学习目标

- 掌握教学 PPT 切换动画的样式选择及设置方式；
- 能够根据需求隐藏不需要显示的幻灯片；
- 灵活运用单击鼠标播放功能，防止误操作；
- 通过演示者视图播放幻灯片，实现更好的教学效果；
- 熟练使用翻页器以及虚拟机进行幻灯片的播放。

知识图谱

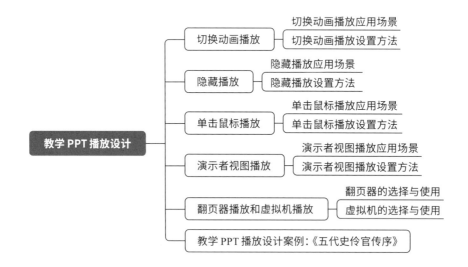

第一节 切换动画播放

幻灯片之间过渡的动画称为切换动画，常见的 PowerPoint 的切换动画效果包括三大类，分别是：细微型、华丽型和动态内容型。三种类别下还包含不同的动画效果，如图 17-1-1 所示。在教学课件中运用切换动画效果，可以丰富幻灯片之间过渡的形式，提升 PPT 的艺术效果，带给观看者更加流畅生动的观看体验。本节主要介绍切换动画播放的常见应用场景以及设置方法。

图 17-1-1 三类切换动画效果

一、切换动画播放应用场景

切换动画常用于教学 PPT 中。首先，教师可以在封面页中设置切换动画效果。在开始教学内容之前，就可以通过切换动画来提示学生，现在应该高度集中注意力，因为马上要进入本节课内容的学习。其次，当 PPT 中包含的教学内容较多时，可以使用切换动画将教学内容进行分段处理，将知识点与知识点区分开，帮助学生梳理知识的结构。如图 17-1-2，给每个分知识点的首页幻灯片添加了"推入"的切换动画效果，提示学生进入新的知识点学习。

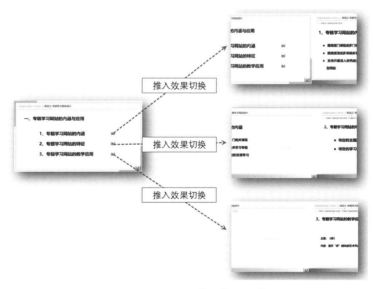

图 17-1-2 不同界面的切换动画效果

在选择切换动画的样式时，教师需要注意以下问题。

第一，切换动画样式不应该过于复杂，否则会分散学生的注意力，影响学习的效果。例如在《专题学习网站设计》的"专题网站学习内涵与应用"页，选用了"压碎"切换动画效果，如图 17-1-3 所示，动画形式过于夸张，反而吸引学生去关注动画细节本身，而忽略了课程内容的逻辑结构。

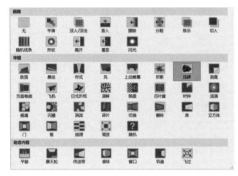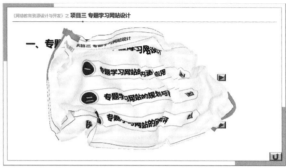

图 17-1-3 "压碎"切换动画效果

第二，同一个教学 PPT 中尽量使用同一种样式的切换动画，如图 17-1-2 所示，保持风格的一致性；而不应该在一个课件中选择多种切换动画效果，如图 17-1-4 所示，以免分散学生的注意力。

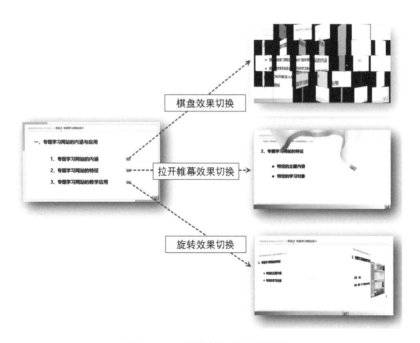

图 17-1-4 过多的切换动画效果

第三，使用切换动画的频率也应该适度，不要过于频繁，否则会引起学生的审美疲劳，增加学生学习的负担。一般在每个知识点的首页设置切换动画即可，其余幻灯片之间无须再次设置切换动画。

总之，教师应根据不同的教学场景选择适合的切换动画样式。在选择切换动画的样式时，教师要尽可能选择低调的切换动画，避免选择太过夸张的切换动画。同时，在一个教学课件中尽量只选择同一种样式的切换动画，防止动画样式太多而分散学生注意力，增加视觉负荷。

二、切换动画播放设置方法

教师为了区分不同的知识点，方便学生厘清知识与知识的关联，在《专题学习网站设计》课件中的"专题学习网站的内涵"页设置了切换动画。下面以该页为例讲解设置切换动画的操作：

切换到"专题学习网站的内涵"幻灯片，单击【切换】选项卡，选择【淡入/淡出】效果，如图17-1-5所示。

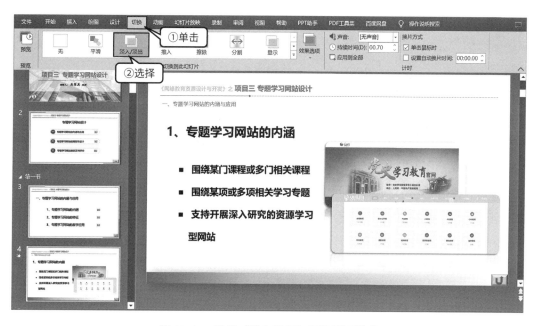

图17-1-5 设置"淡入淡出"切换动画样式

教师播放幻灯片的过程中可以选择不同的切换方式，常见的切换方式有两种，分别是：

- 方式一：单击鼠标切换；
- 方式二：自动切换。

（一）单击鼠标切换

单击【切换】选项卡，勾选"计时"组中的【单击鼠标时】，如图17-1-6所示。此时，在放映幻灯片时，只有当教师单击鼠标左键时才会切换到下一页幻灯片。

图 17-1-6 单击鼠标切换

（二）自动切换

单击【切换】选项卡，勾选"计时"组中的【设置自动换片时间】，在后面的文本框中设置自动切换的时长，如图17-1-7中设置的时长为2秒。此时，在放映幻灯片时，无须任何操作，幻灯片将根据设置的时间自动切换到下一页。

图 17-1-7 设置自动换片

第二节　隐藏播放

隐藏播放是指在普通视图下将不需要展示的幻灯片隐藏起来，在放映幻灯片时不显示隐藏幻灯片里的内容。在普通视图下，被隐藏的幻灯片虽然是被折叠的状态，但是仍能看到幻灯片中的内容，并且可以对内容进行编辑。通过隐藏幻灯片功能，教师可以灵活调整课件中的显示内容，提高课件的利用效率。本节主要介绍隐藏播放的常见应用场景以及设置方法。

一、隐藏播放应用场景

隐藏幻灯片播放常用于教学中，教师可以灵活调整教学PPT中的教学内容，使同一份PPT能用于不同学情的授课班级，提高教师的教学效率。例如，在教学过程中教师往往会遇到部分幻灯片在这节课中不需要展示，但在另一节课中就需要展示的情况。如果全部展示出来学生会感到混乱，所以，教师可以对部分幻灯片设置隐藏播放，根据教学进度决定何时取消隐藏，在需要展示某些内容时再进行展示，避免干扰学生的注意力，使教学过程更加流畅。

综上所述，隐藏幻灯片播放是教学中非常实用的功能。通过设置隐藏幻灯片播放，教师可以更好地控制教学节奏，提高教学 PPT 利用效率，使教学过程更加流畅。

二、隐藏播放设置方法

教师在播放幻灯片时，如果某张幻灯片在放映时暂时不需要显示，则可以隐藏该幻灯片。隐藏幻灯片不代表删除该幻灯片，而是将其保留在演示文稿中，只有当幻灯片放映时才会将其隐藏。当幻灯片被隐藏时，该幻灯片呈灰色显示，同时该幻灯片编号出现一条删除斜线，如图 17-2-1 所示的第 4 张幻灯片。

下面以《专题学习网站设计》课件中"专题学习网站的内涵"页为例，讲解设置隐藏幻灯片的操作。常见设置切换方式有两种，分别是：

- 方式一：快捷菜单设置；
- 方式二：幻灯片放映设置。

（一）快捷菜单设置

右击目标幻灯片打开快捷菜单，单击【隐藏幻灯片】命令，如图 17-2-2 所示。

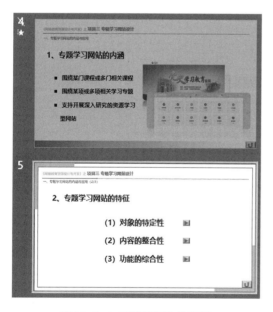

图 17-2-1 隐藏幻灯片效果图

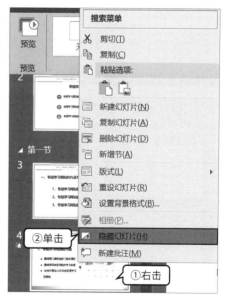

图 17-2-2 隐藏幻灯片操作

取消隐藏播放的具体操作步骤如下：

右击目标幻灯片打开快捷菜单，再单击【隐藏幻灯片】命令，如图 17-2-3 所示，幻灯片恢复原色则表示取消隐藏设置。

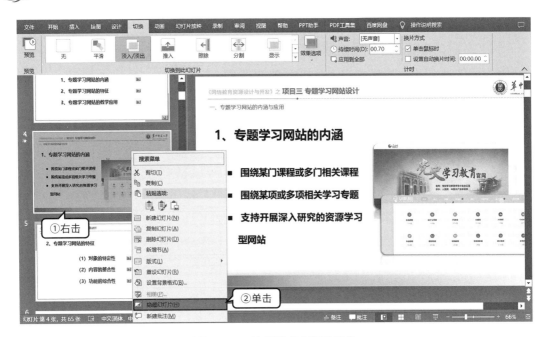

图 17-2-3 取消隐藏幻灯片操作

(二) 幻灯片放映设置

单击目标幻灯片，单击【幻灯片放映】选项卡，单击【隐藏幻灯片】，如图 17-2-4 所示。若想取消隐藏播放，再单击【隐藏幻灯片】即可完成操作。

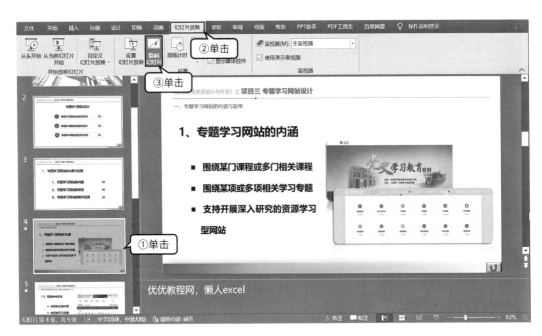

图 17-2-4 隐藏幻灯片播放

> **小贴士**
>
> 若想实现不连续幻灯片的隐藏播放设置，可以先按住【ctrl】键，同时单击选中几张目标幻灯片，然后进行隐藏幻灯片的设置操作即可实现。
>
> 若想实现连续幻灯片的隐藏播放设置，可以先单击目标幻灯片的第一张，然后按住【shift】键，再单击目标幻灯片的最后一张，最后进行隐藏幻灯片设置的操作。

第三节　单击鼠标播放

单击鼠标播放是指操作者只有通过单击鼠标才能实现的幻灯片切换，本节主要介绍单击鼠标播放的常见应用场景和设置方法。

一、单击鼠标播放应用场景

在教学过程中，为防止误触鼠标导致幻灯片跳转的现象，可以设置"单击鼠标播放"功能。这个功能是指，只有单击幻灯片上的"按钮"时才会进行页面跳转，单击其他位置都不会跳转页面，如图17-3-1所示。

图17-3-1　单击按钮跳转页面

在教学过程中，可能会出现教师误触幻灯片而使页面出现跳转的情况，从而造成教学进程的混乱。如果设置了"单击鼠标播放"，则可以避免这种情况的发生，使幻灯片的播放更加精准，从而更好地控制教学进度。

二、单击鼠标播放设置方法

下面以《专题学习网站设计》课件中"专题学习网站设计"目录页为例，讲解设置单击鼠标播放的具体操作步骤。

给"专题学习网站设计"目录页中的标题添加按钮，为按钮添加超链接，单击按钮即可实现页面跳转，如图 17-3-2 所示。

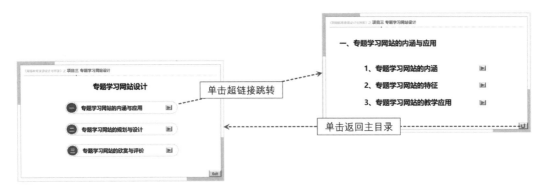

图 17-3-2 单击按钮跳转页面

单击【切换】选项卡，在"计时"组中取消勾选【单击鼠标时】和【设置自动换片时间】，然后单击【应用到全部】。教师只能通过点击按钮才能实现页面的切换，如图 17-3-3 所示。

图 17-3-3 单击鼠标播放设置

第四节　演示者视图播放

演示者视图是系统默认的放映类型，在本书第九章第二节的第一部分简单介绍过，本节主要介绍演示者视图播放的常见应用场景和设置方法。

一、演示者视图播放应用场景

演示者视图是系统默认的放映类型，当选择演示者视图播放课件时，演讲者在笔记本电脑上使用演讲者备注形式来查看演示文稿，而观众在另一显示屏上观看无备注的演示文稿。图 17-4-1 为演示者所能看到的界面，演示者视图可以呈现当前幻灯片的备注内容和下一页幻灯片，通过下一页内容提示来帮助演示者顺利完成演示和讲解；图 17-4-2 为观众所看到的界面，观众只能看到当前播放的幻灯片内容，看不到备注内容和下一页的幻灯片。

图17-4-1 演示者视图播放——放映者界面

图17-4-2 演示者视图播放——观众界面

由于教学内容较多，上课时教师无法全凭记忆进行讲授。因此，教师可以借助演示者视图播放功能来辅助完成授课。在制作教学PPT中，教师可能需要在幻灯片的备注页添加讲义、提问、讨论、小组活动等信息，以便授课时能更完整、流畅地讲授学习内容。教师使用常用的演讲者放映时，并不能看到备注页的内容，这样可能会影响教学进度和效果。如果使用演示者视图播放，则可以让教师看到本张幻灯片中所备注的教学环节、流程等，给予教师提示，从而使整个教学环节更加流畅，减少教师的记忆负荷。

二、演示者视图播放设置方法

下面以《专题学习网站设计》课件为例，介绍设置演示者视图播放的操作。具体操作步骤如下：

单击【幻灯片放映】选项卡，勾选"监视器"组的【使用演示者视图】，如图17-4-3所示。

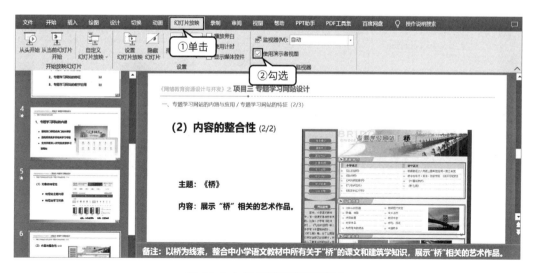

图17-4-3 设置演示者视图操作

在放映幻灯片时，单击 按钮，再单击【显示演示者视图】，如图17-4-4所示。

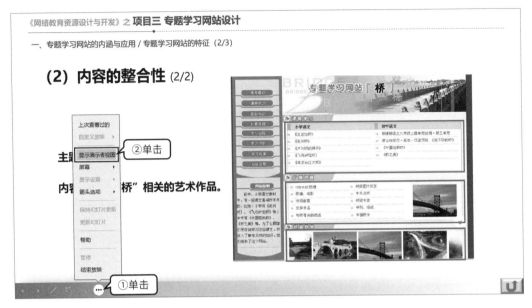

图17-4-4 播放幻灯片时设置显示演示者视图

或者在完成16-4-3操作之后，直接按组合键【Alt】+【F5】即可出现演示者视图效果，如图17-4-5所示。

图17-4-5 演示者视图效果

小贴士

在使用演讲者视图时，教师要确保笔记本电脑已成功外接显示屏。同时，PowerPoint软件的版本要在2010年以上。

第五节　翻页器播放和虚拟机播放

使用课件演示教学内容，教师需要随时切换幻灯片，因此常常会将教师禁锢于操作台。翻页器和虚拟机播放的形式可以将教师从操作台解放出来。本节将介绍翻页器和虚拟机播放的选择与使用方法。

一、翻页器的选择与使用

PPT 翻页器又叫激光翻页笔、遥控激光笔、PPT 翻页笔等。该类产品结合无线技术和电脑 USB 技术来遥控电脑进行幻灯片翻页，如图 17-5-1 所示，将类似于 U 盘的接收器插在电脑的 USB 接口上，操控翻页器上的按键即可无线控制电脑。教师在课堂上使用翻页器可以更加自如地操作 PPT，不必总是需要回到电脑前操作，既方便了教学过程的展示，也提升了教学的效率和流畅度。

教师在选择翻页器时，不必追求太多的功能，通常能实现下述 6 个功能的翻页器即可满足日常教学的需求：

- 激光教鞭；
- 黑屏；
- 空中鼠标；
- 上下翻页键；
- 鼠标左右键；
- 标注。

图 17-5-1　飞鼠翻页器[①]

> **小贴士**
>
> - 在使用翻页器的激光教鞭功能时，需要注意教学环境，例如：红色激光的翻页器不适宜在 LED 屏幕上显示，应该选用绿色或其他颜色的激光翻页器。
> - 当教师想使用黑屏功能时，无须在键盘上操作，直接通过翻页器即可实现。
> - 特别强调，不推荐使用的翻页器为下述两种。
>
> 第一种翻页器如图 17-5-2 所示。不推荐使用的原因为轨迹球容易堆积灰尘而出现故障。
>
> 第二种翻页器如图 17-5-3 所示。不推荐使用的原因为：（1）不能控制鼠标；（2）不能实现黑屏操作；（3）激光有损伤视力的风险。

[①] 百度网页截图 [EB/OL]．（2019-06-28）[2024-01-18].https://gimg2.baidu.com/image_search/src=http%3A%2F%2Fimg.alicdn.com…bfc44881974e.

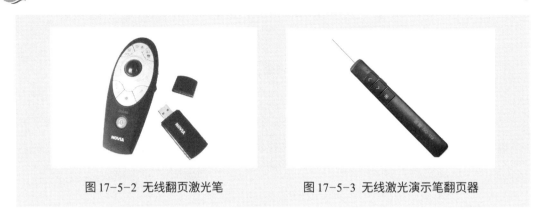

图 17-5-2 无线翻页激光笔　　　　图 17-5-3 无线激光演示笔翻页器

二、虚拟机的选择与使用

在教学过程中，使用虚拟机播放 PPT 是指教师通过移动设备控制 PC 端来展示课件、视频和图片等。通过虚拟机播放教学课件，教师即便在教室内随时走动也能控制幻灯片，而不必一直站在电脑前操作。同时，教师可以通过拍照、拍视频等方式把学生的作品投影到主屏幕上进行展示，这种实时屏幕共享功能可以增强教师和学生的互动，激发学生学习的热情和积极性。总之，PowerPoint 虚拟机播放对于教师授课来说非常实用，它不仅能够帮助教师随时随地实现对幻灯片的控制，还能够增加教师和学生之间的互动，在提高教学效率的同时也活跃了课堂上的学习氛围。下面以 Smart Mouse 软件为例讲解其具体使用步骤。

将 Smart Mouse 软件下载至 PC 端，找到 Smart Mouse 后双击打开，如图 17-5-4 所示。

在移动端下载并安装 Smart Mouse 软件。安装完成后，打开手机热点，如图 17-5-5 所示，同时将 PC 端也连接到同一局域网下。

图 17-5-4 PC 端打开 Smart Mouse 的界面

图 17-5-5 打开手机热点

打开移动端的 Smart Mouse 软件,单击名称为"DESKTOP-GAR3QLV"(或其他 PC 端名称)的 PC 端设备,完成移动端与 PC 端的连接,如图 17-5-6 所示。接着,移动端界面会显示使用教程图示,我们可以根据提示来进行操作,如图 17-5-7 所示。

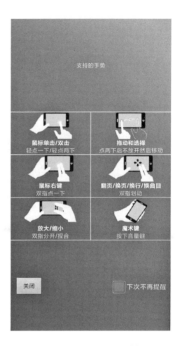

图 17-5-6 移动端与 PC 端连接　　　　图 17-5-7 Smart Mouse 教程图示

PC 端与移动端连接好之后,就可以通过移动端对 PC 端上的内容进行操作。移动端的界面为图左,PC 端的界面为图右,如图 17-5-8 所示。

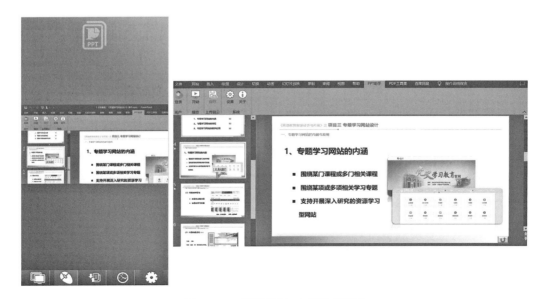

图 17-5-8 移动端与 PC 端操作界面

小贴士

　　一键投影软件可以支持Windows、Android、Mac三大系统之间的相互投影、屏幕共享和白板演示等功能。标准版的一键投影可发送和接收投影，并且它提供了四种发送投影模式：摄像头、相册、白板和桌面。专业版的一键投影不仅具备反向控制和AirPlay投屏功能，还可在接收端进行标注分享。教师若想通过拍照或拍视频的方式实时展示某一学生作品，可以通过一键投影软件来实现，如图17-5-9所示。

图17-5-9 "一键投影"软件

第六节　教学PPT播放设计案例：《五代史伶官传序》

教学情境

　　王老师在设计《五代史伶官传序》教学PPT时，计划从"学习目标""作者简介""史料补充""合作探究""疏通文意"和"拓展延伸"六个模块来组织教学内容。王老师制作好教学课件的内容后，为了更好地呈现教学内容，想通过添加切换动画的形式引起学生的注意，帮助学生更好地了解整个教学流程。同时，王老师所教的两个班级的学习进度不同，因此，王老师需要根据班级学情来选择隐藏部分幻灯片。最后，为了保证上课的演示效果，王老师需要一些防误操作的设置和使用演示者视图来播放PPT。

第十七章 教学PPT播放设计

 案例效果图

🛠 案例操作步骤

一、设置切换动画

在本案例中共有6个模块内容（学习目标、作者简介、史料补充、疏通文章、合作探究、拓展延伸），教师想在呈现新模块内容时引起学生注意，最简便且有效的方式是通过设置切换动画来提示新模块的出现。具体操作步骤如下：

单击"学习目标"幻灯片，单击【切换】选项卡，选择【推入】效果，单击【效

果选项】，选择【自底部】，如图 17-6-1 所示。使用相同的方法给其他 5 个模块的第一张幻灯片添加相同的切换动画。

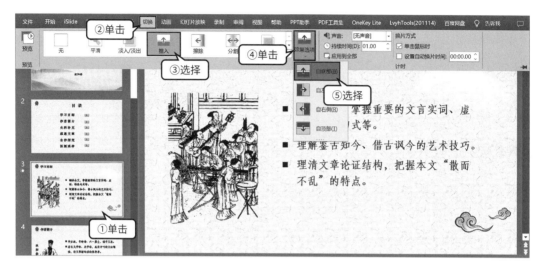

图 17-6-1 设置切换动画

二、设置隐藏播放

王老师在使用该课件给某个班级上课时，根据当前班级的教学进度，发现若按照最初教学计划无法完成"史料补充"的讲授。为了留出更多的时间进行后续内容的学习，王老师准备将第 5 张和第 6 张的"史料补充"幻灯片隐藏起来。具体操作步骤如下：

右击第 5 页"史料补充"幻灯片，在弹出的菜单中单击【隐藏幻灯片】，如图 17-6-2 所示。

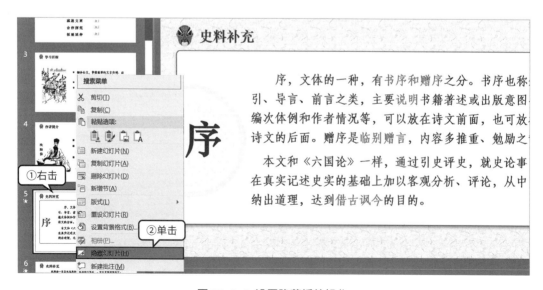

图 17-6-2 设置隐藏播放操作

按照上述步骤将第6页幻灯片设置为隐藏，效果如图17-6-3所示。在播放幻灯片的过程中，不展示第5张与第6张幻灯片内容。

三、设置单击鼠标播放

本案例中的第二页目录，是以单击按钮的形式跳转至对应页面，教师可以设置单击鼠标播放功能来防止误触目录页其他位置而切换至错误页面。具体操作步骤如下：

单击第2页幻灯片"目录页"，单击【切换】选项卡，取消勾选【单击鼠标时】和【设置自动换片时间】，如图17-6-4所示。在该案例中，无须单击【应用到全部】，因为仅目录页需要单击按钮进行跳转，其他页无按钮故无须防止误触。

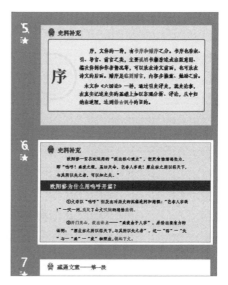

图17-6-3 设置为隐藏播放效果图

图17-6-4 设置单击鼠标播放的操作

四、设置演示者视图播放

教师在进行教学设计时安排了与学生的交互环节。教师想在幻灯片中进行教学活动的备注，而常用的演讲者放映模式看不到备注页内容，所以，教师在播放时需要采用演示者视图。设置演示者视图具体操作步骤如下。

添加备注内容。在第8页幻灯片"合作探究"中，单击【备注】，输入具体的教学活动，如图17-6-5所示。

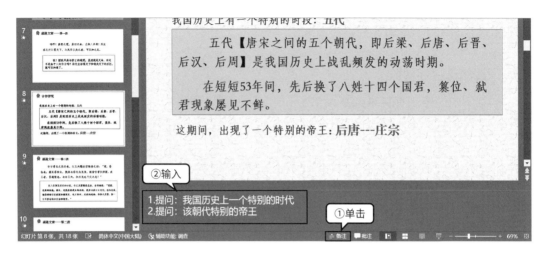

图17-6-5 备注教学活动

设置演示者视图播放。单击【幻灯片放映】选项卡，勾选【使用演示者视图】，如图17-6-6所示。

图17-6-6 设置演示者视图操作

放映幻灯片。在【幻灯片放映】选项卡下单击【从头开始】按钮，如图17-6-7所示。

图17-6-7 放映幻灯片操作

选择演示者视图。单击 按钮，再单击【显示演示者视图】，如图17-6-8所示。或在完成16-6-6操作后，按组合键【Alt】+【F5】，播放效果如图17-6-9所示。

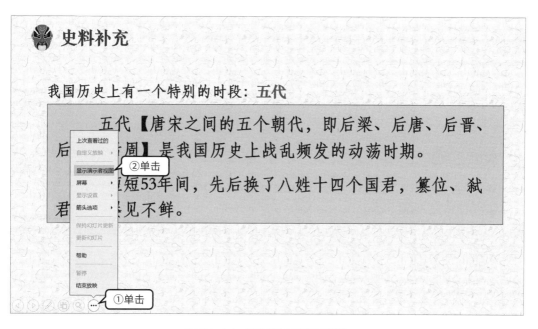

图 17-6-8 设置演示者视图操作

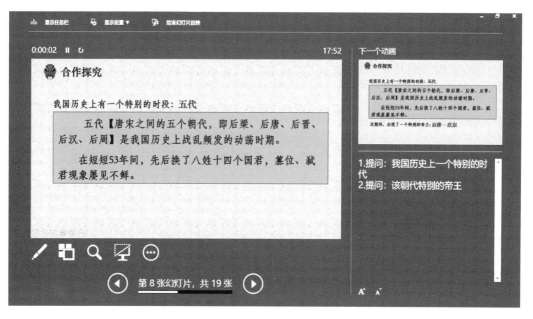

图 17-6-9 演示者视图播放效果图

本章彩图扫码可看

第十八章　教学 PPT 交互设计

 学习目标

- 举例说明 PPT 交互设计的三种主要类型及应用场景；
- 根据教学需要，能独立为教学 PPT 添加交互。

知识图谱

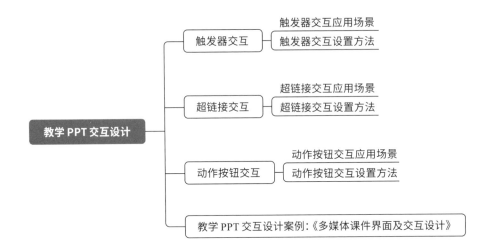

　　教学 PPT 中的交互是指教学 PPT 运用按钮、超链接、热区等来控制课件的播放，以实现教师和学习者之间的交互，并及时向学习者提供反馈信息。常见的教学 PPT 交互方式有触发器交互、超链接交互、动作按钮交互。在教学 PPT 中添加交互操作能让使用者更灵活地控制课件元素的呈现时间和方式，更好地实现人机互动，提高教学效率，达到教学目的。

第一节　触发器交互

　　触发器交互是 Powerpoint 中比较高级的动画设置，本节主要介绍触发器交互的常见应用场景以及设置方法。

一、触发器交互应用场景

触发器是 PowerPoint 高级动画选项卡中的设置，它可以是一个图片、图形、按钮或文本框，能够为特定元素设置特殊的开始条件。触发器比较特殊，要配合自定义的动画来使用，就像一个开关，只有按下它才能打开对应的灯，并且触发器只能在当前幻灯片中进行交互。添加了触发器交互后，单击触发器后就会触发相应的特定动作，如播放控制音频、视频或动画，且该动作可以重复多次执行。本书第十六章中介绍了使用触发器制作热区，进行局部导航的内容。

在教学课件中，教师使用触发器可以灵活控制课件元素的播放条件，如播放时间、顺序和次数，从而实现"判断""选择""提示"和"流程展示"等操作。例如，李老师在课件的"写一写"页中，运用了"擦除"动画来模拟在田字格中书写汉字的过程，即每单击生字下的"播放"按钮，就会出现下一笔笔画的书写过程，十分直观形象，效果如图 18-1-1 所示。

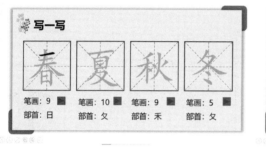
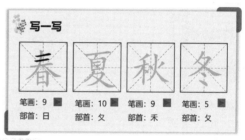
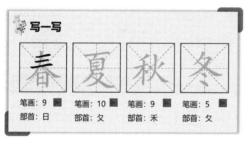

图 18-1-1 运用触发器实现书写效果

小贴士

- 触发器必须与动画、音频或视频等相关联，即只有当幻灯片中包含动画、音频或视频时，才可以为其设置触发器。
- 触发器必须由鼠标单击触发，即只有用鼠标单击触发器（而不是仅单击幻灯片）时，才能播放与其相关的效果。
- 由于触发条件单独存在、互不干扰，因此可以为同一个元素添加多个不同的触发条件。

二、触发器交互设置方法

（一）制作触发按钮

在 PPT 中添加触发按钮，是为了在放映时单击按钮以执行对应的动作。触发动画的按钮可以直接从 PowerPoint 中内置的 12 种动作按钮中选择，也可以是图片、文本框、形状等形式。添加触发按钮的具体操作步骤如下：

单击【插入】选项卡，单击【形状】下拉键，在其下拉菜单中选择【动作按钮：前进或下一项】形状，鼠标变为十字形图标后在相应位置按住鼠标左键拖动，即可绘制【动作按钮】；在弹出的"操作设置"对话框中勾选【超链接到】，单击【确定】。如图 18-1-2 所示。

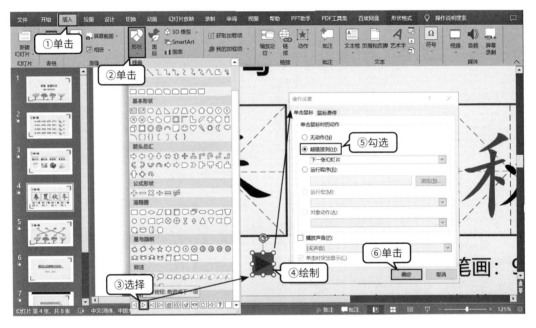

图 18-1-2 制作触发按钮

将以上添加的按钮复制 3 份，作为"夏""秋""冬"的触发按钮，移动到相应的文字下方。

（二）添加触发器交互

制作完成触发按钮以后，即可将按钮与对应的动画相链接。下面以"写一写"中"春"字的书写动画为例，讲解为动画添加触发器的具体操作步骤。

设置动画开始方式。选中"春"字第一笔笔画形状，为其添加"擦除"动画，方向为"自左侧"。接着按照笔画书写顺序，依次对"春"字的其他笔画形状添加进入动画"擦除"，并根据笔画的书写方向选择适合的动画方向。其中，选中转折笔画形状中的第二个形状，单击【开始】栏，选择【上一动画之后】，如图 18-1-3 所示。

第十八章 教学PPT交互设计

图 18-1-3 设置动画开始方式

小贴士

转折笔画的第二个形状设置为从"上一动画之后"开始,是为了与前一个形状形成连续的动画效果。

添加触发器。在"动画"选项卡中单击【动画窗格】按钮,在"动画窗格"中选中"春"笔画的所有动画效果,然后单击【触发】下拉键,在其下拉菜单中选择"通过单击"中的【动作按钮:前进或下一项 69】,如图 18-1-4 所示。

图 18-1-4 添加触发器

361

小贴士

除了上述方法，还可以在"计时"对话框中添加触发器。具体操作步骤如下：

在"动画窗格"中选中目标形状，单击其下拉建，单击【计时】，在打开的"擦除"对话框中，单击【触发器】按钮，然后勾选【单击下列对象时启动动画效果】，在其右侧的下拉框中选择【动作按钮：前进或下一项69】，最后单击【确定】。如图18-1-5所示。

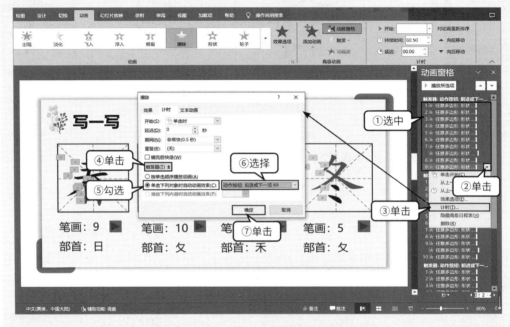

图18-1-5 在"计时"对话框中添加触发器

第二节 超链接交互

超链接交互是PowerPoint中实现内容跳转的一种功能，本节主要介绍超链接交互的常见应用场景以及设置方法。

一、超链接交互应用场景

超链接是一种内容跳转技术，是PPT中实现交互的一种最常见也最容易实现的方式。通过对PPT中的文本、图片、形状等元素添加超链接，不仅可以从当前页面跳转到本文档的其他幻灯片，还可以打开其他的文件、网页、邮件等。如图18-2-1所示的课件末尾页，对"美好的四季等你探寻！"文本添加了超链接，在放映时单击该文本就可以跳转到提前准备好的视频，让学生在课堂的最后环节一起观看一段关于四季美景的视频。

在教学课件中，当课件内容较多、结构较复杂时，教师可以制作一个可供选择的目录，运用超链接交互快速跳转至目标页面，轻松解决内容太多、结构复杂、课件定位难的问题，以提高教学效率。图 18-2-2 在课件的目录页中呈现了 7 大主要内容，在文字右侧添加了按钮图片，并为按钮图片添加了超链接。点击按钮图片即可跳转至相应内容页面，这样，教师和学生就能从整体上把握课件内容结构。

图 18-2-1 文本超链接

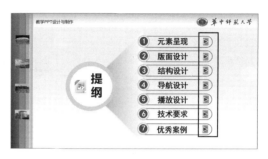

图 18-2-2 图片按钮超链接

二、超链接交互设置方法

（一）添加超链接

在幻灯片中选中需要添加超链接的对象，然后单击【插入】选项卡，再单击"链接"组中的【链接】按钮，打开"编辑超链接"对话框，如图 18-2-3 所示。

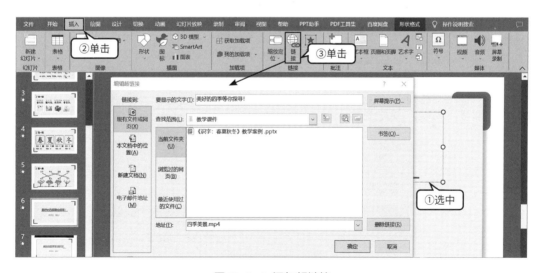

图 18-2-3 添加超链接

> **小贴士**
>
> **删除超链接**
>
> 如果需要删除超链接，先选中需要删除链接的对象，然后单击鼠标右键，在弹

出的快捷菜单中选择【删除链接】即可，如图18-2-4所示。

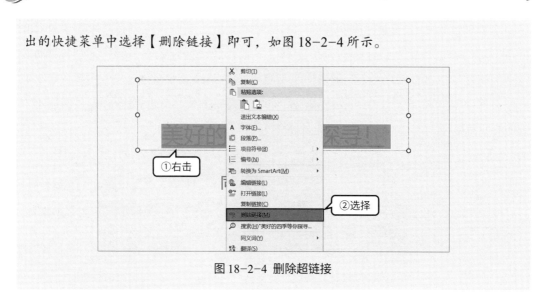

图18-2-4 删除超链接

（二）设置链接位置

PPT中，超链接主要可以链接到以下四类位置。

1.链接到现有文件或网页

互联网中有丰富的资料，因此可以以超链接的形式成为课件的拓展学习资源。链接到网页的具体操作步骤如下：

链接到网页。在"编辑超链接"对话框中，选择【现有文件或网页】选项，将复制好的网页地址粘贴到【地址栏】中，最后单击【确定】即可，如图18-2-5所示。

图18-2-5 链接到网页

李老师考虑到网络问题，认为链接到现有文件更加可靠，于是将网页中的视频下载到本地，通过链接现有文件的方式设置了超链接。具体操作步骤如下：

链接到文件。在"编辑超链接"对话框中,选择【现有文件或网页】选项,单击【当前文件夹】,然后选择目标文件夹,选中的目标视频文件"四季美景",最后单击【确定】,如图18-2-6所示。

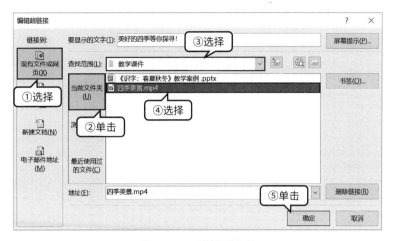

图 18-2-6 链接到文件

2.链接到本文档中的位置

顾名思义,可以将插入的超链接设置链接到本文档中的其他幻灯片。例如,李老师将尾页的"美好的四季等你探寻!"文本链接到了第三幻灯片,具体操作步骤如下:

在"编辑超链接"对话框中,选择【本文档中的位置】选项,然后在"请选择文档中的位置"栏中单击【幻灯片3】,最后单击【确定】,如图18-2-7所示。

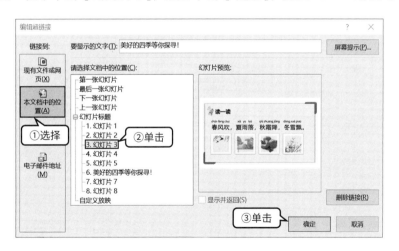

图 18-2-7 链接到本文档中的位置

3.链接到新建文档

还可以将插入的超链接设置链接到新建文档。例如,李老师在制作课件时,想将尾页中的"美好的四季等你探寻!"文本链接到新建文档"课堂练习",具体操作步骤如下：

在"编辑超链接"对话框中，选择【新建文档】选项，然后在【新建文档名称】栏中输入"课堂练习"，单击【更改】按钮选择保存路径，在"何时编辑"选项中选择【开始编辑新文档】，最后单击【确定】，如图18-2-8所示。

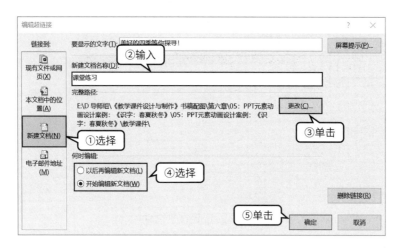

图 18-2-8 链接到新建文档

4. 链接到电子邮件地址

除了以上位置，还可以链接到电子邮件。具体操作步骤如下：

在"编辑超链接"对话框中，选择【电子邮件地址】选项，将信息输入【电子邮件地址】和对应的【主题】，单击【确定】后便可链接到该电子邮件，如图18-2-9所示。

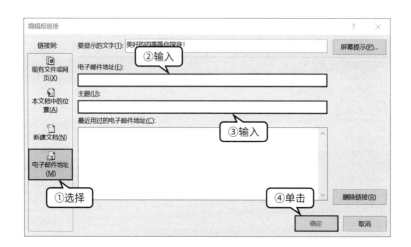

图 18-2-9 链接到电子邮件地址

（三）添加提示信息

在编辑对象的超链接时，还可以添加提示信息，播放课件时，鼠标指针放置到该对象上即可显示所输入的提示信息。

例如，李老师为尾页添加的超链接添加了"请单击播放'美好四季'视频"提示信息，效果如图18-2-10所示。

图18-2-10 添加提示信息的效果

具体操作步骤如下：

在"编辑超链接"对话框中单击【屏幕提示】选项，在弹出的"设置超链接屏幕提示"对话框下【屏幕提示文字】中输入内容"请单击播放'美好四季'视频"，单击【确定】按钮，再在"编辑超链接"对话框中单击【确定】按钮，如图18-2-11所示。

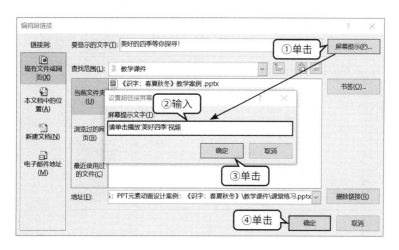

图18-2-11 添加提示信息

（四）更改链接颜色

默认情况下，单击超链接文本后，文本会由蓝色变为紫色，如图18-2-12和图18-2-13所示。

图 18-2-12 单击超链接前（蓝色文本）　　图 18-2-13 单击超链接后（紫色文本）

教师为了演示需要，可以改变这种默认设置，具体操作步骤如下：

单击【设计】选项卡，单击"变体"组中的【其他】按钮，如图 18-2-14 所示；在其下拉菜单中选择"颜色"中的【自定义颜色】命令，在弹出的"新建主题颜色"对话框中选择【超链接】颜色和【已访问的超链接】颜色，最后单击【保存】，如图 18-2-15 所示。

图 18-2-14 更改超链接颜色（1）

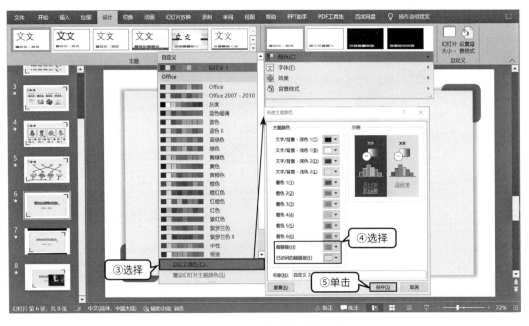

图 18-2-15 更改超链接颜色（2）

第三节 动作按钮交互

动作按钮交互是运用 PowerPoint 中内置动作按钮而实现的交互，本节主要介绍动作按钮交互的常见应用场景以及设置方法。

一、动作按钮交互应用场景

动作按钮交互是指在 PPT 放映过程中，单击幻灯片中事先插入的 PPT 内置动作按钮，可以进行前进、后退、开始、结束、帮助、信息、声音和影片等动作。PowerPoint 内置有 12 种动作按钮，如表 18-3-1 所示。

表 18-3-1 PowerPoint 内置的 12 种动作按钮

名称	图标	系统默认功能
后退或前一项	◁	单击跳转到上一张幻灯片
前进或下一项	▷	单击跳转到下一张幻灯片
转到开头	◁|	单击跳转到第一张幻灯片
转到结尾	|▷	单击跳转到最后一张幻灯片
转到主页	⌂	单击跳转到主页幻灯片
获取信息	ⓘ	单击无动作（可自定义操作设置）
上一张	↺	单击跳转到最近观看的一张幻灯片
视频	▭	单击播放一段视频
文档	▯	单击打开一份文档
声音	◁))	单击播放一段音频
帮助	?	单击无动作（可自定义操作设置）
空白	□	单击无动作（可自定义操作设置）

在 PowerPoint 内置的 12 种动作按钮中，最常用的是前进、后退、开始、结束这 4 种按钮。如图 18-3-1 所示，从左至右从上至下，这些动作按钮依次可以实现将幻灯片跳转到最后一张幻灯片、第一张幻灯片、最近观看的幻灯片、上一张幻灯片或下一张幻灯片的操作。在教学课件中加入动作按钮，可以起到提示的作用，让教师在授课时对本节课教学流程和教学进度有一定的把握，提高教学效率；同时也可以让学生了解课件的知识结构，使学习思路更清晰。

图 18-3-1 常见的动作按钮交互

二、动作按钮交互设置方法

下面以添加"后退或前一项"动作按钮和"前进或下一项"动作按钮为例,介绍制作动作按钮交互的具体操作步骤。

插入动作按钮。单击【插入】选项卡,单击【形状】下拉键,在其下拉菜单中选择【动作按钮:后退或前一项】动作按钮,鼠标变为十字形图标后在幻灯片相应位置按住鼠标左键拖动,即可绘制【动作按钮】;在弹出的"操作设置"对话框中单击【确定】,如图 18-3-2 所示。

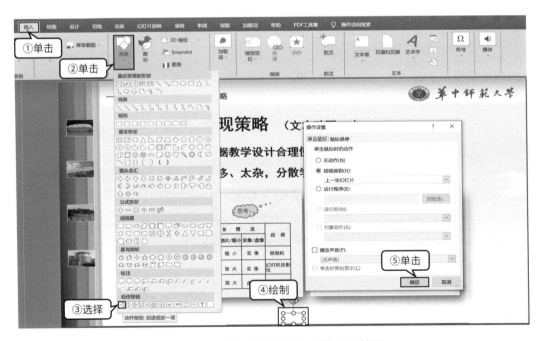

图 18-3-2 添加"后退或前一项"动作按钮

设置按钮样式。如图 18-3-3 所示，单击【形状样式】下拉键，在其下拉菜单中选择【彩色填充—浅蓝，强调颜色 1】，再设置高度为【0.64 厘米】，设置宽度为【1.06 厘米】。效果如图 18-3-4 所示。

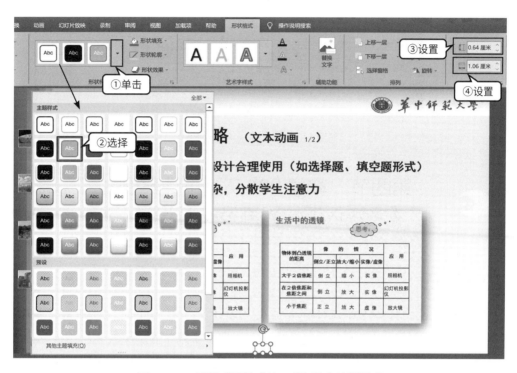

图 18-3-3 设置"后退或前一项"动作按钮样式

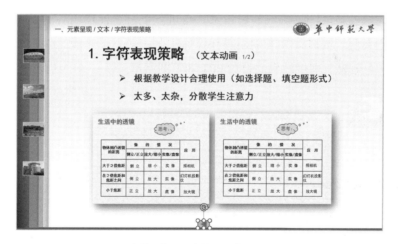

图 18-3-4 制作"后退或前一项"动作按钮效果图

设置前进动作按钮。按照上述相同的步骤再添加"动作按钮：前进或下一项"动作按钮，设置其"形状样式"为"彩色填充—浅蓝，强调颜色 1"，"形状宽度"为"1.06 厘米"，"形状高度"为"0.64 厘米"，最后的效果如图 18-3-5 所示。

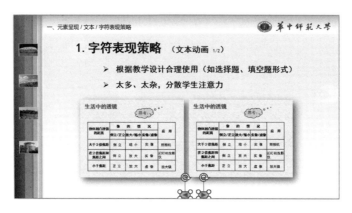

图 18-3-5 制作动作按钮效果图

第四节 教学 PPT 交互设计案例：《多媒体课件界面及交互设计》

教学情境

吴老师在设计《多媒体课件界面及交互设计》教学 PPT 时，计划从"基本结构""界面设计""导航设计""交互设计"和"课堂实践"五个模块来组织教学内容。在完成教学 PPT 内容的制作后，吴老师想在目录页中为每个模块标题制作跳转按钮，即单击相应按钮就可跳转到对应模块内容的首页；在讲授完每一个模块内容后，吴老师还想在该模块的最后一页跳转回目录页，再进入下一个模块内容的学习，使课件结构清晰、操作灵活。同时，吴老师还想在课件中利用触发器来设置课堂互动题，及时检验学生的学习效果。理想效果的教学 PPT 如下图所示。

案例效果图

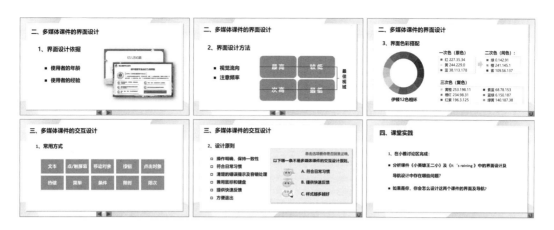

案例操作步骤

一、课件逻辑结构介绍

PPT 的目录页中呈现了整个课件的内容框架，也代表了相应的教学流程，如图 18-4-1 所示。点击标题后面的按钮，PPT 可以跳转到相应内容的首页，在每部分内容的最后一页幻灯片的右下角会呈现一个返回目录页的按钮。点击按钮，PPT 可以回到目录页，让学生继续下一标题内容的学习。

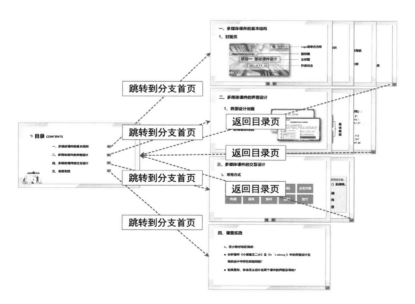

图 18-4-1《多媒体课件界面及交互设计》课件逻辑结构

二、添加触发器交互

该课件中触发器交互运用于实现课堂测验题，如图 18-4-2 所示，点击一个选项，就会出现对应的表情图片。下面以第 13 页"（一）多媒体课件的交互设计 - 设计原则"

为例，介绍用触发器交互设置课堂测验题的具体操作步骤。

插入元素并调整格式和排版。在幻灯片中插入文本框和图片，在文本框中输入选择题的题干文字及选项文字，设置"字体"为"微软雅黑"，"字号"为"24"；统一设置图片的宽度为"2.5cm"，高度为"2.5cm"。所有文本框和图片排版如图18-4-2所示。

添加动画。选中1张"哭脸"图片，为其添加"出现"动画；再选中"A.符合日常习惯"文本

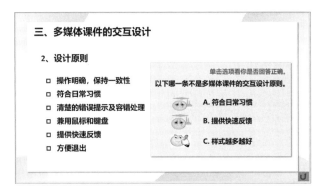

图18-4-2 课堂测验题效果图

框，为其添加"强调"栏中的"字体颜色"动画，在"效果选项"里选择"标准色"中的"红色"。

添加触发交互。选中"哭脸"图片，单击【触发】按钮，在其下拉菜单中单击【通过单击（C）】，再选择【TextBox9】，如图18-4-3所示。

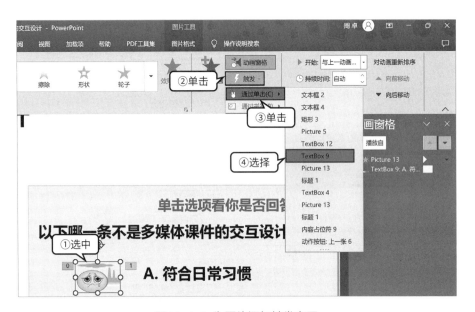

图18-4-3 为图片添加触发交互

设置触发交互效果。选中"A.符合日常习惯"文本框，单击【触发】按钮，在其下拉菜单中单击【通过单击（C）】，再选择【TextBox9】，设置"开始"为【与上一动画同时】，设置"持续时间"为【00.50】。如图18-4-4所示。

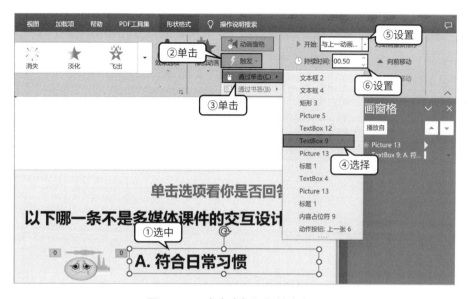

图 18-4-4 为文本框添加触发交互

为剩余元素添加触发交互。按照上述步骤为剩余两组图片和文本框添加交互，其中，正确答案"C.样式越多越好"的"字体颜色"动画中的"效果选项"要选择"绿色"。当所有触发交互都添加完毕后，右侧动画窗格的最终效果如图 18-4-5 所示。

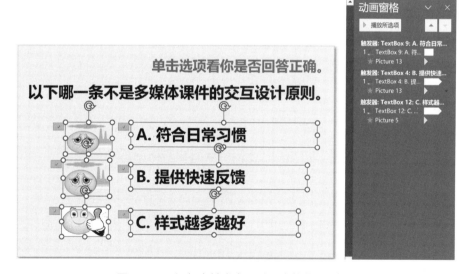

图 18-4-5 添加完触发交互动画窗格的效果图

添加完触发器后，触发三个选项交互的效果如图 18-4-6 所示。

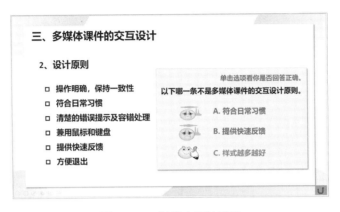

图 18-4-6 触发交互效果图

三、添加目录超链接交互

在该课件的目录页添加超链接按钮以实现目录页到内容页的快速跳转，如图 18-4-7 所示，使整个课件框架清晰，便于使用者从整体上把握演示文稿的内容。下面以第 2 张幻灯片"目录页"为例，介绍添加超链接交互的具体操作步骤。

图 18-4-7 《多媒体课件界面及交互设计》目录页

添加按钮。在目录页中插入四个按钮，并调节它们的大小和位置。

添加超链接交互。在幻灯片中选中"一、多媒体课件的基本结构"右侧的按钮，单击【插入】选项卡，再单击"链接"组中的【链接】按钮，在打开的"插入超链接"对话框中单击【本文档中的位置（A）】，选择【3.幻灯片3】（即"多媒体课件的基本结构"内容的首页），最后单击【确定】，如图 18-4-8 所示。

为剩余按钮添加超链接交互。按照上述步骤依次为其他按钮添加超链接，其中"二、多媒体课件的界面设计"右侧的按钮链接到"7.幻灯片7"，"三、多媒体课件的交互设计"右侧的按钮链接到"10.幻灯片10"，"四、课堂时间"右侧的按钮链接到"12.幻灯片12"。

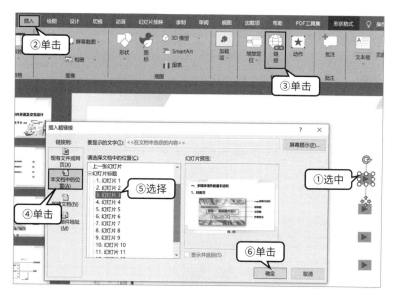

图 18-4-8 为按钮图片添加超链接

四、添加动作按钮交互

本课件中加入了"返回上一页""进入下一页"以及"返回目录"的动作按钮。下面以"一、多媒体课件的基本结构"模块的内容页和结束页为例,如图 18-4-9 所示,介绍添加动作按钮交互的具体操作步骤。

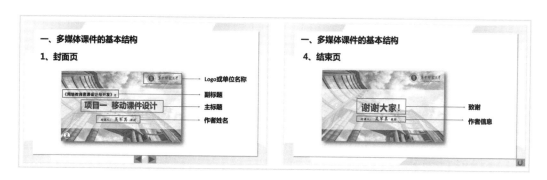

图 18-4-9 动作按钮效果图

添加动作按钮。单击【插入】选项卡,单击【形状】下拉键,在其下拉菜单中选择【动作按钮:后退或前一项】形状,鼠标变为十字形图标后在相应位置按住鼠标左键拖动,即可操控【动作按钮】;在弹出的"操作设置"对话框中单击【确定】,如图 18-4-10 所示。

设置动作按钮格式。按照上述步骤再添加"动作按钮:前进或下一项"形状作为"进入下一页"按钮,依次设置这两个动作按钮的"主题颜色"为"淡紫","形状轮廓"为"无轮廓","形状宽度"为"1.16 厘米","形状高度"为"1.07 厘米"。最终效果如图 18-4-11 所示。

图 18-4-10 添加"返回上一页"动作按钮

图 18-4-11 添加"返回上一页"和"进入下一页"动作按钮效果图

添加动作按钮。单击【插入】选项卡，单击【形状】下拉键，在其下拉菜单中选择【动作按钮：上一张】形状，鼠标变为十字形图标后在相应位置按住鼠标左键拖动，即可绘制【动作按钮】；在弹出的"操作设置"对话框中单击【超链接到（H）】下拉键，在其下拉菜单中单击【幻灯片…】，在弹出的"超链接到幻灯片"对话框中选择【2.幻灯片2】（即目录页），单击【确定】，再单击"操作设置"对话框里的【确定】，如图 18-4-12 所示。

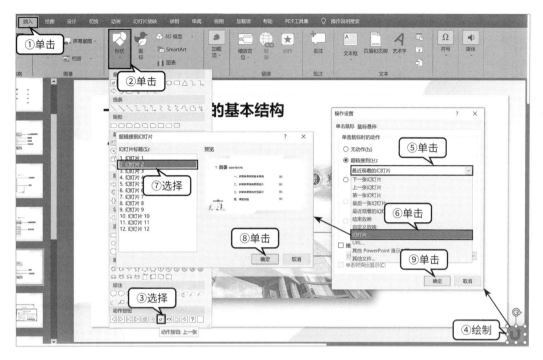

图 18-4-12 添加"返回目录"动作按钮

设置动作按钮格式。设置"主题颜色"为"淡紫","形状轮廓"为"无轮廓","形状宽度"为"1.28厘米","形状高度"为"1.07厘米",最终效果如图 18-4-13 所示。

图 18-4-13 添加"返回目录"动作按钮效果图

本章彩图
扫码可看

第十九章 教学PPT设计与应用案例

教学情境

"如何正确洗手"是临床医学专业学生必须学习的内容。普及规范的洗手方法，是控制交叉感染最有效的方法。李老师设计《如何正确洗手》课件时，准备从洗手的定义、洗手的指征以及如何正确洗手三个模块进行讲解。通过文字、图片、视频等元素呈现信息，使用动画强调重点知识，并设计合理的版面结构，增加课件的可读性和艺术性。最终李老师制作了如下所示教学课件。

课件草图设计

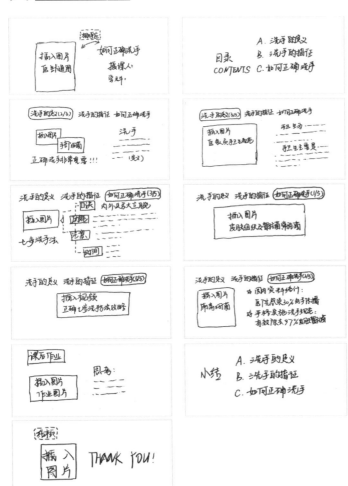

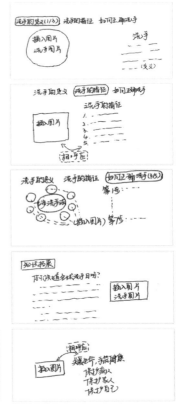

第十九章 教学 PPT 设计与应用案例

素材收集

01封面页图片.png

02洗手图.png

03带细菌的手.png

04带细菌的手.png

05卫生规范.png

06洗手指征.png

07皮肤结构.png

08禁止细菌.png

09酒精消毒.png

10七步洗手法.png

11洗手.png

12思考.png

13结束页图片.jpg

七步洗手法.mp4

案例知识图谱

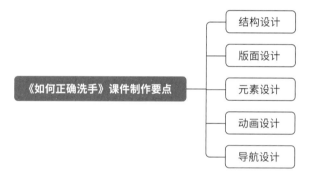

案例效果图

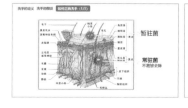

案例分析

一、结构设计

本课件的教学内容比较简单，所以使用的是最常见的直线式结构，包括封面页、内容页和尾页三部分，如图19-1-1所示。

该结构操作简单，结构清晰，符合教师普遍的授课习惯。在授课时，教师只需按顺序播放PPT课件，而将更多注意力集中于知识的讲授。图集19-1-2至19-1-4为直线式结构PPT的主要组成部分。

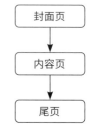

图 19-1-1 直线式结构

图 19-1-2 封面页　　图 19-1-3 内容页　　图 19-1-4 尾页

二、版面设计

合理美观的版面设计和色彩搭配，既能给人以美感，让人产生心理上的愉悦，还能有效传递信息，激发学生的学习兴趣，提高学习的积极性。本课件的版式类型主要是左右排列型（如图19-1-5所示）、全图型版式（如图19-1-6所示），它们充分考虑了观看者的普遍阅读习惯和认知特点，合理安排了图片和文字元素，最大化地传递了知识信息，体现了教学重难点。在色彩搭配上，本课件以与医学主题契合的白色和蓝色为主色调，白底黑字具有高辨别性，能达到良好的阅读效果，如图19-1-7和图19-1-8所示。

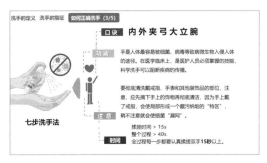

图 19-1-5 左右排列型版式

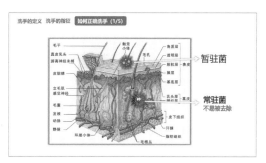

图 19-1-6 全图型版式

图 19-1-7 目录页

图 19-1-8 过渡页

三、元素设计

演示文稿《如何正确洗手》使用了文字、图片、视频元素来呈现教学内容。文本内容使用微软雅黑字体，字体饱满醒目，笔画简洁且粗细相等，易于学生辨认。同时，文稿注重提炼核心内容并加以条目化展示，疏密有间、重点突出，如图19-1-9和图19-1-10所示。在图片元素设计上，如图19-1-11所示，细胞结构和细菌图片辅以文字说明，既形象又直观，促进学生对知识的理解。最后，文稿以视频的形式详细演示"七步洗手法"，方便学生模仿演练，如图19-1-12所示。

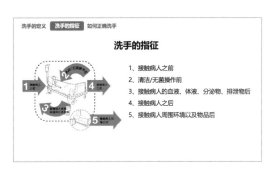

图 19-1-9 条目化内容（1）

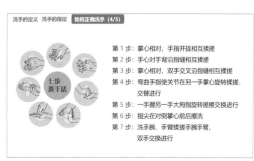

图 19-1-10 条目化内容（2）

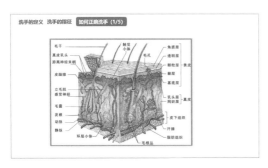

图 19-1-11 图文结合　　　　　　　　　图 19-1-12 视频演示

四、动画设计

图 19-1-13 以动画的形式先后展现了被细菌污染的手,"正确洗手非常重要"的文字后续以"强调"动画的形式出现。如此具有视觉冲击力的画面和具有强调作用的动画形式,能给学生留下更深刻的印象。图 19-1-14 和图 19-1-15 均使用"出现"动画来呈现文字内容,教师在讲课时根据授课进度通过单击鼠标依次呈现教学内容,能帮助学生聚焦当前所学知识,有效减轻学生的认知负荷。

图 19-1-13 应用动画突出重点

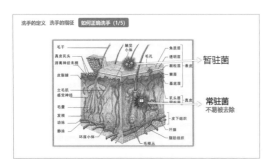
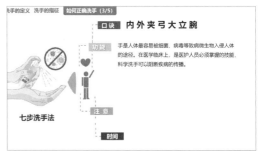

图 19-1-14 动画呈现（1）　　　　　　图 19-1-15 动画呈现（2）

五、导航设计

本课件使用的导航形式为菜单式导航，如图 19-1-16 所示，导航栏在 PPT 课件页面的上方，内容展示区在课件页面的中间。菜单式导航更加灵活，导航栏在课件中的每一页都可以呈现，课件使用者可以直接单击目录区中的目录项，使对应的内容显示在页面的内容区中。通过清晰的菜单式导航，教师在授课时对本节课教学流程和教学进度有一定的把握，同时能让学生清晰了解知识结构。

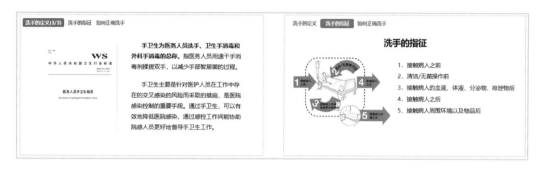

图 19-1-16 菜单式导航的幻灯片

本章彩图
扫码可看

第二十章　插件的应用

学习目标

- 描述 iSlide 插件、英豪插件、OK 插件的主要功能与用途；
- 学会应用 iSlide 插件对课件进行一键优化处理；
- 学会应用英豪插件在课件中绘制特殊图形；
- 学会应用 OK 插件在课件中制作三维形状。

知识图谱

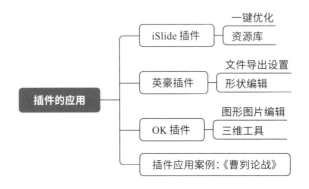

　　插件是一种遵循一定规范的应用程序接口而编写出来的程序，只能运行在程序规定的系统平台上，而不能脱离指定的平台单独运行，主要用以实现一些原系统平台不具备的拓展功能。例如在 PowerPoint 中，常用的插件有 iSlide 插件、英豪插件、OK 插件等，运用好这些插件能有效帮助教师提高课件制作的质量与效率。本章主要介绍上述三种 PPT 插件的常用功能及其在教学课件中的应用场景。

第一节　iSlide 插件

　　iSlide 是一款基于 PowerPoint 的一键化效率插件，提供了便捷的排版设计工具和丰富的资源库，能够帮助用户快速进行字体统一、色彩统一、批量裁剪图片等操作，便于用户根据需求选用适宜的应用主题与素材资源，并能有效解决课件制作过程中素材欠缺、效率不高、专业度不够等常见问题。在官网下载并安装 iSlide 插件后，PowerPoint 顶部菜单栏会自动出现【iSlide】选项卡，如图 20-1-1 所示。

图 20-1-1 【iSlide】选项卡

一、一键优化

iSlide 插件提供的一键优化功能包括统一字体、统一段落、统一色彩和智能参考线，如图 20-1-2 所示。使用一键优化功能可以帮助用户快速统一 PPT 全文档的字体、段落格式和色彩搭配。智能参考线功能可以在 PPT 中一键添加标准参考线，帮助用户规范版式布局。

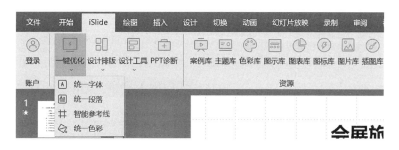

图 20-1-2 一键优化功能

（一）统一字体

统一字体功能可将 PPT 文档中使用的各种字体一键替换为指定字体。统一字体的具体操作步骤如下：

单击【iSlide】选项卡，单击"设计"组中的【一键优化】下拉键，在其下拉菜单中选择【统一字体】选项，在弹出的"统一字体"对话框中选择修改中文字体样式，单击【应用】按钮一键修改幻灯片所有文字样式，如图 20-1-3 所示。

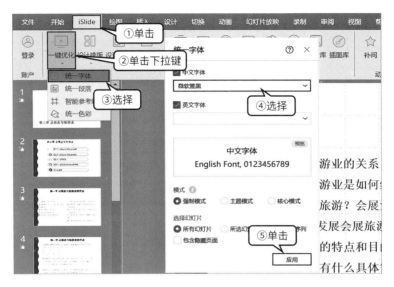

图 20-1-3 "统一字体"操作

（二）统一段落

统一段落功能可根据用户选择的幻灯片范围一键修改段落的行距、间距。统一段落的具体操作步骤如下：

单击【iSlide】选项卡，单击"设计"组中的【一键优化】下拉键，在其下拉菜单中选择【统一段落】选项，在弹出的"统一段落"对话框中修改行距、间距，并选择幻灯片应用范围为【所有幻灯片】，最后单击【应用】按钮，如图 20-1-4 所示。

图 20-1-4 "统一段落"操作

（三）统一色彩

统一色彩功能既可以快速读取到全文档所用的色彩，还能快速跳转到色彩应用的

第二十章 插件的应用

对象,通过自由筛选颜色类型(填充、线条、文本等)将该对象统一替换成当前文档中指定的主题色,从而实现全文档色彩搭配的规范和统一。以幻灯片中标题"会展旅游者的特点和需求"统一修改为黑色为例,讲解统一色彩的操作。

打开"统一色彩"对话框。单击【iSlide】选项卡,单击"设计"组中的【一键优化】下拉键,在其下拉菜单中选择【统一色彩】选项,在弹出的"统一色彩"对话框中勾选【文本】类型,选择【橙色】,单击【替换主题色】按钮,如图20-1-5所示。

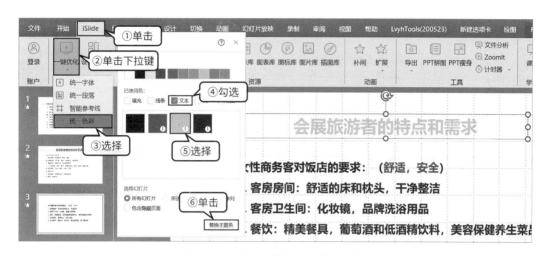

图20-1-5 打开"统一色彩"对话框

一键修改颜色。在弹出的"替换主题色"对话框中单击【替换主题色】选项卡下的"黑色",再单击【应用】按钮,如图20-1-6所示。一键修改幻灯片标题为黑色,效果如图20-1-7所示。

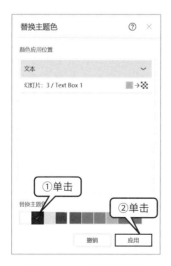

图20-1-6 替换主题色

图20-1-7 替换主题色效果图

389

二、资源库

iSlide 插件的资源库包含有案例库、主题库、色彩库、图示库、图表库、图标库、图片库和插图库。资源可分为会员和免费两种权限，在设计和制作 PPT 时可以参考使用资源库中的素材。下面以资源库中案例库的使用为例，讲解使用案例库的操作。

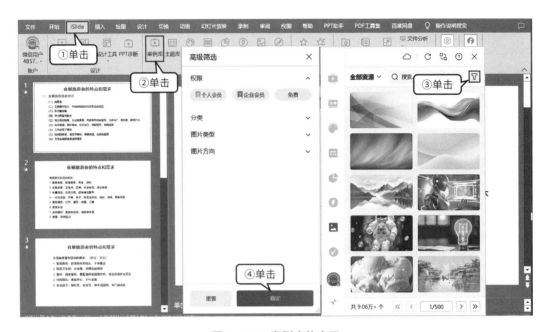

图 20-1-8 案例库的应用

单击【iSlide】选项卡，单击"资源"组中的【案例库】选项，在弹出的菜单中单击【高级筛选】按钮，在弹出的"高级筛选"对话框中依据权限、场景和行业等筛选资源，筛选结束后单击【确定】即可，如图 20-1-8 所示。

在筛选后的菜单中挑选合适的案例 PPT，单击即可下载，如图 20-1-9 所示。

图 20-1-9 选择案例 PPT

第二节　英豪插件

英豪插件是一款第三方 Microsoft PowerPoint 插件，具备文件导出、版式和布局设计、多类型形状编辑插入等功能，用户可以一键将 PPT 以文档或全图形式导出，能够插入或编辑丰富的图形形状，满足用户导出不同类型 PPT 文件和使用特殊形状的需求。在官网下载并安装英豪插件后，PowerPoint 顶部菜单栏会自动出现【LvyhTools】选项卡，如图 20-2-1 所示。

图 20-2-1　【LvyhTools】选项卡

一、文件导出设置

英豪插件中【文件】选项卡提供的功能包括"导出 Word""创建全图形 PPT""选择导出"等，如图 20-2-2 所示。使用此选项卡可以帮助用户一键快捷导出 PPT 课件。

图 20-2-2　【文件】选项卡

（一）导出 Word

"导出 Word"功能可以让用户有选择地导出幻灯片的元素，如图片、形状、文本框等，并以 Word 格式导出保存。教师在备课写讲义或学生需要打印课件学习时，均可使用该功能筛选幻灯片，并导出为 Word 文档，方便他们进一步准备或学习。下面以将图 20-2-3 所示课件中的图片和文本导出为例，讲解导出 Word 的操作：

单击【LvyhTools】选项卡，单击"文件"组的【导出 Word】选项，在弹出的"导出到 Word"对话框中勾选【文本框】和【图片】，筛选需要导出的内容，单击【文档标题 - 页码】为幻灯片页面分隔符，最后单击【确定】按钮，如图 20-2-4 所示。导出的 Word 文档如图 20-2-5 所示。

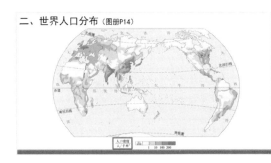

图 20-2-3 目标课件效果图

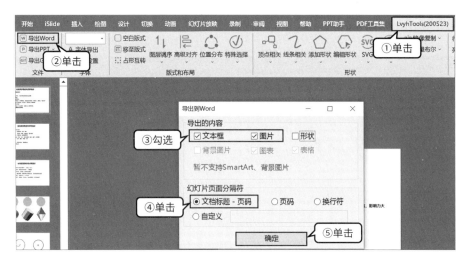

图 20-2-4 导出 Word

图 20-2-5 导出 Word 效果图

（二）创建全图形 PPT

"创建全图形 PPT"功能是将原 PPT 中每一页幻灯片都以图形的格式导出，生成新的 PPT 文件。但需要注意的是，原 PPT 中的动画和交互效果也会被删除。保存为全图形 PPT 可以避免 PPT 制作完成后的误删操作，同时也有保护版权的作用。创建全图形 PPT 的具体操作步骤如下：

单击【LvyhTools】选项卡，单击"文件"组的【导出 PPT】下拉键，在其下拉菜单中选择【创建全图形 PPT】选项，如图 20-2-6 所示，即可创建新的全图形 PPT 文档。

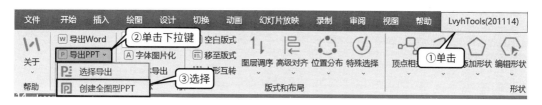

图 20-2-6 创建全图形 PPT

（三）选择导出

"选择导出"功能可将当前用户选中的对象导出并保存在新的 PPT 文档中。选择导出的具体操作步骤如下：

选中需要导出的对象，单击【LvyhTools】选项卡，单击"文件"组的【导出 PPT】下拉键，在其下拉菜单中单击【选择导出】选项，如图 20-2-7 所示。导出目标对象效果如图 20-2-8 所示。

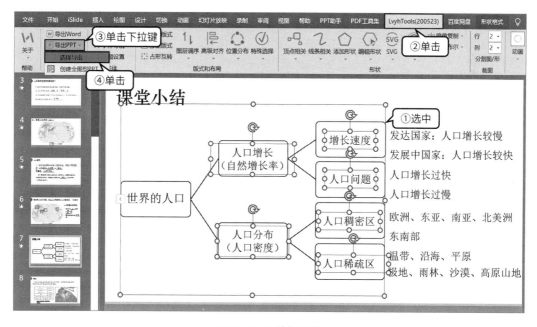

图 20-2-7 选择导出

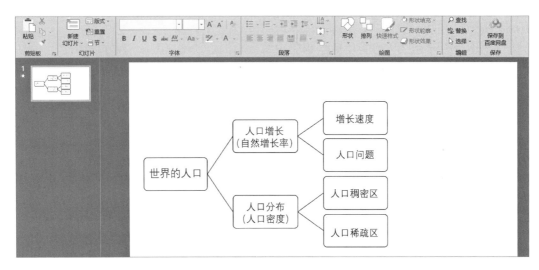

图 20-2-8 选择导出效果图

二、形状编辑

英豪插件提供了比 Powerpoint 内置资源更丰富的形状资源和处理工具，用户可利用该功能一键创建复杂的图形。下面以"形状"组中的添加形状和编辑形状为例，讲解一键创建复杂图形的具体操作。

单击【LvyhTools】选项卡，单击"形状"组中的【添加形状】下拉键，在其下拉菜单中选择【添加正多边形】选项。在弹出的"添加正多边形"对话框中输入多边形的边数，单击【确定】按钮自动生成十边形，如图 20-2-9 所示。

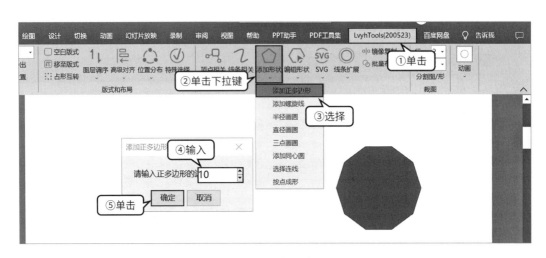

图 20-2-9 添加正十边形

除此之外，还可以单击【添加螺旋线】和【添加同心圆】按钮添加形状，如图 20-2-10 至图 20-2-13 所示。

图 20-2-10 【添加螺旋线】工具

图 20-2-11 螺旋线效果

图 20-2-12 【添加同心圆】工具

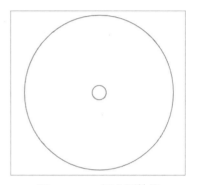

图 20-2-13 同心圆效果

单击【正多边形】，单击【LvyhTools】选项卡，单击"形状"组中的【编辑形状】下拉键，在下拉菜单中选择【圆角工具】选项，在弹出的"圆角工具"对话框中修改倒圆角半径，单击【生成圆角】按钮，可将多边形的边角变得"圆滑"，如图 20-2-14 所示。

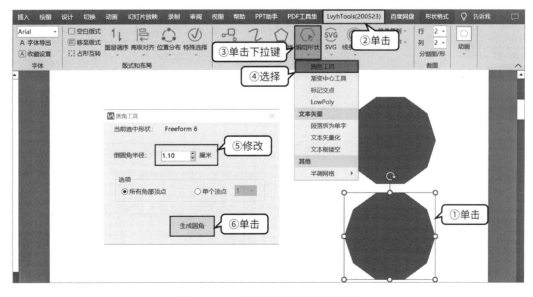

图 20-2-14 设置"圆角"图形效果

第三节　OK 插件

　　OK 插件是一款免费开源的 Office PowerPoint 和 WPS 第三方平面设计辅助插件，提供了丰富的图形图片编辑工具和三维工具，能够帮助用户更方便快捷地编辑修改图形图片，一键制作三维形状，有效解决 PPT 课件中插图美化困难、三维形状制作不易的问题。在官网下载并安装英豪插件后，PowerPoint 顶部菜单栏会自动出现【OneKey Lite】选项卡，如图 20-3-1 所示。

图 20-3-1　【OneKey Lite】选项卡

一、图形图片编辑

　　图形组中包括图片混合、一键特效等功能。图片混合功能与手机修图软件类似，可以对图片进行正片变暗、变亮、叠加等一系列处理。一键特效功能包含了许多对图片的特殊操作，如图片虚化、图片马赛克、三维折图等。具体功能选项如图 20-3-2 所示。

　　如图 20-3-3 所示的课件，课件中的板块地图图片饱和度不够。如图 20-3-5 所示，使用 PowerPoint 系统自带的"颜色"工具也不能修正图片颜色。而使用插件的功能编辑后的图片则如图 20-3-4 所示，可以有效解

图 20-3-2　图形组菜单栏

图 20-3-3　图片修正前的教学 PPT

图 20-3-4　图片修正后的教学 PPT

决原图片存在的问题。

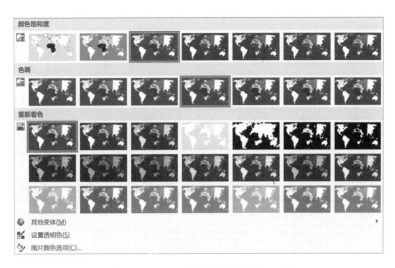

图 20-3-5 PPT 自带的"颜色"工具

下面以编辑 PPT 课件中板块地图的图片为例，讲解使用"图片混合"组中的"叠加"功能的操作。

插入一个黑色矩形，移动至"板块地图"图片下方。单击"板块地图"图片，按下【shift】键并单击黑色矩形，单击【OneKey Lite】选项卡，单击"图形"组中的【图片混合】下拉键，选择下拉菜单中的【叠加】选项，如图 20-3-6 所示。此时图片会自动增加饱和度。

图 20-3-6 设置"叠加"效果

完成操作后，图片和黑色矩形会成为一个整体，此时还需裁剪黑色边框，最后效果如图20-3-4所示。

"一键特效"下拉菜单中的工具可以帮助用户编辑特殊效果的图片，用户选中需要编辑的对象后，一键单击工具即可。如图20-3-7、20-3-8、20-3-9所示，分别为"图片虚化""图片极坐标"和"三维折图"的效果图。

图 20-3-7 图片虚化

图 20-3-8 图片极坐标

图 20-3-9 三维折图

二、三维工具

图20-3-10所示为OK插件中提供的三维工具组。该工具可以一键将图片或形状转换成各种三维形状。如图20-3-11所示，从左到右分别是一键球体、一键立方体和一键水晶体功能的效果图。

图 20-3-10 三维工具菜单

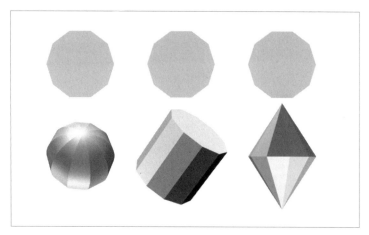

图 20-3-11 一键转化

小贴士

插件提供的功能种类繁多，如想深入了解插件其他功能的应用可登陆官网下载试用。官网网址：http://oktools.xyz/。表 20-3-1 所示为本章介绍的插件对比。

表 20-3-1 插件功能对比表

插件	类型	优势
iSlide 插件	素材类插件	主题模板丰富，图片等素材可免费商用
英豪插件	形状类插件	形状、线条操作工具多样，官网提供操作视频介绍
OK 插件	平面设计辅助类插件	图片处理功能优越，可替代基本的修图软件
PowerPoint 软件	基础型应用软件	提供基础的模板和形状，方便用户二次设计

第四节　插件应用案例：《曹刿论战》

教学情境

张老师想以古风为主题设计《曹刿论战》一课的教学课件，但浏览过 PowerPoint 中自带的案例模板后，他发现模板不能满足自己的要求。张老师前期在准备 PPT 素材时就已花费了较多时间，又由于工作繁忙，久久未能开始课件的制作。通过前面章节的学习我们对插件已经有了一定的了解，那么如何利用插件帮助张老师快速设计并制作教学课件呢？

案例效果图

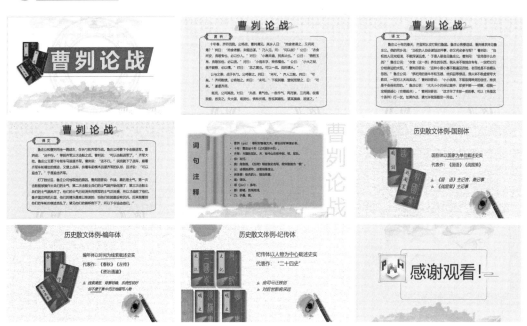

案例操作步骤

一、案例选择与下载

单击【iSlide】选项卡，单击"资源"组中的【案例库】选项，在弹出的对话框中输入"教学课件"，单击下载合适的教学课件案例，如图20-4-1所示。

图20-4-1 下载教学课件案例

二、修改案例幻灯片

筛选幻灯片。选中不需要或不合适的幻灯片，如图20-4-2所示的第4、9、10页幻灯片，按下键盘上的【delete】删除。

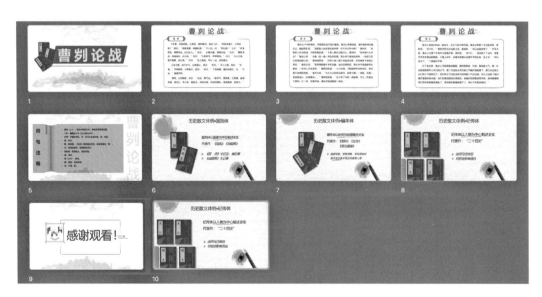

图20-4-2 删除幻灯片

修改素材。移动或删除多余的素材，修改首页和尾页的标题文字。效果如图20-4-3和图20-4-4所示。

图20-4-3 首页修改效果图

图20-4-4 尾页修改效果图

统一字体。应用"一键优化"中的【统一字体】将教学课件的中文字体全部修改为"微软雅黑"，模式为"主题模式"，使所有新增文本自动使用微软雅黑样式，如图20-4-5所示。

添加内容。根据需要修改幻灯片的文字内容和素材样式，添加本节课需要讲解的知识，如图20-4-6所示。

图20-4-5 统一字体

图20-4-6 修改案例幻灯片效果图

优化PPT。单击【iSlide】选项卡，单击"设计"组中的【PPT诊断】选项，如图20-4-7所示。在弹出的"PPT诊断"对话框中单击【一键诊断】按钮，并根据诊断结果单击【优化】按钮调整PPT课件，如图20-4-8所示。

图 20-4-7 PPT 诊断

图 20-4-8 PPT 优化

设计思想

　　教师可以利用插件从丰富的资源库中挑选适合主题的案例幻灯片，并在已有的排版设计和颜色搭配的基础上修改制作教学课件，提高课件制作效率。

第二十一章　VBA 的应用

本章彩图
扫码可看

学习目标

- 能利用 VBA 执行插入选项按钮控件、命令按钮控件、复选框控件、文本框控件等基本操作；
- 能为 VBA 的控件执行修改属性操作；
- 运用 VBA 进行命令按钮控件的代码设计与编写。

知识图谱

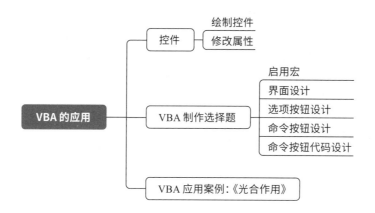

VBA 是 Visual Basic 的一种宏语言，是在其桌面应用程序中执行通用的自动化任务的编程语言。主要用来扩展 Windows 的应用程序功能，特别是 Microsoft Office 软件的拓展功能。

第一节　控件

在 VBA 中，控件既包括在幻灯片中，也包括在用户窗口内，其主要用途是用来创建交互式的演示文稿，或创建自定义的用户界面。控件包括标签、文本框、数值调节钮、命令按钮、图像、滚动条、复选框、选项按钮、组合框、列表框和切换按钮等。每类控件都有其独有的属性、方法和事件，用户可根据需求选择应用。例如，选项按钮（也称单选按钮）为用户提供可供选择的列表，用户一次只能选择其中一项；又如命令按钮，用户通过单击命令按钮调用click事件，从而执行相应操作。

一、绘制控件

生物教师张老师期望通过单选题来测试同学们对原核生物知识的了解情况，于是他制作了如图21-1-1所示的幻灯片，该幻灯片包含题干文本框、单选按钮、重新选择命令按钮、下一题命令按钮和提交答案命令按钮。张老师的制作过程如下。

绘制选项控件按钮。插入文本框并输入题干文本，单击【开发工具】选项卡，选择"控件"组中的【选项】按钮 ⊙，拖动鼠标绘制出选项按钮控件区域，再重复上述步骤绘制出另外三个选项按钮控件，如图21-1-2所示。

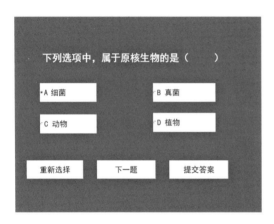

图21-1-1 绘制控件效果图

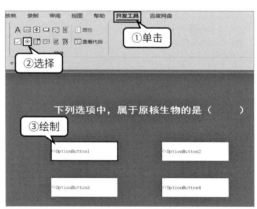

图21-1-2 插入选项按钮控件

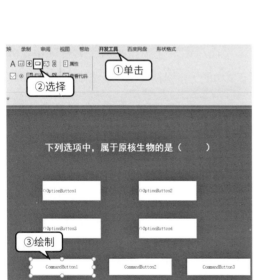

图21-1-3 插入命令按钮控件

绘制命令按钮控件。单击【开发工具】选项卡，选择"控件"组中的【命令】按钮 ▭，拖动鼠标绘制出命令按钮控件区域。再重复上述操作步骤绘制出另外两个命令按钮控件，用于重新选择答案、显示下一题并检查答案对错，如图21-1-3所示。

二、修改属性

控件属性包括名称、标题、字体、背景颜色、前景颜色等。修改控件的属性有利于数据信息的展示和访问页面的美化。

修改控件名称和标题的具体操作步骤如下：

选中 OptionButton1 选项按钮控件，单击【开发工具】选项卡，单击"控件"组中的【属性】按钮，弹出"属性"对话框，选择【（名称）】，输入"选项 A"，选择【Caption】，输入"A 细菌"，单击关闭"属性"对话框，如图 21-1-4 所示。

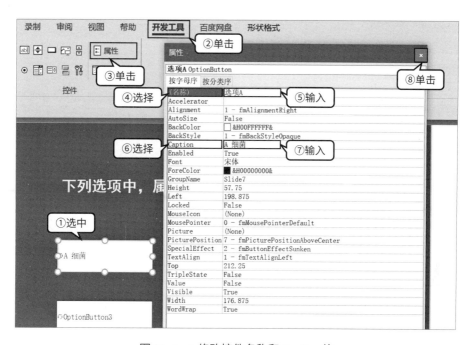

图 21-1-4 修改控件名称和 Caption 值

第二节　VBA 制作选择题

VBA 常用于课件中制作选择题，在开始制作之前，需要启用宏，然后进行界面设计、选项按钮设计、命令按钮与代码设计等操作。

一、启用宏

使用 VBA 前需要启用宏，并将 PowerPoint 文件类型改为启用宏的 PowerPoint 演示文稿，再进行 VBA 相关操作，如插入控件、修改属性和代码设计等，否则 VBA 脚本无法保存。准备工作的具体操作步骤如下。

启用宏。单击【开发工具】选项卡，单击"代码"组中的【宏安全性】，弹出"信任中心"对话框，选择【启用所有宏】图标，单击【确定】，如图 21-2-1 所示。

选择保存类型。保存该演示文稿时，选择保存类型为【启用宏的 PowerPoint 放映】，单击【保存】，如图 21-2-2 所示。

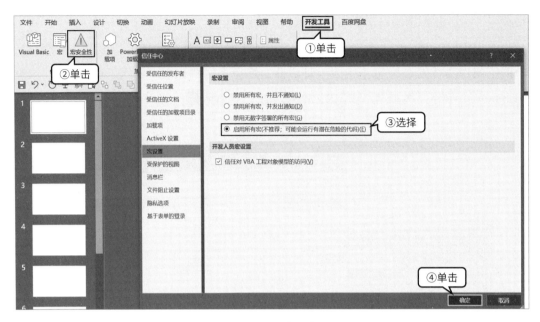

图 21-2-1 启用宏

图 21-2-2 选择保存类型

小贴士

选择启用宏的 PowerPoint 演示文稿，文件后缀名会更改为 ".ppsm"。

二、界面设计

选择题界面一般由题干、选项和各种命令按钮组成。用户通过单击选项，再单击命令按钮来完成答案的提交、跳转下一题和重新选择答案等操作。界面设计的具体操作步骤如下：

在幻灯片中插入一个文本框，输入题目。绘制出四个大小合适的选项按钮控件，效果如图 21-2-3 所示；再绘制出三个大小合适的命令按钮控件，效果如图 21-2-4 所示。

图 21-2-3 插入题目与选项按钮控件后的效果图

图 21-2-4 插入命令按钮控件后的效果图

三、选项按钮设计

选项按钮设计主要包括为选项按钮设置标题、字体、字号、颜色等。设计选项按钮的具体操作步骤如下：

选项按钮属性设置。选中 OptionButton1 控件，单击【开发工具】选项卡，单击【属性】，在弹出的"属性"对话框中选择【Caption】，在右侧输入框中输入"A. 新疆"，选择【Font】，单击右侧 … 按钮，弹出"字体"对话框，选择字体为"黑体"，大小为"二号"，单击【确定】，再单击"属性"对话框的【关闭】按钮✖，如图 21-2-5 所示。

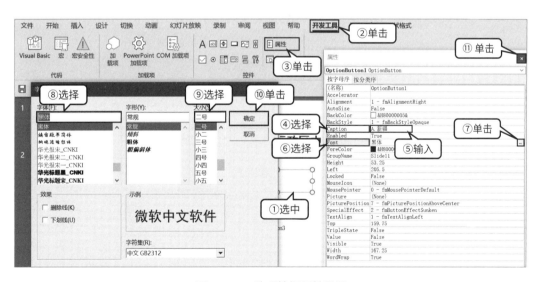

图 21-2-5 选项按钮属性设置

> **小贴士**
>
> 选项按钮可以直接复制，以避免重复操作。教师复制粘贴三次后分别将 Caption 值改为"B. 湖北""C. 四川""D. 内蒙古"即可，效果如图 21-2-6 所示。

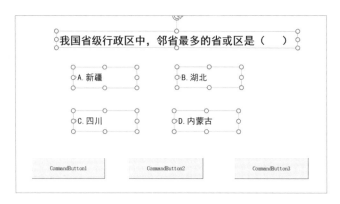

图 21-2-6 输入选项按钮 Caption 值后的效果图

四、命令按钮设计

命令按钮设计与选项按钮设计类似，包括为命令按钮设置标题、字体、字号、字体颜色和背景颜色等。设计命令按钮的具体操作步骤如下：

设计命令按钮。选中 CommandButton1 控件，设置 Caption 值为"重新选择"，字体为"黑体"，大小为"二号"，复制粘贴"重新选择"按钮两次，然后分别修改 Caption 值为"下一题"和"提交答案"，效果如图 21-2-7 所示。

图 21-2-7 输入命令按钮 Caption 值后的效果图

五、命令按钮代码设计

为命令按钮输入代码，可以实现用户提交答案后的反馈、清除已选中的选项和切换题目等交互操作。命令按钮代码设计的具体操作步骤如下。

（一）"重新选择"命令按钮代码设计

设计"重新选择"命令按钮。在普通视图界面双击"重新选择"按钮，弹出"代码"窗口，在 Private Sub CommandButton1_Click() 与 End Sub 中间输入如下代码：

OptionButton1.Value=False

OptionButton2.Value=False

OptionButton3.Value =False

OptionButton4.Value=False

之后单击【保存】按钮 ,如图21-2-8所示。

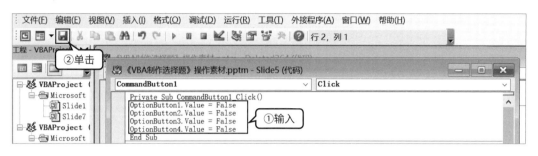

图21-2-8 "重新选择"命令按钮代码设计

当学生单击了"A.新疆"后,这一选项即被选中,如图21-2-9所示。此时再次单击"A.新疆"并不能取消被选中状态。只有单击"重新选择"按钮,才会撤回选中状态,如图21-2-10所示。

图21-2-9 A选项选中状态

图21-2-10 撤销A选项选中状态

(二)"下一题"命令按钮代码设计

设计"下一题"命令按钮。双击"下一题"按钮,弹出"代码"窗口,在Private Sub CommandButton2_Click() 与 End Sub 中间输入如下代码:

If Msgbox("要继续完成下一题吗?",vbYesNo+vbQuestion)= vbYes Then

    SlideShowWindows(1).View.GotoSlide 2

End If

之后单击【保存】按钮 。如图21-2-11所示。

当学生单击"下一题"按钮后,弹出"Microsoft PowerPoint"对话框,如图21-2-12所示。

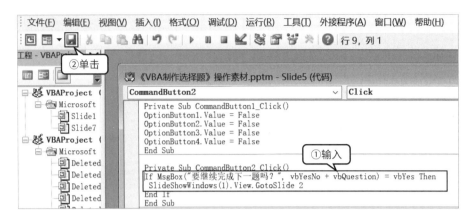

图 21-2-11 "下一题"命令按钮代码设计

图 21-2-12 弹出对话框提示

小贴士

使用 Msgbox( ) 函数创建提示对话框，引号内的内容是对话框中的显示消息，vbYesNo 是显示"是"与"否"按钮，vbQuestion 是显示"询问信息"图标。使用 If 函数判断用户是否单击了对话框中的"是"按钮；如果是，则进入第二张幻灯片。使用 View 属性返回指定幻灯片放映窗口中的视图。

（三）"提交答案"命令按钮代码设计

设计"提交答案"命令按钮。双击"提交答案"按钮，弹出"代码"窗口，在 Private Sub CommandButton3_Click() 与 End Sub 中间输入如下代码：

Dim m

If OptionButton4.Value=True Then

 m=MsgBox("恭喜你，答对了！"，vbOKCancel)

Else

 m=MsgBox("很抱歉，答错了！"，vbOKCancel)

End If

然后单击【保存】按钮，如图 21-2-13 所示。

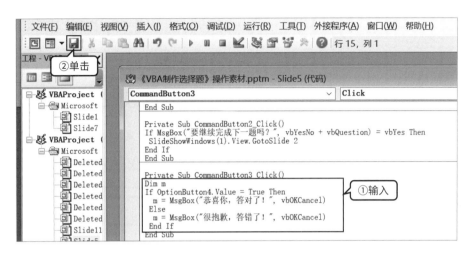

图 21-2-13 "提交答案"命令按钮代码设计

当学生选择"D. 内蒙古"选项后，单击"提交答案"按钮，弹出"Microsoft PowerPoint"对话框，并提示回答正确，如图 21-2-14 所示；若单击其余三个选项的任意一个，则提示回答错误，如图 21-2-15 所示。

图 21-2-14 答对后的对话框信息　　图 21-2-15 答错后的对话框信息

小贴士

Dim 关键词用于定义变量。使用 If 结构判断用户是否选择了选项 A。如果是，则使用 MsgBox 函数显示"恭喜你，答对了！"提示信息；否则将显示"很抱歉，答错了！"提示信息。vbOKCancel 是显示"确定"和"取消"按钮。

第三节　VBA 应用案例：《光合作用》

教学情境

崔老师在课堂上讲述完《光合作用》一课后，准备在 PowerPoint 中设计几道测试题帮助学生巩固知识。为了提高试题的检测性，崔老师准备利用 PowerPoint 中的 VBA 编程语言设计单选题、复选题以及填空题。那么具体该如何使用 VBA 制作呢？

案例效果图

案例操作步骤

一、制作单选题

以第一题为例,制作单选题的具体操作步骤如下。

(一)输入题目

插入文本框,输入目标文本内容,字体为"黑体",字号为"28",效果如图21-3-1所示。

图21-3-1 输入题目后的效果图

(二)制作选项按钮

单击【开发工具】选项卡,单击"控件"组中的【选项】按钮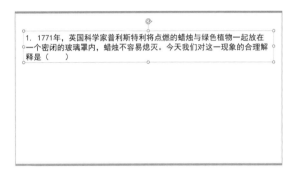,绘制出如图21-3-2所示的大小和位置;然后再分别绘制出剩余三个选项按钮,效果如图21-3-3所示。

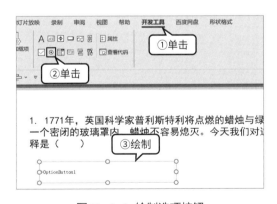

图21-3-2 绘制选项按钮

图21-3-3 绘制选项按钮后的效果图

小贴士

在选项卡中添加开发工具。若选项卡中没有"开发工具",可在"PowerPoint 选项"对话框中选择【自定义功能区】,在右侧的滚动区域中勾选【开发工具】,单击【确定】,如图21-3-4所示。

图 21-3-4 选择"开发工具"步骤

设置第一个选项按钮控件的 Caption 值为"A.植物可以更新空气";第二个选项按钮控件的 Caption 值为"B.蜡烛燃烧所需物质来自绿色植物";第三个选项按钮控件的 Caption 值为"C.绿色植物在烛光下能制造有机物";第四个选项按钮控件的 Caption 值为"D.绿色植物在烛光下能释放氧气"。所有选项按钮控件的字体与大小都设置为"黑体"与"小一",效果如图 21-3-5 所示。

图 21-3-5 修改选项按钮 Caption 值后的效果图

(三)制作命令按钮

绘制命令按钮。单击【开发工具】选项卡,单击"控件"组中的【命令】按钮,绘制出如图 21-3-6 所示的大小与位置。按同样步骤绘制出剩余两个相同大小的命令按钮控件，效果如图 21-3-7 所示。

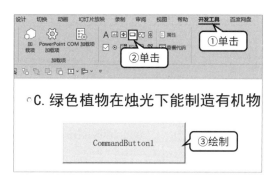

图 21-3-6 绘制命令按钮

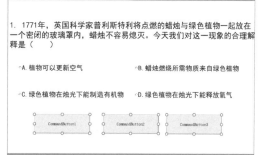

图 21-3-7 绘制命令按钮后的效果图

修改命令按钮的 Caption 值。设置第一个命令按钮控件的 Caption 值为"重新选择"，第二个命令按钮的 Caption 值为"下一题"，第三个命名按钮的 Caption 值为"提交答案"。其所有命令按钮控件的字体与大小都设置为"黑体"与"小一"，效果如图 21-3-8 所示。

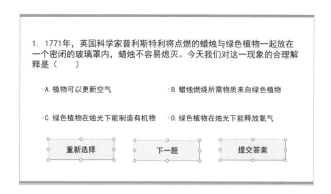

图 21-3-8 修改命令按钮 Caption 值后的效果图

（四）设计代码

双击"重新选择"按钮，弹出"代码"窗口，在 Private Sub CommandButton1_Click() 与 End Sub 中间输入如下代码：

OptionButton1.Value=False

OptionButton2.Value =False

OptionButton3.Value = False

OptionButton4.Value = False

之后单击【保存】按钮，如图 21-3-9 所示。

图 21-3-9 "重新选择"命令按钮代码设计

双击"下一题"按钮,弹出"代码"窗口,在 Private Sub CommandButton2_Click() 与 End Sub 中间输入如下代码:

If Msgbox("要继续完成下一题吗?", vbYesNo+vbQuestion)=vbYes Then

　　SlideShowWindows(1).View.GotoSlide 3

End If

之后单击【保存】按钮 ,如图 21-3-10 所示。

图 21-3-10 "下一题"命令按钮代码设计

小贴士

为了保证学生在作答期间不能通过单击页面空白处来随意换页,而只能通过单击"下一题"按钮才能换页,实现作答规范,需要对幻灯片的换页方式进行限制。限制幻灯片换页方式的具体操作步骤如下:

单击【切换】选项卡,在"计时"组中取消勾选【单击鼠标时】即可,如图 21-3-11 所示。

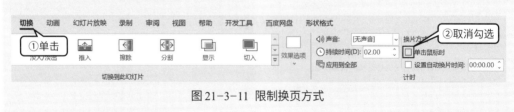

图 21-3-11 限制换页方式

双击"提交答案"按钮,弹出"代码"窗口,在 Private Sub CommandButton3_Click() 与 End Sub 中间输入以下代码:

Dim m
    If OptionButton4.Value=True Then
        m=MsgBox("恭喜你,答对了!",vbOKCancel)
    Else
        m=MsgBox("很抱歉,答错了!",vbOKCancel)
    End If

之后单击【保存】按钮 ，如图 21-3-12 所示。

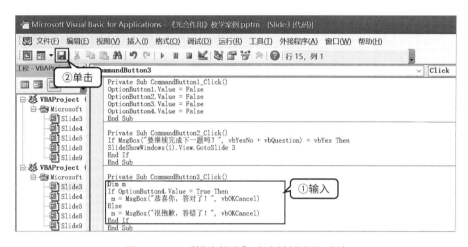

图 21-3-12 "提交答案"命令按钮代码设计

设计思想

崔老师利用 VBA 制作单选题,当学生选择正确选项并单击"提交答案",幻灯片上会显示回答正确的对话框提示,若选择错误答案,则会显示回答错误的信息提示。

二、制作复选题

以第三题为例,制作复选题的具体操作步骤如下。

(一) 输入题目

插入文本框。输入目标文本内容,字体为"黑体",字号为"28",效果如图 21-3-13 所示。

图 21-3-13 输入题目后的效果图

（二）制作复选框

绘制复选框控件。单击【开发工具】选项卡，单击"控件"组中的【复选框】按钮☑，在如图 21-3-14 所示位置绘制出大小合适的复选框。

按同样步骤绘制出剩余三个相同大小的复选框控件，效果如图 21-3-15 所示。

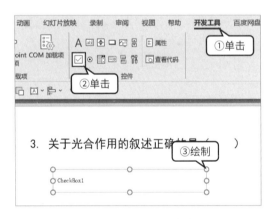

图 21-3-14 绘制复选框控件

图 21-3-15 绘制复选框控件后的效果图

修改复选框属性。选中第一个复选框控件，单击【开发工具】选项卡，单击【属性】，选择【Caption】，在右侧输入框中输入"A.为植物自身提供养料"，选择【Font】，单击按钮...，弹出"字体"对话框，选择字体为"黑体"，"选择字形为"常规"，选择大小为"小一"，单击【确定】，再单击"属性"对话框的【关闭】按钮，如图 21-3-16 所示。

修改复选框控件 Caption 值。设置第二个复选框控件的 Caption 值为"B.为人和动物提供食物和能量"，第三个复选框控件的 Caption 值为"C.光是光合作用的唯一条件"，第四个复选框控件的 Caption 值为"D.光合作用必须在有光的条件下进行"，字体和大小同样为"黑体"和"小一"，效果如图 21-3-17 所示。

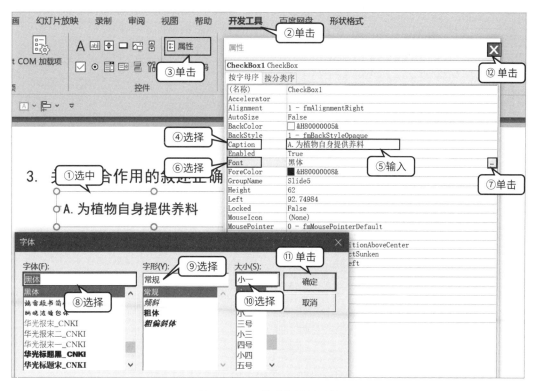

图 21-3-16 修改复选框属性

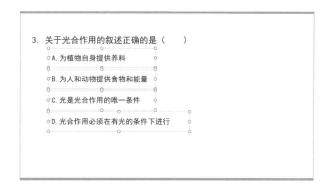

图 21-3-17 修改复选框控件 Caption 值后的效果图

（三）制作命令按钮

绘制命令按钮。单击【开发工具】选项卡，单击"控件"组中的【命令】按钮，绘制出如图 21-3-18 所示的大小和位置。按同样步骤绘制出剩余两个相同大小的命令按钮控件，效果如图 21-3-19 所示。

修改命令按钮 Caption 值。设置第一个命令按钮控件的 Caption 值为"重新选择"；第二个命令按钮的 Caption 值为"下一题"，第三个命名按钮的 Caption 值为"提交答案"，字体和大小分别为"黑体"和"小一"，效果如图 21-3-20 所示。

图 21-3-18 绘制命令按钮

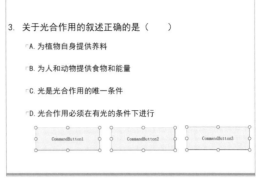
图 21-3-19 绘制命令按钮后的效果图

图 21-3-20 修改命令按钮 Caption 值后的效果图

（四）设计代码

双击"重新选择"按钮，弹出"代码"窗口，在 Private Sub CommandButton1_Click() 与 End Sub 中间输入以下代码：

OptionButton1.Value=False

OptionButton2.Value =False

OptionButton3.Value = False

OptionButton4.Value = False

之后单击【保存】按钮，如图 21-3-21 所示。

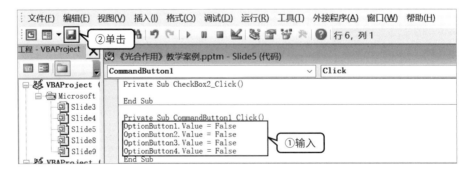
图 21-3-21 "重新选择"命令按钮代码设计

双击"下一题"按钮,弹出"代码"窗口,在 Private Sub CommandButton2_Click() 与 End Sub 中间输入以下代码:

If MsgBox("要继续完成下一题吗?", vbYesNo+vbQuestion)=vbYes Then
　　SlideShowWindows(1).View.GotoSlide 5
End If

然后单击【保存】按钮,如图 21-3-22 所示。

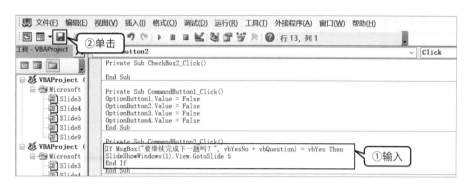

图 21-3-22 "下一题"命令按钮代码设计

双击"提交答案"按钮,弹出"代码"窗口,在 Private Sub CommandButton3_Click() 与 End Sub 中间输入以下代码:

If CheckBox1.Value=True And CheckBox2.Value=True And CheckBox4.Value=True Then
　　m = MsgBox("恭喜你,答对了!", vbOKCancel)
Else
　　m = MsgBox("很抱歉,答错了!", vbOKCancel)
End If

然后单击【保存】按钮,如图 21-3-23 所示。

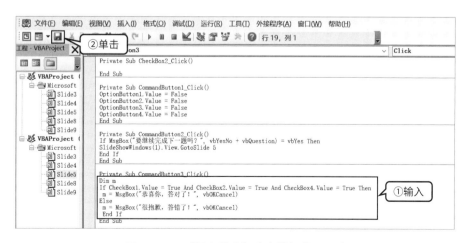

图 21-3-23 "提交答案"命令按钮代码设计

设计思想

崔老师利用 VBA 制作复选题，只有当学生选择第一、第二和第四个选项的时候，单击"提交答案"，幻灯片上才会显示回答正确的对话框提示，选择不全或选择错误答案则会显示回答错误。

三、制作填空题

以第四题为例，制作填空题的具体操作步骤如下。

（一）输入题目

插入文本框，输入目标文本内容，字体为"黑体"，字号为"28"，效果如图21-3-24 所示。

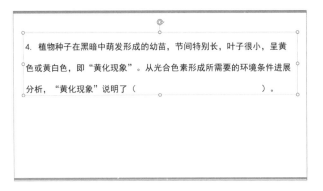

图 21-3-24 输入题目后的效果图

（二）制作文本框

绘制文本框。单击【开发工具】选项卡，单击"控件"组中的【文本框】按钮 ab，在如图 21-3-25 所示的绘制位置绘制出大小合适的文本框。

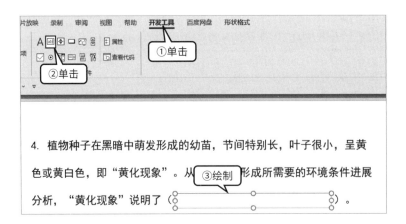

图 21-3-25 绘制文本框

修改文本框属性。选中文本框控件，单击【开发工具】选项卡，单击【属性】，选择【Font】，单击按钮...，弹出"字体"对话框，选择字体为"黑体"，选择大小为"三号"，单击【确定】，再单击"属性"对话框中的【关闭】按钮，如图21-3-26所示。

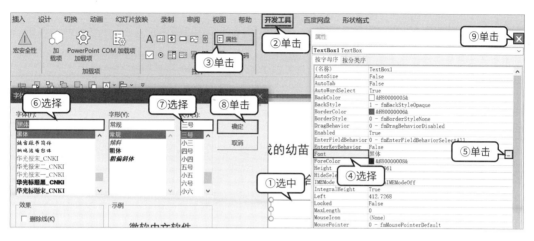

图21-3-26 修改文本框属性

（三）制作命令按钮

绘制命令按钮。单击【开发工具】选项卡，单击"控件"组中的【命令】按钮，在如图21-3-27所示位置绘制出合适大小命令按钮。按同样步骤绘制出剩余两个相同大小的命令按钮控件，效果如图21-3-28所示。

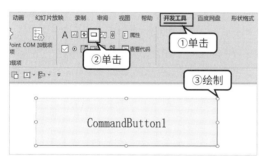

图21-3-27 绘制命令按钮

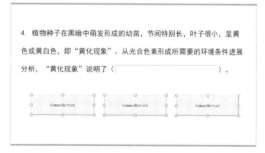

图21-3-28 绘制命令按钮后的效果图

修改命令按钮Caption值。设置第一个命令按钮控件的Caption值为"重新输入"，第二个命令按钮的Caption值为"下一题"，第三个命名按钮的Caption值为"提交答案"。所有命令按钮控件的字体和大小分别为"黑体"和"小一"，效果如图21-3-29所示。

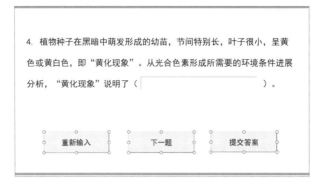

图 21-3-29 修改命令按钮 Caption 值后的效果图

(四)设计代码

双击"重新输入"按钮,弹出"代码"窗口,在 Private Sub CommandButton1_Click( ) 与 End Sub 中间输入以下代码:

TextBox1.Text = ""

然后单击【保存】按钮,如图 21-3-30 所示。

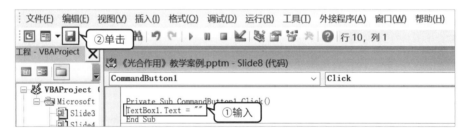

图 21-3-30 "重新输入"命令按钮代码设计

双击"下一题"按钮,弹出"代码"窗口,在 Private Sub CommandButton2_Click() 与 End Sub 中间输入以下代码:

If MsgBox("要继续完成下一题吗?",vbYesNo+vbQuestion)=vbYes Then

 SlideShowWindows(1).View.GotoSlide 6

End If

然后单击【保存】按钮,如图 21-3-31 所示。

双击"提交答案"按钮,弹出"代码"窗口,在 Private Sub CommandButton3_Click() 与 End Sub 中间输入以下代码:

If TextBox1.Text = "叶绿素的形成需要光,类胡萝卜素的形成可以不需要光" Then

 MsgBox " 恭喜你,答对了!"

Else

 MsgBox " 很抱歉,答错了!"

End If

然后单击【保存】按钮，如图 21-3-32 所示。

图 21-3-31 "下一题"命令按钮代码设计

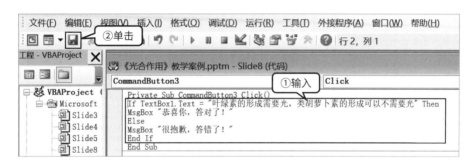

图 21-3-32 "提交答案"命令按钮代码设计

设计思想

崔老师利用 VBA 制作填空题，当学生在文本框中输入错误答案时，单击"提交答案"后，幻灯片上会显示回答错误的信息提示，直至输入正确答案。

本章彩图
扫码可看

第二十二章　布尔运算的应用

学习目标

- 区分 PPT 布尔运算的五种形式；
- 举例说明 PPT 布尔运算的应用情境；
- 独立完成 PPT 布尔运算的结合、组合、拆分、相交和剪除操作。

知识图谱

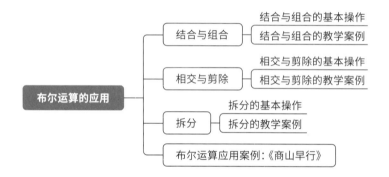

布尔运算又称逻辑运算，是数字符号化的逻辑推演法，包括联合、相交和相减。在 PPT 图形处理操作中，简单的基本图形通过布尔运算能产生新的图形。布尔运算包括结合、组合、拆分、相交和剪除五种形式，如下图所示。进行布尔运算必须选择两个及以上的图形进行操作。熟练运用好 PPT 布尔运算功能，能更好地帮助教师完成特殊形状设计、文字笔画拆分等课件内容制作。

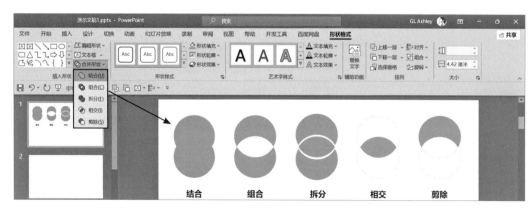

布尔运算

第一节　结合与组合

在布尔运算中,结合和组合都是将两个或两个以上的形状合并成一个新的形状,但两者不同之处在于,组合会将各形状的相交部分去除,其对比效果如图22-1-1所示。

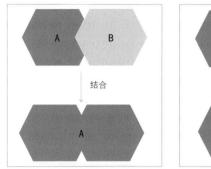
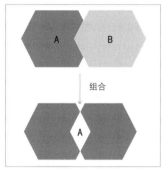

图22-1-1　对比效果图

一、结合与组合的基本操作

由于PPT提供的形状类型有限,因此在制作课件时可使用结合和组合工具制作更多样的形状。以两个六边形的结合和组合为例,讲解组合和结合的基本操作。

在目标页面中插入两个椭圆,将其填充为蓝色,并调整其大小和位置。单击【椭圆A】后,按住【shift】键单击【椭圆B】,单击【形状格式】选项卡,单击"插入形状"组中的【合并形状】下拉键,在其下拉菜单中选择【结合】选项,如图22-1-2所示。效果如图22-1-3所示。若是在【合并形状】下拉菜单中选择【组合】选项,其效果如图22-1-4所示。

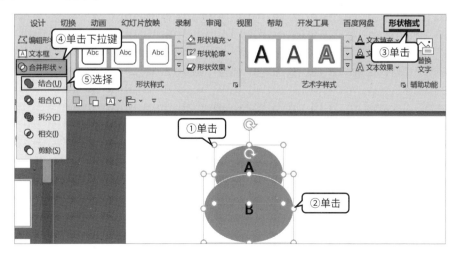

图22-1-2　结合

图 22-1-3 结合效果图　　　　　　　　　图 22-1-4 组合效果图

小贴士

第一个被选中的图形决定着布尔运算后的形状样式，如颜色、边框以及形状中的文字内容等。因先选择了正六边形 A，因此新图形的颜色与正六边形 A 保持一致，且保留了"A"，如图 22-1-5 为组合前效果图，图 22-1-6 为组合后效果图。

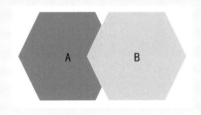
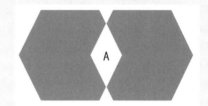

图 22-1-5 组合前　　　　　　　　　　　图 22-1-6 组合后

二、结合与组合的教学案例

（一）"结合"功能教学案例

美术老师利用"结合"功能在 PPT 中制作圣诞树的形象，其效果如图 22-1-7 所示。以制作圣诞树的形象为例，讲解结合的操作。

在目标页面中插入五个三角形，将其填充为绿色，并调整其大小和位置，如图 22-1-8 所示。选中所有的三角形，单击【形状格式】选项卡，单击"插入形状"组中的【合并形状】下拉键，在其下拉菜单中选择【结合】选项，如图 22-1-9 所示。

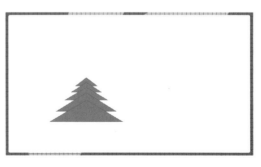

图 22-1-7 使用"结合"功能制作的圣诞树　　　图 22-1-8 插入并设置三角形

第二十二章 布尔运算的应用

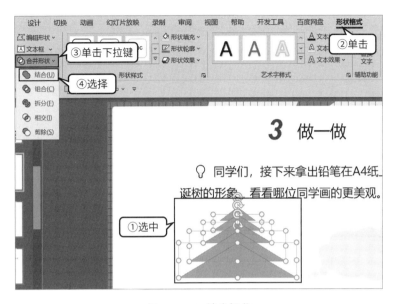

图 22-1-9 结合操作

(二)"组合"功能教学案例

数学老师利用"组合"功能在 PPT 中绘制习题里的特殊图形,其效果如图 22-1-10 所示。

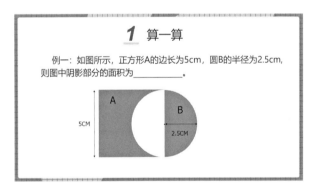

图 22-1-10 使用"组合"功能的案例效果图

以数学应用中的特殊图形为例,讲解组合的操作。

在目标幻灯片中插入一个矩形和圆形,并填充为蓝色,调整颜色与大小。单击【矩形 A】后,按住【shift】键单击【椭圆 B】,单击【形状格式】选项卡,单击"插入形状"组中的【合并形状】下拉键,在其下拉菜单中选择【组合】选项,如图 22-1-11 所示。

429

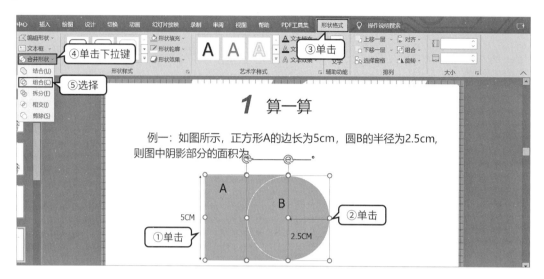

图 22-1-11 组合操作

第二节 相交与剪除

相交是指只保留相互重合形状的重合区域,而剪除功能则是用先选中的形状减去与其他形状重合的部分,其对比效果如图 22-2-1 所示。

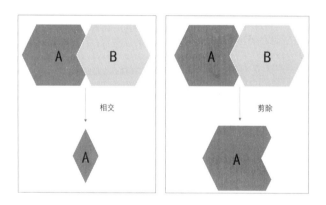

图 22-2-1 对比效果图

一、相交与剪除的基本操作

下面以两个六边形的相交和剪除为例,讲解相交和剪除的操作:

在目标页面中插入两个六边形,将其填充为蓝色,并调整其大小和位置。单击【六边形 A】后,按住【shift】键单击【六边形 B】,单击【形状格式】选项卡,单击"插入形状"组中的【合并形状】下拉键,在其下拉菜单中选择【相交】选项,如图

22-2-2 所示。效果如图 22-2-3 所示。若是在【合并形状】下拉菜单中选择【剪除】选项，其效果如图 22-2-4 所示。

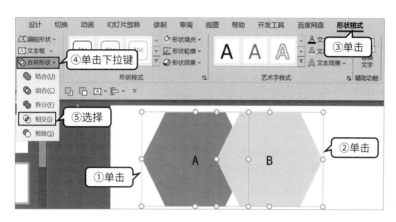

图 22-2-2 相交

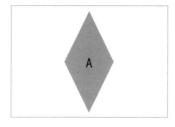

图 22-2-3 相交效果图

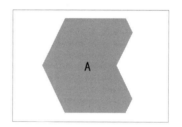

图 22-2-4 剪除效果图

二、相交与剪除的教学案例

在高中数学课堂上，王老师想利用 PPT 制作图形来讲解交集和差集的概念。他可以利用布尔运算中的【相交】和【剪除】功能来实现，效果如图 22-2-5、21-2-6 所示。

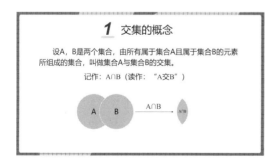

图 22-2-5 使用"相交"制作的交集效果图

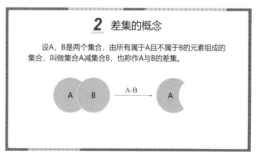

图 22-2-6 使用"剪除"制作的差集效果图

下面以制作交集和差集的图形为例，讲解相交和剪除的操作：

在目标页面插入两个圆形，将其填充为蓝色，调整大小及位置。单击【椭圆 A】后，按住【shift】键单击【椭圆 B】，单击【形状格式】选项卡，单击"插入形状"组中的【合并形状】下拉键，在其下拉菜单中选择【相交】选项，如图22-2-7所示。若是在【合并形状】下拉菜单中选择【剪除】选项，则可制作差集效果。

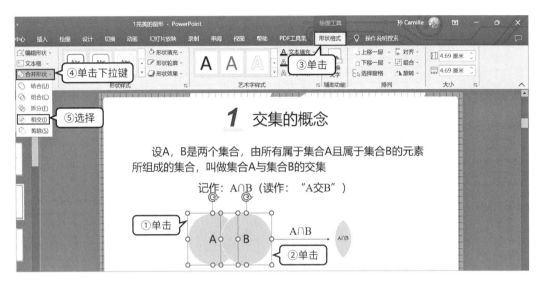

图22-2-7 相交操作

第三节　拆分

拆分是指如果两个图形具有相交区域，拆分后会形成三个形状（第1个形状减去相交部分、相交部分、第2个形状形减去相交部分），且形状的样式和呈现的文字内容以第一个被选中的图形为准。以拆分两个六边形为例，如图22-3-1所示，两个正六边形可以拆分为三个新的图形，颜色为深蓝色，呈现的文字内容为"A"，效果如图22-3-2所示。

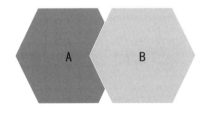

图22-3-1 原图

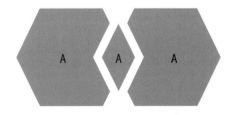

图22-3-2 拆分效果图

一、拆分的基本操作

下面以拆分两个六边形为例，讲解拆分的操作：

在目标页面中插入两个六边形，将其填充为蓝色，并调整其大小和位置。单击

【六边形 A】后,按住【shift】键单击【六边形 B】,单击【形状格式】选项卡,单击"插入形状"组中的【合并形状】下拉键,在其下拉菜单中选择【拆分】选项,如图 22-3-3 所示。

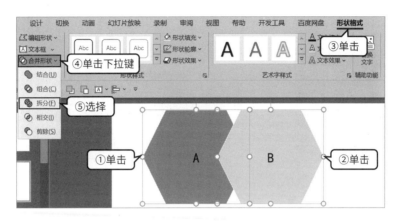

图 22-3-3 拆分

二、拆分的教学案例

语文课堂上王老师想制作一个组合汉字的游戏,即让学生选择 PPT 上呈现的偏旁和字根组成正确的汉字,其效果如 22-3-4 所示。因此,王老师在制作课件时,需要先将汉字的偏旁和字根拆分开,此时可以利用布尔运算中的【拆分】功能来实现。

图 22-3-4 使用"拆分"制作的组合汉字效果图

下面以拆分汉字"花"为例,讲解具体操作。

在幻灯片中输入"花"的汉字,汉字颜色为白色。在页面插入一个矩形,填充为黑色,并调整其大小及位置,使黑色矩形位于"花"字的下一层。单击【矩形】后,按住【shift】键单击【文本框】,单击【形状格式】选项卡,单击"插入形状"组中的【合并形状】下拉键,在其下拉菜单中选择【拆分】选项,如图 22-3-5 所示。然后删除黑色矩形,将拆分后的各部分文字拖动到合适位置即可,效果如图 22-3-6 所示。

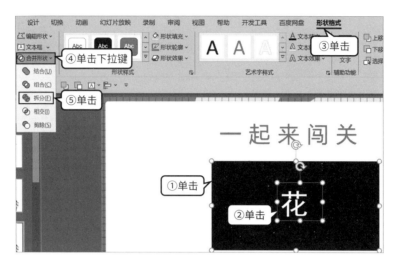

图 22-3-5 拆分操作

图 22-3-6 拆分效果图

小贴士

直线与直线、直线与其他形状之间不能进行"合并形状"操作。

第四节　布尔运算应用案例：《商山早行》

教学情境

在《商山早行》一课的学习中，秦老师想更好地让学生掌握本课生词，因此，他在制作《商山早行》课件时，计划通过拆分生字的结构来重点讲解。那么，如何利用 PowerPoint 中的布尔运算实现秦老师的想法呢？

第二十二章 布尔运算的应用

案例效果图

案例操作步骤

一、插入矩形形状

单击【插入】选项卡，单击"插图"组中的【形状】下拉键，在下拉菜单中选择【矩形】形状，拖拽鼠标在页面中绘制一个矩形，"形状填充"和"形状轮廓"都设置为"黑色"。如图22-4-1所示。

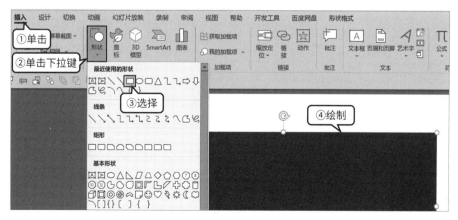

图22-4-1 绘制黑色矩形

二、输入文本

单击【插入】选项卡,单击"文本"组中的【文本框】下拉键,选择【绘制横排文本框】命令,输入本节课重点生字"铎",字体样式设置为"微软雅黑",大小为"173",颜色为"白色"。如图22-4-2所示。

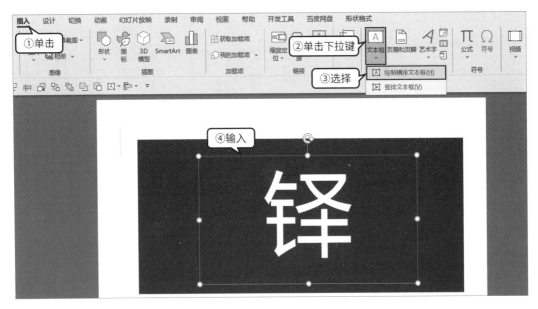

图22-4-2 输入并设置文本

> **小贴士**
>
> PowerPoint拆分文字时是根据文字结构之间的连接和空隙进行拆分的,因此在拆分文字时,文字的字体样式尤其重要。一般推荐使用笔画中较少连笔的字体样式,如微软雅黑和楷体,以方便PowerPoint识别拆分。

三、拆分文字

单击【黑色矩形框】后,按下【Shift】键并单击"铎"文本框,单击【形状格式】选项卡,单击"插入形状"组中的【合并形状】下拉键,在其下拉菜单中选择【拆分】选项,如图22-4-3所示。

删除图中的黑色矩形,效果如图22-4-4所示。分别选中文字的各个部分,将其移动到不同位置,完成文字的拆分,效果如图22-4-5所示。

其余生字可按照同样的方法,使用布尔运算的"拆分"功能进行分解,效果如图22-4-6所示。

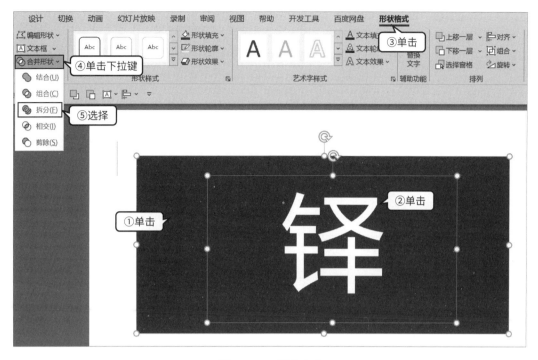

图 22-4-3 拆分文字

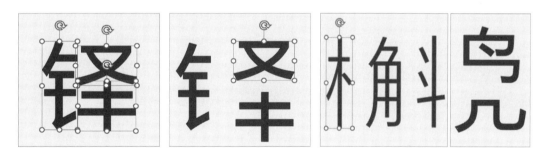

图 22-4-4 删除矩形效果图　　图 22-4-5 文字拆分效果图　　图 22-4-6 文字拆分效果图

设计思想

利用 PPT 的布尔运算可以随意拆分或合并形状。教师使用布尔运算拆分一些学生难以理解的文字或图形，可以促进学生对重难点的理解，提高课堂教学效率。